Luiz Fernando Duarte

Programação web3 e blockchain

Um guia prático

3ª edição

Gravataí/RS
Edição do Autor
2026

Programação Web3 e Blockchain

Um Guia Prático

Prof. Luiz "LuizTools" Duarte Jr

Duarte, Luiz,
Programação Web3 e Blockchain - Um Guia Prático - 3ª edição

Luiz F. Duarte Jr. - Gravataí/RS:2026

ISBN 979-83-008312-2-6

1. Computação, Informática e Mídias Digitais. 2. Ciência da computação.

Índice

Sobre o autor — **5**

Antes de começar — **7**

    Para quem é este livro — 7

    Como usar este livro — 8

1 A Blockchain — **9**

    O que é blockchain? — 9

    Como que a blockchain funciona? — 11

    Como os blocos são criados? — 16

    Como funciona o consenso? — 20

    Como funcionam as transações? — 25

    Referências — 28

2 Os Smart Contracts — **30**

    Segunda Geração de Blockchains — 31

    A EVM — 33

    A Linguagem Solidity — 34

    Hello World — 37

    CRUD — 45

    Referências — 56

3 Carteira, Deploy e as Taxas — **57**

    Contas de Usuário — 57

    Carteiras de Criptomoedas — 59

    Testnets e Faucets — 62

    Deploy na Testnet — 64

    O Explorador de Blocos — 66

    Verificação de Contrato — 68

    Gás: entendendo as taxas — 74

    Referências — 79

4 Introdução à Web3 — **80**

    A Segunda Geração da Web — 80

    A Terceira Geração da Web — 82

    Web na Blockchain — 83

    Arquitetura de Aplicações Descentralizadas — 85

    Considerações sobre Frontend na Web3 — 87

Preparação do Ambiente 88

Frontend para Blockchain 94

Frontend para Smart Contract 105

Referências 118

5 Criptomoedas e Tokens **120**

Criptomoedas vs Tokens 120

Ethereum Request for Comments 122

Entendendo um padrão ERC 124

Resumo do Padrão ERC-20 127

Implementando Token ERC-20 129

Deploy de Token ERC-20 142

Faucet para o Token 145

Referências 162

6 Tokens Não-Fungíveis **164**

Tokens Fungíveis x Não-Fungíveis 166

Os NFTs 167

Resumo do Padrão ERC-721 169

Implementando o Padrão ERC-721 172

Estendendo o Padrão ERC-721 185

O desafio do armazenamento Web3 189

IPFS: Interplanetary File System 190

Dapp de Minting 198

Referências 209

7 Finanças Descentralizadas **211**

Protocolos Financeiros 211

Protocolo de Saving 213

Liquidity Mining 217

Tokenomics 236

Wrapped, Pegged e Stablecoins 242

Contrato de Stablecoin 249

Referências 255

8 Segurança de Smart Contracts **257**

Private States 257

Overflow e Underflow 258

Controles de Acesso 261

Reentrancy Attack 268

Gas Griefing Attack   274
Referências   281
9 Boas Práticas   **283**
HardHat Toolkit   284
OpenZeppelin Contracts   296
Economia de Taxas   301
Escolhendo a blockchain certa   310
Referências   317
Seguindo em frente   **318**

Sobre o autor

Luiz Fernando Duarte Júnior é técnico em eletrônica (SENAI, 2005), bacharel em Ciência da Computação (ULBRA, 2010) e especialista em computação móvel (UNISINOS, 2013), incluindo ainda diversos cursos menores e certificações (quase 20) obtidas em outras instituições renomadas como na PUC-RS, Scrum.org e no MIT, este último especificamente na área de blockchain.

Atuando na área de TI desde 2006, na maior parte do tempo como desenvolvedor web, é apaixonado por desenvolvimento de software desde que teve o primeiro contato com a linguagem Assembly no curso técnico de eletrônica que fez na adolescência. De lá para cá, teve oportunidade de utilizar diferentes linguagens em diferentes plataformas, mas principalmente com tecnologias web, incluindo web3 e blockchain desde 2021.

Foi amor à primeira vista e a paixão continua a crescer!

Trabalhando com web3, blockchain e criptomoedas desenvolveu diversos projetos para pessoas físicas e jurídicas, desde robôs de criptomoedas, contratos inteligentes, integrações com corretoras, além de ministrar palestras e cursos sobre estes assuntos para alunos do Brasil e exterior.

Um grande entusiasta de blockchain, espera que com esse livro possa ajudar ainda mais pessoas a aprenderem a desenvolver aplicações para a terceira geração da web e aumentar a competitividade das empresas brasileiras e a empregabilidade dos profissionais de TI.

Além de viciado em desenvolvimento, atua como consultor em sua própria empresa de software e treinamentos, como professor de pós-graduação em universidades, é autor do blog https://www.luiztools.com.br e do canal de mesmo nome, onde produz conteúdo semanalmente sobre desenvolvimento de software.

Entre em contato, o autor está sempre disposto a ouvir e ajudar seus leitores.

Redes sociais:
https://about.me/luiztools

Conheça meus outros livros:
https://www.luiztools.com.br/meus-livros

Conheça meus cursos online:
https://www.luiztools.com.br/meus-cursos

Baixe os fontes e referências do livro (com links clicáveis):
https://www.luiztools.com.br/livro-web3-fontes

Para suporte, use o email contato@luiztools.com.br

Antes de começar

Se queres cortar uma árvore bem rápido,
gaste o dobro do tempo afiando o machado.
— Provérbio Chinês

Antes de começarmos, é bom você ler esta seção para evitar surpresas e até para saber se este livro é para você.

Para quem é este livro

Primeiramente, este livro vai lhe ensinar a programar para a web3 e blockchain, com um foco na linguagem Solidity para os smart contracts e em JavaScript para as interfaces web, mas não vai lhe ensinar lógica básica e algoritmos, ele exige que você já saiba isso, e também não vai ensinar os fundamentos da programação web (HTML, CSS, frontend, backend, etc).

Parto do pressuposto que você é ou já foi um estudante de Técnico em informática, Ciência da Computação, Sistemas de Informação, Análise e Desenvolvimento de Sistemas ou algum curso semelhante. Usarei diversos termos técnicos ao longo do livro que são comumente aprendidos nestes cursos e que não tenho o intuito de explicar aqui.

O foco deste livro é ensinar diversos aspectos da programação web3 para quem já é programador web (tradicional) ou ao menos saiba como aplicações web funcionam (frontend, backend, etc).

Ao término deste livro você estará apto a construir aplicações web3 usando qualquer sistema operacional, bem como aprenderá como usar Solidity para escrever smart contracts e usar JavaScript no lado do cliente para interagir com eles.

Como usar este livro

Este não é um livro para ser simplesmente "lido". Ele é um livro extremamente prático que se recomenda ler enquanto se está com um computador em mãos para exercitar os códigos ensinados.

Tais códigos inclusive você pode baixar para a sua máquina usando o link a seguir:

https://www.luiztools.com.br/livro-web3-fontes

No material que vai baixar você terá tanto os trechos de código organizados no formato "capítulo.bloco", quanto os projetos completos.

Exemplo: se o trecho de código é 2.1, quer dizer que é um código do capítulo 2, bloco 1.

Assim, fica fácil de procurar nos arquivos de fontes do livro.

Além disso, junto ao repositório dos códigos você vai encontrar um PDF com todas as referências do livro com links clicáveis, facilitando o consumo das mesmas.

Para suporte, use o email contato@luiztools.com.br

Quer fazer um curso online de web3 com o autor deste livro?
Acesse https://www.luiztools.com.br/curso-web23

1 A Blockchain

Se você não acredita ou não entende,
eu não tenho tempo para convencê-lo, desculpe.
- Satoshi Nakamoto

Na data que você lê este livro, tem pelo menos 9 anos que ouço falar de blockchain. E olha que eu ouvi falar tarde.

O conceito de Blockchain é da década de 90 e vem lá dos laboratórios da Xerox, em Palo Alto, Califórnia. Sim, o mesmo laboratório que inventou o mouse e a interface gráfica na década de 70. Os caras são bons por lá, viu...

Apesar de ser um conceito "noventista", sua primeira aplicação prática e famosa foi com a invenção do Bitcoin em 2008, por Satoshi Nakamoto. Embora o próprio Satoshi não cite o termo "blockchain" em seu white-paper de apresentação do Bitcoin, os termos "blocks" e "chain" (blocos e cadeia/corrente) são citados diversas vezes, tendo originado então o termo como o conhecemos desde então.

Mas afinal, o que é a blockchain então? Como ela funciona? Para quê ela serve?

Na tentativa de responder estas e outras questões, importantíssimas para a correta programação para este ambiente, escrevo este primeiro capítulo que vai te ajudar a entender muita coisa dos capítulos seguintes.

O que é blockchain?

Stuart Haber e W. Scott Stornetta eram dois pesquisadores da Xerox que imaginaram o que muitas pessoas passaram a conhecer como blockchain, lá em 1991. Um artigo de biologia foi adulterado usando de uma tinta especial nessa época (sim, era um artigo em papel) e eles pensaram que um registro digital de documentos poderia dar mais segurança e evitar outros escândalos como esse, algo como um "cartório virtual".

Inicialmente o primeiro projeto envolveu a criação em uma rede de blocos protegidos criptograficamente, onde ninguém poderia adulterar o registro de data e hora dos documentos digitalizados. Em 1992, eles atualizaram seu sistema para incorporar árvores Merkle que aumentavam a eficiência, permitindo a coleta de mais documentos em um único bloco. Mas somente mais de uma década no futuro que esses estudos voltariam à tona com força, quando foram usados de uma forma bem diferente da originalmente prevista.

Satoshi Nakamoto, o criador do Bitcoin, teve a ideia de usar essa "cadeia de blocos" ("chain of blocks" no artigo original) para registrar as movimentações de um livro contábil (também chamado de livro-razão ou ledger) de uma moeda digital que estava criando em 2008, o Bitcoin (BTC). Mais tarde chamamos essa tecnologia de blockchain e esse "dinheiro virtual" de criptomoeda (por ser uma moeda protegida por criptografia). Esse avanço foi tão significativo que até hoje tem gente que acredita que blockchain e criptomoeda são a mesma coisa.

Não bastasse esse avanço prático trazido por Nakamoto, anos mais tarde, em 2014, outro gênio chamado Vitalik Buterin criou a primeira blockchain de segunda geração, a Ethereum (ETH). Ele pegou aspectos fundamentais do Bitcoin que tanto admirava há anos, e construiu junto de sua equipe uma plataforma que permitiria não apenas utilizar a blockchain como um livro contábil criptográfico, como registrar qualquer tipo de dado e executar aplicações Turing-complete na mesma (chamadas de "contratos inteligentes") e isso mudou todo o panorama novamente.

Mas o que é a blockchain afinal? Um cartório de documentos digitais? Um livro contábil para uma nova moeda? Uma plataforma para execução automática de contratos inteligentes?

Ela é tudo isso e muito mais. Você vai ver a blockchain sendo usada para registrar bens do mundo real na blockchain para negociá-los mais rapidamente (RWA). Você verá a blockchain sendo usada para gerir economias de países inteiros (CBDC).

Você vai ver a blockchain sendo usada para a gestão e negociação de assets de jogos digitais (GameFi). Para rastrear a logística de produtos (supply chain). Para redes sociais democráticas e incensuráveis (DeSoc). Serviços financeiros sem intermediários (DeFi). E é claro, para criar criptomoedas, talvez seu uso mais popular.

Todas essas soluções, e muitas outras que você vai conhecer e que estão surgindo a todo momento, usam de uma tecnologia blockchain ou baseada em blockchain, o que chamamos também de DLT (Distributed Ledger Technology ou Livro-Razão Distribuído), para garantir a descentralização, segurança e transparência dos negócios e se beneficiar disso.

A primeira coisa e mais importante que você tem de entender é que blockchain é uma espécie de "banco de dados". Mas não é um banco de dados comum, ela possui algumas características únicas que nenhum outro banco possui. Exploraremos essas características mais a fundo conforme avançarmos neste capítulo, mas resumidamente temos:

- estrutura de registro baseada em blocos de dados interligados;
- integridade dos blocos e da cadeia baseada em criptografia;
- arquitetura descentralizada, ou seja, sem servidor central;
- validação da rede baseada em protocolo de consenso;

E mais recentemente (2014 em diante), permite execução de aplicações descentralizadas. E para entendermos como tudo isso é possível e como afeta programas que executam na ou interagem com blockchain, precisamos estudar como ela funciona.

Como que a blockchain funciona?

Como citado anteriormente, a blockchain funciona até certo ponto como um banco de dados e você até poderia configurar um banco de dados de modo a se comportar de maneira análoga a uma blockchain, logo, a analogia é válida.

No entanto, suas características são tão únicas que chamá-la de "banco de dados" significa banalizar o entendimento do seu potencial, bem como usar um banco de dados no lugar em que uma blockchain teria "fit" é o mesmo que tentar "reinventar a roda". Dito isso, vamos entender as principais características de funcionamento de uma blockchain, distanciando-a dessa analogia vulgar e tornando-o apto a ver as vantagens e, mais tarde, as desvantagens da tecnologia.

A primeira das principais diferenças de uma blockchain e um banco de dados está no seu modelo de dados. Ao invés de registros em tabelas com colunas, como na maioria dos SGBDs, ela possui registros em blocos que se interconectam, formando uma corrente/cadeia (chain). Cada bloco possui várias meta-informações (informações do bloco em si) e registros no seu interior, que falaremos a seguir, mas principalmente: todo bloco possui uma referência ao seu bloco anterior, chamada hash. Essa referência é extremamente sensível e se alguma coisa no bloco atual ou no bloco anterior mudar, ela se torna "inválida" e a corrente é "quebrada", tornando a blockchain como um todo inválida.

Se você nunca ouviu falar em "hash", resumidamente (e dentro deste contexto) ele funciona como uma "assinatura criptográfica digital" gerada a partir de todos os dados do bloco, incluindo a sua referência ao bloco anterior. Se mudar um bit de informação, o algoritmo de hashing gera um resultado completamente diferente, ficando evidente que o conteúdo original foi alterado.

Veja este exemplo prático usando o algoritmo de hashing SHA256, o mesmo usado em redes blockchain:

Conteúdo 'abc' passa pelo algoritmo vira o hash
ba7816bf8f01cfea414140de5dae2223b00361a396177a9cb410ff61f20015ad

Já o conteúdo 'abd' (apenas uma letra diferente) vira o hash
a52d159f262b2c6ddb724a61840befc36eb30c88877a4030b65cbe86298449c9

Experimente você mesmo, nesta ferramenta online de um professor do MIT: https://andersbrownworth.com/blockchain/hash

A segunda característica marcante é que a blockchain funciona como um banco de dados imutável, ou seja, você pode consultar e adicionar novos dados à vontade, mas jamais remover ou editar dados existentes. Isso porque sendo uma corrente de blocos, qualquer tentativa de mexer em um bloco existente partiria a referência (hash) entre os blocos e consequentemente a corrente inteira. Assim, você só pode adicionar novos blocos no final da cadeia.

Imagine por exemplo que cada bloco (hipoteticamente) contenha o número do bloco, uma palavra dentro dele, o hash do bloco anterior e a "assinatura"/hash, gerada com a concatenação de todos os dados anteriormente citados. No caso do primeiro bloco de nossa blockchain, ele seria algo como:

Bloco #1
numero: 1 palavra: "abc" hashAnterior: "" hashAtual: "57cb980e41933ae69e22f0a76bb5a0b55717af4fb2816e0431f31b3afe79eb5e"

Repare que coloquei o hash anterior como string vazia pois este é o primeiro bloco da nossa cadeia, o que chamamos de "bloco gênese", ele não possui hashAnterior. Já o hash dele (atual) eu concatenei o número com a palavra e como não tem hashAnterior, ignorei esta informação. Essa concatenação eu passei no algoritmo SHA256 que gerou o hashAtual acima exposto.

Agora, imagine um segundo bloco nesta mesma blockchain, seguindo as mesmas regras, como abaixo.

Bloco #2
numero: 2 palavra: "def" hashAnterior: "57cb980e41933ae69e22f0a76bb5a0b55717af4fb2816e0431f 31b3afe79eb5e" hashAtual: "11cb46175e061bb703882e449dda57828fdbc276202a3bcd4 6c4619edfd21205"

Desta vez nós temos um hashAnterior, certo? Então ele servirá tanto para saber qual o bloco que veio antes (#1) quanto para calcular o hashAtual, novamente concatenando todos os seus dados e passando pelo algoritmo SHA256.

Agora experimente alterar um dado existente no bloco 1. Qualquer que seja a alteração que você fizer será facilmente detectada pela blockchain pois quando ela for validar o seu bloco ela vai recalcular o hash dele e verá que não dá match com o conteúdo. Experimente fazer esse teste usando a ferramenta que calcula hashs que informei anteriormente.

Mas e se você recalcular o hash do bloco 1 e alterar ele, fraudando a suposta imutabilidade da blockchain? Neste caso o bloco passará a ser válido de novo, mas irá quebrar a cadeia pois não irá dar match na propriedade hashAnterior do bloco 2. Você teria de atualizar também o bloco 2 atualizando a propriedade hashAnterior e calculando seu novo hash. Com dois blocos é fácil, agora imagine isso em uma blockchain antiga como a do Bitcoin? Agora faz sentido o nome blockchain, certo? Mas certamente você deve estar pensando que existem outras brechas, então vamos avançar um pouco mais.

A terceira característica do funcionamento da blockchain é que ela é descentralizada, ou seja, não fica em apenas um servidor, mas sim em vários nodes ("nós") que atuam em cooperação para manter a blockchain no ar, segura e em funcionamento. Nós podem entrar e sair livremente da rede e enquanto ao menos um nó estiver online, a blockchain permanecerá em funcionamento pois cada nó possui uma cópia completa da mesma. O funcionamento de um nó de blockchain consiste em:

- responder a uma consulta de dados;
- ou adicionar novos dados continuamente (podendo ser dados de qualquer coisa);
- ou ainda validar os dados adicionados pelos seus pares. E é aqui que mora outro aspecto importantíssimo de segurança: o consenso da rede.

Uma rede descentralizada, ou seja, sem um intermediador central garantindo a integridade e segurança de todos, seria um caos não houvesse a quarta característica que é o consenso. Consenso é basicamente a "verdade da maioria", ou seja, se 50% + 1 nodes disserem que um novo bloco é válido, então ele é válido. O mesmo para o caso contrário. Assim, em uma rede com cinco nós operando, se um deles recebe um pedido de escrita de uma palavra em um novo bloco e processa o pedido, será necessário que pelo menos outros dois nós da rede confirmem que o resultado dessa escrita está correto (ao menos 3 em 5 nós).

Ou seja, se pegarmos o exemplo de adulteração de bloco que citei antes, mesmo que um node A recalcule todos os hashes de todos seus blocos para que uma fraude sua seja considerada válida na sua blockchain local, quando ele propagar esta alteração para seus pares validarem a mesma, ela entrará em conflito com o consenso da rede e portanto será descartada. Um nó que tente fraudar a rede inclusive pode ser banido da mesma.

Mas como que os pares sabem se a escrita é válida ou não se o nó que registrou primeiramente pode ter falsificado a sua blockchain para gerar um bloco adulterado válido?

Porque todos os demais nós participantes da rede fazem o mesmo processo de registro do bloco em suas blockchains locais e se os hashes não baterem, quer dizer que o nó que enviou o novo bloco para validação está errado (ou mentindo). De qualquer forma seu conteúdo é descartado.

Além disso, em redes grandes como a do BTC e ETH, uma alteração no passado levaria tanto tempo para ser fraudada (ajustando bloco a bloco para garantir a cadeia) que antes do trabalho terminar um novo bloco já teria sido incluído na versão "consensual" da rede que forçaria o fraudador a recomeçar todo o trabalho de novo pois ele estaria com uma versão desatualizada da blockchain (se você tem blocos a menos na sua cópia local, você precisa se atualizar). Quanto maior a rede (em nodes e em blocos), maior a sua segurança contra fraudes.

Qual seria a possibilidade real de atacar uma blockchain com blocos fraudados? Controlando 50% + 1 dos nós existentes, o que novamente, em redes muito grandes como Bitcoin e Ethereum, é algo muito improvável (embora não impossível) de ser feito sem chamar a atenção, principalmente dados os requisitos técnicos de que cada máquina precisaria ter para se tornar um nó completo (full node) nestas redes.

Isso porque os blocos estão sendo criados a todo momento e qualquer máquina conectada na rede pode ser responsável por esse processo, a popularmente chamada "mineração" de blocos, algo que você não conseguiria monopolizar em virtude do algoritmo de criação de blocos ("mineração") existente em cada rede.

Mas para entender melhor esse aspecto, precisamos estudar mais sobre como os blocos são criados e o que realmente guardamos dentro deles.

Como os blocos são criados?

Entendemos que tudo que salvamos na blockchain deve estar dentro de um bloco e a ligação entre esses blocos que forma o estado global da blockchain, a sua "verdade". Mas como que os blocos são criados?

Qualquer pessoa conectada na rede através de um software cliente de blockchain (geralmente uma carteira de criptomoedas) pode enviar informações para serem registradas em blocos em um processo que chamamos de transação. Mas essa transação não vai diretamente para um bloco, ela vai primeiro para uma fila de transações que chamamos comumente de mempool. Você consegue ver a mempool do Bitcoin em tempo real em sites como esse:

https://mempool.space/pt/

A transação fica aguardando na mempool, que é compartilhada entre todos os nós da rede, até que um nó da blockchain pegue uma ou mais transações, crie um bloco com elas ("mineração") e faça o registro na blockchain. Uma vez que o registro é feito localmente com sucesso, o nó propaga aquela alteração para toda rede, a fim de manter todos atualizados. Isso em linhas gerais, tem mais detalhes aqui.

Via de regra, qualquer informação pode estar registrada dentro de um bloco e a estrutura do bloco pode variar dependendo da implementação de blockchain. Se nos baseamos na implementação mais famosa, de 2008 (BTC), nós temos uma estrutura voltada para um ledger ou livro-razão, ou seja, um livro contábil onde se registram entradas e saídas financeiras de uma pessoa ou empresa. Daí o nome "transação" para as escritas no livro. Algo como abaixo (simplificado):

Bloco #x
número do bloco hash do bloco anterior transações deste bloco timestamp de registro do bloco hash deste bloco (baseado em todos dados dele)

Usar um banco de dados imutável para fazer registro de transações é um tanto óbvio e os bancos e financeiras já faziam isso há décadas, mas de maneira centralizada, em um ou mais servidores, mas todos de posse da mesma instituição. Como o Bitcoin não teria um banco controlador, ele precisava de um modelo que fosse seguro mesmo em um ambiente descentralizado, sem um intermediador central.

Assim, cada bloco é usado para registrar as transações financeiras (entrada e saída) que estão pendentes na mempool desde que o último bloco foi minerado. Então se um bloco acabou de ser salvo na blockchain agora, todas as transações seguintes irão ser registradas só no próximo bloco, já que eles são imutáveis (não posso adicionar transações em blocos passados). Esse trabalho de registro de transações e blocos é feito pelos nós que chamamos popularmente de "mineradores" ou em algumas redes, "validadores".

E caso você esteja pensando porque os nós da rede trabalham nesse processo de mineração, validação e muitos outros, a resposta é bem simples: eles são pagos por isso.

Cada vez que uma transação é enviada para a rede, junto dela o emissor deve incluir uma taxa que será paga ao minerador que inserir aquele bloco na blockchain. Essa taxa é proporcional ao esforço computacional envolvido na atividade, então quanto mais simples a transação, mais barato fica (entenderemos isso melhor em capítulos futuros). Assim, a soma das taxas de transações de um mesmo bloco, ficam todas para o minerador do mesmo.

Em algumas redes, como a rede do BTC, existe ainda uma recompensa a cada bloco minerado, que na data que escrevo este livro é de BTC 3,125 por bloco. Considerando o preço do BTC, você deve imaginar que é uma bela de uma grana e agora começa fazer sentido trabalhar em prol da rede, certo?

Em cada bloco podemos ter várias transações e cada transação tem a sua própria estrutura de informações. Uma transação (simplificada), poderia ser como segue:

Transação #x
número da transação timestamp de registro da transação inputs: origem dos fundos a serem subtraídos outputs: destino dos fundos a serem adicionados

hash desta transação (baseado em todos dados dela)

Um bloco pode ter vários registros como acima, todos eles validados individualmente pelo minerador (falaremos mais disso), que calcula e checa seu hash, origem e destino dos fundos e depois revalida todas em grupo através da validação do bloco em si. Ou seja, um bloco 2 com 3 transações passará pelas seguintes validações antes de ser aceito pelo minerador na sua cópia local da blockchain e mais tarde pelos seus pares:

1. validação individual de cada transação;
2. validação do bloco com todas transações;
3. validação da cópia local da blockchain com este novo bloco;
4. validação da rede confrontando a nova versão "local" com a versão "global";

Se em qualquer uma destas etapas a validação falhar, a nova versão com o bloco adicionado será descartada e o registro das transações pendentes ficará para o próximo bloco..

Mas de onde vem essas transações? Na rede BTC elas vêm de pessoas enviando BTC umas às outras. Na rede ETH (e derivadas) elas também podem ser transferências, mas podem ser também registros em contratos inteligentes, então no final das contas, as transações vem de usuários da blockchain querendo salvar dados, simples assim.

No entanto, em um ambiente onde qualquer pessoa pode ter uma cópia local do livro-razão inteiro com os registros financeiros de todo mundo, como garantir que eu mesmo não lance algumas transferências fraudulentas para minha própria carteira? Ou então, o que me impede de monopolizar a mineração de BTC do mundo inteiro pegando todas transações pendentes para eu criar os blocos e ficar com taxas + recompensas? Para entender como esse problema é mitigado, precisamos entender um pouco melhor como funciona o mecanismo de consenso, e consequentemente a mineração em si.

Como funciona o consenso?

O protocolo ou mecanismo de consenso é o recurso que toda blockchain possui para evitar que mesmo estando os dados descentralizados, que seja possível garantir a integridade dos mesmos baseado no que a maioria dos nós da rede considera como a "verdade".

Então se os nós A, B e C acreditam que o Luiz transferiu 1 BTC para Mônica, mas o nó D não acredita, é de consenso da maioria (¾) que o Luiz fez esta transferência e ela é válida. Esta seria uma maneira de entender o consenso que popularmente chamamos de "50%+1" e é bastante adotado em redes famosas como o BTC, mas não é a única maneira, cabendo a cada blockchain optar pelo mecanismo de consenso mais adequado ao seu contexto.

Mas porque os nós A, B e C confiam na mesma resposta? Como eles sabem que eles estão certo, apenas porque são maioria? Não mesmo, essa é apenas a última etapa de validação, lembra?

Antes mesmo de um nó salvar dados na sua cópia local da blockchain ele tem de montar e validar um bloco com as transações pendentes na mempool. Isso exige que ele valide cada transação individualmente e depois em conjunto, dentro de um bloco. Tanto a validação individual quanto a em conjunto requer o cálculo de hashes, que envolvem fórmulas matemáticas computacionalmente pesadas. Mas isso não é o bastante em blockchains públicas como a do Bitcoin, pois nela estamos em uma corrida contra o tempo.

O Bitcoin usa um protocolo de consenso chamado Prova de Trabalho (Proof of Work no original) cujo elemento principal consiste basicamente em exigir que cada novo bloco minerado tenha uma prova de que o minerador dispendeu um esforço computacional "x" para criá-lo, a fim de não permitir a criação de blocos "aleatórios". Com isso, milhares de nós estão tentando validar as mesmas transações e incluir o mesmo bloco na rede ao mesmo tempo, mas apenas somente aquele que colocar a prova de trabalho correta, esperada pela blockchain para este bloco, é que será o vencedor e será pago.

Essa prova de trabalho é o hash do bloco, mas com dois complicadores que ainda não havíamos mencionado: o primeiro é um número adicional e secreto em cada bloco que torna seu hash ainda mais imprevisível, chamado "nonce". E para que este nonce não seja descoberto muito rapidamente, uma dificuldade dinâmica no cálculo do nonce é adicionada. Mas vamos falar de um de cada vez.

Primeiro, o que é um "nonce"?

Esta é uma abreviação para "number used once" ou "número usado uma vez" e, em nosso contexto, representa um número único qualquer que deve ser adicionado junto aos dados do nosso bloco, o que consequentemente vai mudar o seu hash atual. Até aí nada demais, certo? Poderíamos pegar qualquer número, veja este exemplo abaixo, de bloco corretamente construído com o nonce "1" (coloquei um hash hipotético no campo de transações para simplificar).

Bloco #3

número do bloco: 3
nonce: 1
hashAnterior:
"11cb46175e061bb703882e449dda57828fdbc276202a3bc
d46c4619edfd21205"
transações:
"1335a6820a404f8ffbbf1d7d786085cc39c662019d7575b9
2ea65b4aa9d2f4c1"
timestamp: 1720545135
hashAtual:
"7a40d2b3ba117fa3c036650cafcfec82b810ba046fb3f5b00
abe257f9f8106db"

A concatenação de todos os dados desse bloco gerou o hash "7a40d2b3ba117fa3c036650cafcfec82b810ba046fb3f5b00abe257f 9f8106db". Mas se eu posso usar qualquer número, como vou saber se esse ("1") é o número certo?

Aí entra o segundo fator: a dificuldade da prova de trabalho. No exemplo acima a dificuldade era zero, ou seja, qualquer número realmente serviria, mas isso não acontece em um cenário real. Conforme temos mais ou menos mineradores trabalhando na criação dos blocos, a rede aumenta ou diminui a sua dificuldade, para que, em média, só tenhamos um novo nonce sendo descoberto a cada x tempo, garantindo uma estabilidade no aumento da blockchain. A título de curiosidade, esse tempo hoje é de um novo bloco a cada 10 minutos (no caso do Bitcoin) ou 15 segundos (no caso da Ethereum).

Basicamente a dificuldade diz respeito à procura por um nonce que, junto dos demais dados do bloco, gere um hash com características específicas. Em uma rede operando com dificuldade 1, o nonce escolhido tem de gerar um hash com um 0 à esquerda. Olhe novamente o bloco anterior. Percebe que nosso hash começa com "7"? Então o nonce 1 não é uma resposta válida como prova de trabalho neste caso.

Agora se eu for incrementando o nonce, uma hora eu vou chegar no nonce 22, que este sim gera um hash com um 0 à esquerda, o "070268b8255cd74aa5190ebc4b56b15d58eaba9f02e91e897b725 e5250c896f6", sendo uma resposta válida para este desafio criptográfico que finalizaria a criação do meu bloco e permitiria não apenas adicionar esse bloco na minha blockchain local, como propagar para toda a rede e receber as taxas e/ou recompensas uma vez validado.

Fácil, certo?

Na teoria, sim. Mas na prática a dificuldade é de vários zeros à esquerda e à nível binário, o que faz com que tenhamos de testar milhares ou até milhões de hashes por segundo se quisermos ser competitivos na mineração de Bitcoin.

Experimente a ferramenta abaixo, do mesmo professor do MIT que citei mais cedo neste capítulo.

https://andersbrownworth.com/blockchain/block

Altere o conteúdo do bloco e clique em minerar, você vai levar algum tempo até achar um nonce válido, com dificuldade 4 neste exemplo. Este é basicamente o trabalho matemático que os mineradores tem de fazer para gerar a prova de trabalho. Somente após chegar no nonce que gere o hash correto que o bloco será aceito na blockchain e o minerador será pago. E se você demorar demais e outro minerador descobrir antes, o processo recomeça, agora com novas transações na fila da mempool e consequentemente novo nonce.

Este exemplo que eu exercitei aqui, de PoW (Proof of Work) era o principal modelo de consenso no passado, mas dado os requisitos de hardware para mineração terem se tornado cada vez mais altos e os custos de eletricidade também serem elevados, consequentemente gerando taxas altas, o que geralmente não é interessante.

A rede Cardano por exemplo foi a primeira considerada de terceira geração justamente por ter rompido com esse modelo, vindo com a proposta do Proof of Stake (Prova de Participação). Nesse modelo, que é o mesmo adotado pela Ethereum atualmente (que abandonou o PoW), você não precisa usar como prova um desafio criptográfico, mas sim uma conta na blockchain com tokens da rede (ADA na Cardano ou ETH na Ethereum, por exemplo) em uma quantidade mínima pré-determinada.

Sabe quando você compra tantas ações de uma empresa que você passa ter direito a voto? É a mesma coisa no PoS (Proof of Stake). Quanto mais tokens ADA você tiver parados na sua carteira, mais você consegue validar os blocos e consequentemente ser pago por esta atividade que é bem menos intensa computacionalmente que no PoW. No caso da Ethereum por exemplo, a partir de 32 ETH na sua carteira você pode se tornar um "validador" (o equivalente aos mineradores do Bitcoin) e passar a lucrar com esta rede.

Como você deve imaginar, este modelo de consenso baseado em "participação" tem seus prós e contras em relação ao PoW, sendo que os principais estão resumidos na tabela abaixo.

	PoW	PoS
Segurança	Maior	Há Ressalvas
Descentralização	Maior	Há Ressalvas
Custo de Energia	Alto	Baixo
Tempo de Bloco	Maior	Menor

Quando me refiro como "há ressalvas" quero dizer que hipoteticamente ele é inferior, mas que na prática não tem se mostrado dessa forma. A descentralização e segurança por exemplo sofrem um revés no PoS, já que pessoas com muito capital poderiam mais facilmente criarem nós validadores alocando "apenas" 32 ETH em cada carteira, enquanto que no BTC os requisitos de hardware, energia, etc sempre mantém uma descentralização maior. Por outro lado, modelos baseados em PoS costumam ser bem rígidos com relação a validadores supostamente fraudulentos. Como o staking do token da rede bloqueia os fundos dos validadores, se eles agem "fora da linha" a rede pode tomar todos os fundos imobilizados para si como resposta à tentativa de fraude.

Assim como PoW e PoS, existem vários outros modelos de consenso no mercado, de acordo com as necessidades de cada rede. Quer colocar todo o poder computacional dos mineradores a serviço de algo útil? Temos o Proof of Useful Work (PoUW). Quer manter maior controle dos participantes da sua rede de validação? Temos o Tendermint/BFT. Quer centralizar a validação em máquinas próprias e zerar taxas? Temos o Proof of Authority (PoA). E por aí vai. Claro estou simplificando bastante aqui este assunto, mas a menos que você queira se tornar um engenheiro que crie blockchains do zero, como Satoshi Nakamoto e Vitalik Buterin, o que vimos até aqui é o suficiente para avançarmos.

Como funcionam as transações?

Eu falei brevemente sobre transações quando mencionava a estrutura dos blocos, certo? Na ocasião, usei como exemplo a tabela abaixo.

Transação #x
número da transação timestamp de registro da transação inputs: origem dos fundos a serem subtraídos outputs: destino dos fundos a serem adicionados hash desta transação (baseado em todos dados dela)

Mas assim como acontece com os blocos e a blockchain como um todo, nada pode ser tão simples quando estamos em um ambiente descentralizado. Isso porque um minerador ou validador mal intencionado poderia criar transações fraudulentas dizendo que o usuário A mandou dinheiro para ele, quando isso na verdade nunca aconteceu, como abaixo.

Transação #1
número: 1 timestamp: 1720547745 inputs: Usuário A -1 ETH outputs: Usuário B +1ETH hash: "9e05ee045b05ccfa4113778092154d533fb0bacfc4b08e08f275 1a127e6c013b"

Mas como provar que isso nunca aconteceu de fato? O minerador montou a transação, calculou o hash dela corretamente baseado em seu conteúdo, depois colocou em um bloco, descobriu o nonce, etc. Estando tudo certo com o conhecimento que vimos até agora, como que os pares do usuário B (minerador) poderiam saber se A realmente fez esta transação ou não?

É aqui que entra mais um conceito de criptografia: as chaves assimétricas.

Todo usuário na blockchain recebe um par de chaves. Elas são chamadas de assimétricas pois são diferentes uma da outra. Uma das chaves é chamada de chave pública (Public Key) ou simplesmente de "endereço", enquanto a outra é chamada de chave privada (Private Key) ou "senha". Abaixo um exemplo real de chaves Bitcoin.

Public Key: 1HB7yJBHYCFp14efd69ppmJdUCrJZNGWbx
Private Key:
L5dMdUvkKGZwfadTLJanwaPqBRCtLsGcaJSTUctN8CytCnVBjW3b

A chave pública, como o nome sugere, é de conhecimento geral e representa o endereço da sua conta de usuário na blockchain, para o qual qualquer outro usuário pode fazer transferências. Ou seja, toda conta de usuário na blockchain é também uma carteira de criptomoedas.

Já a chave privada, que é derivada da pública, deve ser mantida em segredo pois com ela você prova que é dono da respectiva conta e pode assinar transações com a mesma. Sim, isso mesmo, é assim que provamos que uma conta A realmente quis enviar fundos para uma conta B: nós pegamos todo o conteúdo da transação, com exceção do hash, e criptografamos ele com a chave privada em um novo campo de assinatura. Por fim, juntamos todos os dados da transação, incluindo esta assinatura e geramos o hash final, que vai garantir que ninguém adultere nada da transação depois.

Transação #1

número: 1
timestamp: 1720547745
inputs: "1HB7yJBHYCFp14efd69ppmJdUCrJZNGWbx" -1 ETH
outputs: "1KaRKnaDJZ1quR2h1t2MCU6zFvDNbFcpW2" +1ETH
assinatura:
"KxbzqJCVdFx8ZiwHt7FX5YMUuv7HXzVks8vBPurMjxsdd4Y

```
mnaiR"
hash:
"1335a6820a404f8ffbbf1d7d786085cc39c662019d7575b92ea6
5b4aa9d2f4c1"
```

Repare que aproveitei para trocar os endereços da carteira de origem e de destino por endereços reais da rede Bitcoin, para tornar o exemplo um pouco mais fiel. Além disso, o mais comum é que teria 2 outputs geralmente: o destinatário da transferência (que receberia a maior parte dos fundos) e a carteira do minerador (que receberá o equivalente às taxas).

Supondo que a transação acima esteja correta e que seja incluída em um bloco igualmente correto, como que os demais nós da rede irão validar se a transação 1 presente no bloco x realmente foi feita pelo usuário "1KaRKnaDJZ1quR2h1t2MCU6zFvDNbFcpW2"?

Lembra que mencionei que a chave privada é derivada da chave pública? A matemática envolvida na geração de chaves garante que se você usar a chave pública em cima de uma assinatura criptografada com a chave privada que é seu par, o resultado indicará que elas combinam.

Ou explicando de outra forma: dado um par de chaves A/B, se uma transação foi assinada com a chave B e você usar a chave pública A nesta assinatura, vai retornar sucesso na validação. Agora se usar outra chave qualquer (C, D, etc), vai retornar falha na validação.

Assim, cada nó que deseje validar uma transação basta que ele use a chave pública (que nada mais é do que o endereço da carteira de origem) sobre a assinatura digital e verá imediatamente se foi realmente aquele usuário que assinou. Além dessa validação, obviamente são feitas outras como a verificação do hash, se havia saldo na conta do usuário, etc a depender de cada blockchain,

Note como a ideia de integridade criptográfica é muito bem amarrada, não apenas entre os blocos, dentro dos blocos, mas também a nível de transações. E quanto mais entrarmos nos estudos, mais você irá entender o quão bela é a construção de uma blockchain do ponto de vista matemático e como as coisas se encaixam perfeitamente.

Mas para não tornarmos esse primeiro capítulo pesado em demasia, que tal encerrarmos por aqui e em nosso próximo capítulo estudaremos o elemento trazido pela Ethereum e que possibilitou o surgimento mais tarde da Web3: os smart contracts.

Referências

A cada capítulo, listarei referências onde você pode se aprofundar nos assuntos citados. Junto aos fontes do livro você encontra um PDF com os links abaixo clicáveis.

How to Time-Stamp a Digital Document
Artigo original dos pesquisadores da Xerox.
https://link.springer.com/content/pdf/10.1007/3-540-38424-3_32.pdf

Bitcoin: A Peer-to-Peer Electronic Cash System
Artigo original de Satoshi Nakamoto que originou o Bitcoin.
https://bitcoin.org/bitcoin.pdf

LuizTools: Playlist Blockchain
Série de vídeos que mostra de maneira prática estes conceitos.
https://www.youtube.com/watch?v=niU3SWU5FTE&list=PLsGmTzb4NxK0hRfnjfcg0f9rc0IleY28O

Introdução à Criptografia
Série de artigos explicando os fundamentos da criptografia.
https://www.luiztools.com.br/post/introducao-a-criptografia/

Blockchain Demo
Site do professor Anders Brownworth do MIT onde você consegue simular diversas características de uma blockchain.
https://andersbrownworth.com/blockchain/hash

2 Os Smart Contracts

Bitcoin é ótimo como uma forma de dinheiro digital,
mas sua linguagem de script é muito fraca para qualquer aplicação
séria ser construída sobre ele.
- Vitalik Buterin

O artigo original do Bitcoin tem como subtítulo "A Peer-to-Peer Electronic Cash System" ou "Um Sistema de Dinheiro Eletrônico Ponto-a-Ponto", o que mostra claramente qual era o seu objetivo com esta blockchain: criar uma moeda digital descentralizada e ele foi extremamente exitoso nisso.

Mas antes mesmo da obra-prima de Satoshi Nakamoto em 2009, outros pesquisadores já pensavam não apenas neste assunto (dinheiro eletrônico) como na programação de contratos, para torná-los mais "inteligentes". De 1998 a 2005, Nick Szabo, um cientista da computação e jurista húngaro-americano, desenvolvia o que seria o precursor dos smart contracts atuais para sua própria moeda BitGold (um ancestral do Bitcoin). Mas o que seria um "contrato inteligente", na pesquisa de Szabo?

Imagine (ou relembre) a seguinte situação: você vai vender seu carro e encontrou um comprador. Você só quer transferir a propriedade do veículo após receber o pagamento, mas o comprador só quer pagar depois de receber o documento de transferência devidamente assinado. Como resolver esse impasse contratual?

Um contrato inteligente seria aquele que, uma vez acordados os termos, resolver-se-á automaticamente no instante em que suas condições fossem atendidas. No exemplo acima, de venda de um veículo, acorda-se no contrato digital e inteligente que uma vez que o valor de venda seja recebido pelo contrato, a propriedade do veículo (que também está associada ao contrato, digitalmente) deve passar para o comprador, enquanto que a quantia deve ser passada para o vendedor. Ou seja, somente quando o código do contrato estiver de posse de ambos, documento de transferência e valor da venda, é que ele fará a troca, garantindo a segurança entre as partes.

Graças a estas invenções (criptomoeda e contratos inteligentes), muitos entusiastas acreditam inclusive que Szabo seja o real autor do Bitcoin, sob pseudônimo de Nakamoto, o que ele nega.

Segunda Geração de Blockchains

No capítulo anterior falamos muito sobre blockchain e seu funcionamento, certo? Tudo que estudamos nele é a base para o *core* das blockchains de mercado, core este que chamamos de DLT, ou Distributed Ledger Technology (Tecnologia de Livro Razão/Contábil Distribuído). Mas falamos até então apenas do funcionamento da primeira geração de blockchains.

A segunda geração de blockchains começa quando juntamos todas as pesquisas de 1991 a 2009 (da Xerox até o Bitcoin), com as pesquisas de Szabo e Buterin de 1998 a 2014? Mas por que 2014? E quem é Buterin?

Para entender a história da segunda geração de blockchains precisamos estudar o projeto Ethereum de Vitalik Buterin, um jovem programador russo-canadense que era entusiasta do Bitcoin desde a adolescência e escrevia artigos sobre o assunto. Vitalik estudava muito os fontes do Bitcoin e teorizava adicionar novas e interessantes funcionalidades ligadas a *smart contracts* (contratos inteligentes), imaginando que o poder computacional da blockchain poderia ser usado para mais do que apenas registrar entradas e saídas financeiras, mas sim qualquer algoritmo determinístico como contratos e outros.

No entanto, devido aos inúmeros conflitos internos entre os desenvolvedores que assumiram o desenvolvimento do Bitcoin (sendo um projeto open-source, ele ficou sob responsabilidade pública), Buterin entendeu que se ele quisesse levar adiante seu projeto ele teria de fazer uma nova blockchain. Ele traria tudo que ele amava do projeto original, mas levaria-o para uma abordagem completamente diferente: ao invés de focar em transações de dinheiro eletrônico, ele construiria uma plataforma descentralizada de transações quaisquer. Iniciava aqui o prelúdio da segunda geração de blockchains.

Em dezembro de 2014 Buterin publicava o seu mais famoso artigo intitulado "Ethereum: uma plataforma para a próxima geração de aplicações descentralizadas e contratos inteligentes" (em uma tradução livre). Com 36 páginas o whitepaper explicava a inspiração no Bitcoin, a arquitetura geral do projeto, como tudo funcionaria e a aplicabilidade da plataforma em soluções reais que se beneficiariam das características de uma blockchain de segunda geração. Juntando-se a outros programadores igualmente notáveis como Gavin Wood (futuro fundador da Polkadot), Charles Hosskinson (futuro fundador da Cardano) e outros, em 2015 este audacioso projeto veio ao mundo.

Para se dedicar inteiramente ao projeto Vitalik abandonou a faculdade e como investimento inicial usou de um prêmio que recebera da Thiel Foundation (do bilionário Peter Thiel), além de realizar o ICO (Initial Coin Offer ou Oferta Inicial de Moeda) do Ether (ETH) a criptomoeda oficial da Ethereum, acumulando quase U$19MM no processo. Mais tarde esse investimento mostraria que valeu muito a pena para todos investidores, já que o ETH se tornaria a segunda maior criptomoeda do mundo em valor de mercado.

Mas voltando ao que nos interessa, não apenas a moeda Ether e a rede Ethereum foram lançadas nesse mesmo ano como outros dois elementos importantíssimos e que serão o grande foco neste capítulo. Esses dois elementos em conjunto é o que permitiu o desenvolvimento não apenas dos contratos inteligentes inicialmente imaginados, como toda uma gama de aplicações rodando sobre a blockchain que conhecemos hoje, como novas moedas, tokens, serviços financeiros, jogos, colecionáveis, etc.

Eu estou falando da Máquina Virtual Ethereum (EVM) e da sua principal linguagem de programação, a Solidity.

A EVM

Lembra que mencionei anteriormente que o core de uma blockchain é uma DLT ou Tecnologia de Livro Razão/Contábil Distribuído? Ou seja, toda requisição enviada para um nó de blockchain, a princípio, serve para ler ou registrar dados de transações financeiras neste "livro". Mas se quisermos ler ou registrar outras informações que não as inicialmente previstas pelos criadores da blockchain, como poderíamos fazer?

Esse era o grande desafio da equipe original da recém criada Fundação Ethereum, responsável por utilizar os fundos obtidos para o desenvolvimento do projeto. Eles teriam de oferecer flexibilidade para que desenvolvedores ao redor do mundo pudessem criar seus "contratos inteligentes" (nome que mais tarde se mostraria insuficiente, já que podemos programar quase qualquer coisa, não apenas contratos) ao mesmo tempo que se garantisse a segurança, a descentralização e a escala, o famoso trilema da blockchain citado por Nakamoto em seu paper.

A solução veio com a implementação da Ethereum Virtual Machine (EVM) ou Máquina Virtual Ethereum: um mini-computador virtual (com memória e CPU) que possui um conjunto de operações como leituras e escritas na blockchain principal e que pode ser programado através de arquivos de código-fonte devidamente compilados e carregados nele. Da mesma forma como faríamos em um computador qualquer ou ainda melhor, do mesmo jeito que a JVM (Máquina Virtual do Java) ou o CLR (Common Language Runtime do .NET) funcionam.

Assim, quando uma requisição chegasse na blockchain Ethereum, ela poderia ter sua execução endereçada não ao core central (a DLT) da blockchain, mas a um código específico que algum programador criou e fez deploy previamente. Esse código instruiria a EVM sobre quais leituras, escritas e processamentos ela deveria fazer e seu resultado seria persistido na blockchain ao término da execução e validação. Em linhas gerais e de maneira extremamente simplificada, é exatamente assim que a EVM funciona.

Você enquanto programador, pode escrever por exemplo um código que faça exatamente o que citamos no exemplo de venda de veículo. Mas essa é apenas uma das infinitas possibilidades e, como disse antes, o termo "contrato" é insuficiente para descrever a totalidade do que é possível. Então, sempre que ler o termo "smart contract" ou "contrato inteligente" neste livro, entenda como uma "aplicação para blockchain", algo que aprenderemos a desenvolver ainda nesse capítulo e em vários outros.

Mas como escrevemos programas para este computador virtual chamado EVM? Que linguagens de programação ele entende? Qual o ambiente de desenvolvimento necessário?

A Linguagem Solidity

Como todo bom computador a EVM somente entende código de máquina, que chamamos aqui de *operation codes* ou apenas "opcodes". Assim, quando ela recebe um opcode MLOAD ela sabe que deve ler uma palavra que está no endereço de memória passado como parâmetro e um SSTORE indica que ela deve escrever esta palavra no disco. Mas quase ninguém gosta de programar em linguagem de máquina hoje em dia, certo?

Para facilitar a tarefa de escrever os smart contracts compatíveis com EVM, o time Ethereum decidiu criar uma nova linguagem de programação. Uma que fosse dedicada a esta atividade e tivesse os recursos e restrições adequados ao ambiente de execução em questão, já que como vimos no capítulo 1, a blockchain possui uma série de peculiaridades próprias. Assim surgiu a linguagem Solidity, criada por Gavin Wood, Christian Reitwiessner e sua equipe.

Programadores usam a linguagem Solidity para escrever seus smart contracts que uma vez compilados com o Solidity Compiler (Solc), geram os bytecodes que podem ser interpretados pela EVM que reside em qualquer nó da blockchain Ethereum. Essa interpretação gera o comportamento esperado pelo programador como uma transferência de dado, processamento qualquer, pagamentos, etc.

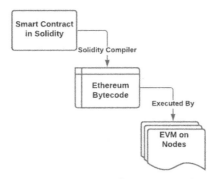

Com sua sintaxe fortemente baseada em ECMAScript, seu aprendizado fundamental costuma ter baixa curva de complexidade para desenvolvedores web, com a diferença de que é uma linguagem de tipagem estática. Programas escritos em Solidity permitem a criação de estruturas de dados complexas, funções, bibliotecas e, assim como em programas orientados a objetos, temos interfaces, encapsulamento e herança também. Tudo isso torna-a uma linguagem de alto nível, mas com algumas preocupações (que veremos mais adiante) ligadas a controle e escassez de recursos de linguagens de baixo nível. Graças a isso, pode-se dizer que Solidity fica em algum lugar entre as linguagens JavaScript e C++, na minha humilde opinião.

Repare em alguns exemplos abaixo que mostram um pouco da sua sintaxe e compare mentalmente com a sintaxe das linguagens de programação que você já conhece.

Tipos de Dados	int, uint, bool, string, address, …
Declaração de Variáveis	int x = 0;
Operadores	+, -, *, /, >, <, >=, <=, =, ==, % …
Condicionais	if(x == 0) { /*faz algo*/ }
Laços de Repetição	for(int i=0; i < 10; i++) { /*faz algo*/ }
Visibilidade	public, private, external, internal

Funções	function foo(int x) public returns int { /*faz algo*/ }
Estruturas de Dados	arrays, mappings, structs

E claro que eu não esgotei as possibilidades com a tabela acima, foram apenas alguns exemplos para ilustrar como é simples de você começar a pensar em algoritmos escritos em Solidity usando o que você já sabe de outras linguagens de programação. Sendo assim, neste livro não abordaremos conceitos fundamentais de algoritmos e lógica de programação e também não adotaremos a abordagem tradicional de ensino de linguagens de programação, isto é, a acadêmica, em favor de algo mais prático e *problem-based*.

Talvez a dúvida que você esteja se perguntando agora é: será que vale a pena aprender uma linguagem de programação específica para a EVM, ou seja, para a blockchain Ethereum? Mesmo ela sendo a segunda maior blockchain do mundo (a número 1 se o assunto for contratos inteligentes) não é um tanto limitante se especializar com as tecnologias de apenas uma dentre inúmeras blockchains?

O que talvez você não saiba (ainda) é que o protocolo, ou seja, as especificações da rede Ethereum e da sua EVM são open-source e por causa da sua popularidade foram usadas como base para a criação de mais de 90% dos projetos de blockchain existentes no mercado que, juntos, detém mais de 80% do TVL (Total Value Locked) em contratos inteligentes do mundo. Em alguns casos, foram feitos literalmente forks do GitHub do projeto Ethereum e programado em cima e, em outros, são blockchains completamente diferentes mas que possuem EVMs na sua arquitetura, para garantir compatibilidade com o ecossistema de desenvolvimento e execução da Ethereum.

Sendo assim, ao aprender a programar em Solidity você estará apto a trabalhar na imensa maioria das blockchains públicas e privadas bem sucedidas e que suportam smart contracts EVM/Solidity. Estamos falando de redes como a BSC (BNB Smart

Chain), Avalanche (AVAX), Polygon (MATIC/POL), Tron, Arbitrum e até mesmo projetos de blockchains privadas, como a famosa HyperLedger que é usada em projeto corporativos e governamentais gigantes como o do Drex (Real Digital/Tokenizado). Mais tarde, claro, você pode estudar outras arquiteturas de blockchain, mas começar pela ETH/EVM será uma grande catapulta na sua carreira ou empreendimentos com blockchain.

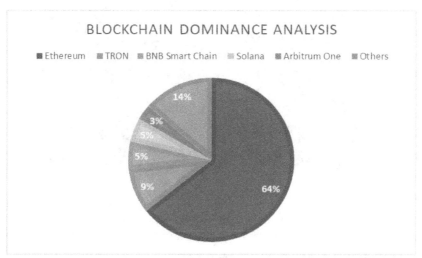

Fonte (maio/2024):
https://coinpedia.org/research-report/crypto-weekly-update-ethereum-spot-etf-approval-breaking-news-and-market-analysis/

Ok, entendido esse ponto, como podemos começar a programar para esta fantástica plataforma?

Hello World

Primeiro é importante entender que não tem uma única forma de criar os seus smart contracts com Solidity. Faremos isso primeiramente de uma maneira amadora, porém didática, nesta etapa usando uma ferramenta online chamada Remix. Mais adiante adotaremos práticas mais profissionais.

O **Remix** é uma IDE online e gratuita para programação em Solidity. Com ele, não precisaremos configurar absolutamente nada na nossa máquina e os processos de compilação e deploy se tornam extremamente abstraídos. Para usar o Remix basta acessar o site da ferramenta em remix.ethereum.org e automaticamente você terá um ambiente para desenvolvimento, inclusive podendo integrar com GitHub se você assim desejar.

No lado esquerdo, temos uma sidebar cuja primeira aba é a File Explorer. Dentro dela, na pasta contracts, você encontrará alguns contratos de exemplo e é nesta pasta que vamos trabalhar. Os contratos são os arquivos com extensão ".sol" (de Solidity) e se quiser, pode excluir os contratos que o Remix criou para você, pois não vamos usar eles.

O Remix é uma excelente opção para começar com Solidity embora mais tarde você irá querer trabalhar com algo mais profissional. Nele, você escreverá os contratos, fará deploy em um rede de teste e ainda fará os testes do seu contrato, tudo sem sair do seu navegador e eu vou te mostrar isso tudo ao longo dos próximos exercícios. Mais tarde, aprenderá inclusive como fazer deploy em uma blockchain real, mas uma coisa de cada vez.

Agora, na pasta contracts, vamos criar o nosso novo arquivo HelloWorld.sol, que vai ser o nosso arquivo de contrato. Assim que tiver criado este arquivo em branco, tem duas instruções iniciais que devemos colocar. Uma delas é a licença do seu código-fonte e a segunda instrução é a pragma, indicando a versão do compilador de Solidity que será usada para compilar este contrato. Isso porque assim como funciona com a linguagem Java, C# e outras, nós escrevemos o programa (contrato neste caso) em uma linguagem de alto-nível e ela precisa ser compilada para uma linguagem intermediária que será interpretada pela EVM (Ethereum Virtual Machine) mais tarde, gerando os comandos de máquina (opcodes). Ao longo do tempo novas versões da linguagem são lançadas com novas funcionalidades e portanto é importante especificar qual a versão mínima (ou até máxima) que você precisa para o seu projeto.

O seu arquivo deve ficar como abaixo (minha versão atual é a 0.8.26, a sua pode ser mais nova). Repare que optei pela licença MIT, que você pode mudar à vontade conforme a licença que fizer mais sentido para você. Aliás, todos os códigos do livro são disponibilizados com essa licença e o link para download fica na seção de referências ao final do capítulo.

Código 2.1:

```solidity
// SPDX-License-Identifier: MIT
pragma solidity 0.8.28;
```

Opcionalmente você pode documentar o seu smart contract usando comentários como abaixo.

Código 2.2:

```solidity
/// @title Título do seu contrato
/// @author Nome do autor
/// @notice Explique o que o contrato faz
/// @dev Detalhes adicionais para devs
```

Abaixo destas informações todas é que vamos começar a codificar nosso primeiro contrato. Se você já conheceu alguma linguagem orientada à objetos antes, vai se sentir "em casa" pois escrever um contrato é muito semelhante a escrever uma classe. Para começar, você define o seu contrato usando a palavra reservada **contract** e definindo o seu escopo entre chaves.

Código 2.3:

```
contract HelloWorld {

}
```

Dentro do contrato você pode colocar suas propriedades e funções, assim como faria com classes e começaremos declarando uma propriedade (que no Solidity chamamos de "variável de estado") chamada **message**, apenas para guardar o conteúdo de uma mensagem.

Código 2.4:

```
contract HelloWorld {
    string public message = "Hello World!";
}
```

O tipo da variável definimos como **string** (texto), o modificador de visibilidade colocamos como **public** (o que indica que pode ser acessado por qualquer um), o nome da variável colocamos message (mensagem em Inglês) e atribuímos o valor entre aspas Hello World para ela, da mesma forma que faríamos em JavaScript e tantas outras linguagens de programação.

Outros tipos válidos para variáveis, dentre muitos:

Tipo	Armazena
bool	true ou false
int	números inteiros negativos e positivos (com variações em bits como int8, int256, etc);

uint	inteiros positivos (sem sinal, unsigned, com variações em bits como uint8, uint256, etc);
address	endereços na blockchain;
bytes	para array binários;

E outros modificadores de visibilidade para variáveis poderiam ser:

Visibilidade	Efeito
public	pode ser lido de fora do contrato, mas apenas escrito pelo contrato;
private	somente pode ser lido e escrito por esse contrato;
internal ou "ausente"	pode ser lido e escrito por esse contrato e contratos-filhos (via herança); valor default;

É importante frisar que todas variáveis que você declara dentro do escopo do contrato (e fora do escopo de funções) são automaticamente uma variável de estado, ou seja: é persistida no **storage**, uma área de armazenamento persistente na blockchain dedicada ao seu smart contract. Guarde esta informação pois isso impactará nos custos das suas transações mais tarde, incluindo o deploy (quanto maior o contrato, maiores os custos de deploy).

Avançando, o processo de criação de funções também é bem simples e similar a outras linguagens. Abaixo segue um exemplo de função helloWorld.

Código 2.5:

```
contract HelloWorld {
    string public message = "Hello World!";

    function helloWorld() public view returns (string
memory) {
```

```
    return message;

    }

}
```

Neste exemplo usamos a palavra reservada **function** para dizer que vamos escrever uma função. Damos um nome à mesma (com convenção Camel Case) e abrimos parênteses para definir os parâmetros, que optei aqui por não ter nenhum. Na sequência definimos o modificador de visibilidade (**public**, indicando que ela pode ser chamada fora deste contrato), o tipo de função (usei **view** pois vamos precisar apenas visualizar uma informação do contrato) e a palavra reservada **returns** para informar o que essa função retorna, neste caso uma única variável do tipo **string memory** (que explicarei mais tarde o porquê).

Talvez o ponto mais diferente aqui seja a palavra reservada **view**, que indica que esta função lê uma variável de estado do contrato, ou seja, as suas propriedades internas. Se você não colocar a palavra view, o próprio Remix vai te advertir quando salvar o arquivo (Ctrl + S) que está faltando esta instrução. Outros tipos de funções incluem:

Tipo de Função	Efeito
nenhum ou ausente	Indica uma função que escreve na blockchain (transação);
view	Função que lê dados do contrato na blockchain;
pure	Função que apenas realiza processamento em cima de dados da função (parâmetros). Não interage com a blockchain.
payable	Função de escrita que permite o envio de criptomoedas junto de sua chamada.

Além disso, outro ponto que é bacana reforçar é quanto ao modificador de visibilidade, **public**. Coloquei as outras opções abaixo e repare que algumas são iguais às variáveis.

Visibilidade	Efeito
public	função pode ser chamado dentro e fora do contrato;
private	somente pode ser chamado por este contrato;
internal	pode ser chamada por esse contrato e contratos-filhos (via herança);
external	pode ser chamada somente fora do contrato;

Já o conteúdo da função em si dispensa explicações e agora que temos nosso HelloWorld codificado, é hora de testarmos ele.

Testes são uma parte crucial do desenvolvimento de qualquer software mas Solidity coloca isso em outro patamar. Isso porque como seu código ficará visível na blockchain e na maioria das vezes ele envolverá dinheiro (em criptomoedas), é crucial que ele esteja em pleno funcionamento e que seja seguro. Não apenas isso, os códigos na blockchain são imutáveis, então não temos margem para corrigir pequenas coisinhas depois como é comum no mundo web.

Dito isso, vá até a sidebar novamente, na aba do Compilador (é a que possui o símbolo do Solidity) e clique no botão "Compile" que, se tudo estiver certo, o seu arquivo HelloWorld.sol será compilado com sucesso. Caso tenha algum problema, o Remix vai te avisar.

Com o contrato compilado, vamos fazer o deploy para conseguir testar nosso contrato. Para isso, vá até a sidebar do Remix e acesse a aba de Deploy, que possui o ícone da Ethereum, escolha a opção Remix VM (em qualquer cidade), selecione o seu contrato e clique em "Deploy" (botão amarelo). Isso irá fazer o deploy em uma VM de teste do Remix ao invés da rede de verdade, uma vez que não queremos ter custos enquanto estamos aprendendo.

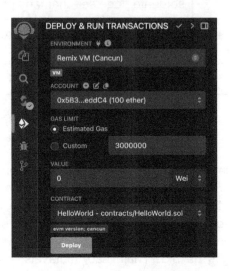

Se tudo der certo no deploy, mais abaixo do botão você terá uma área onde pode testar as propriedades e funções públicas ou externas do seu contrato. Basta clicar nos botões e verá o resultado abaixo dos mesmos, que é exatamente o resultado que algum software ou aplicação web teria ao invocar os respectivos comandos. Repare que no console à direita você também tem informações do que acontece a cada chamada.

Tanto a sidebar quanto o console podem ser ocultados ou exibidos clicando em ícones ou arrastando a sua extremidade com o mouse.

Repare que apesar do nosso contrato ter apenas uma função, temos dois botões para teste: um com o nome da função (helloWorld) e outro para o nome da nossa variável de estado pública (message). Isso acontece porque para cada variável de estado pública que você tiver, o Solidity vai disponibilizar automaticamente uma função pública de mesmo nome, para que a variável possa ser lida externamente.

Recomendo agora que você clique nos botões para realizar os testes, que altere a mensagem no contrato, re-compile, faça novo deploy...enfim, que "brinque" um pouco para se situar com a ferramenta antes de avançarmos a fim de fazermos um segundo e mais completo exemplo antes de avançarmos em outros tópicos. Você vai notar por exemplo que a cada novo deploy o Remix vai mantendo todas as versões para testarmos, podendo excluir as antigas manualmente caso não vá mais usá-las (ícone de lixeira).

CRUD

Que tal avançarmos em nossos conhecimentos básicos de Solidity e escritas de smart contracts programando um contrato de "CRUD"? Caso não conheça a sigla, ela deriva das palavras Create, Retrieve, Update e Delete, ou seja, as quatro operações elementares existentes em todas as aplicações. Com esse conhecimento, você não apenas estará apto a começar a construir seus contratos cada vez mais complexos como vai ter uma boa referência de consulta depois para fazer essas atividades mais básicas.

Como vimos anteriormente, podemos ler e armazenar dados no storage da blockchain através de variáveis de estado, certo? Então é natural que possamos atualizar e também excluir os mesmos, fazendo do contrato uma espécie de combinação entre aplicação e banco de dados. Agora, exatamente quais dados você vai gerenciar, isso vai depender da natureza do seu projeto.

Para a temática do nosso smart contract CRUD eu estava pensando em fazer algo que realmente fizesse sentido estar em uma blockchain pública como a Ethereum. Afinal estamos falando de uma plataforma global e descentralizada, imagino que seria interessante algo útil a pessoas de qualquer país, então pensei em uma aplicação de cadastro de livros, como se fosse o registro de uma biblioteca mundial. Não guardaremos os livros em si em nossa aplicação, até por questões de direitos autorais, mas guardaremos os dados sobre os livros existentes no mundo, cadastrados por usuários de qualquer país, como se a gente pegasse o padrão ISO 2108 (responsável pelo ISBN ou registro internacional dos livros) e levasse para a blockchain.

Claro, estou te trazendo a ideia, não faremos um projeto deste porte como segundo exercício de programação de smart contracts, fique tranquilo. O que faremos aqui será somente o CRUD de livros em smart contract, algo factível e que poderia fazer parte de algo tão grandioso quanto o que citei anteriormente.

Na pasta contracts do Remix, crie um novo arquivo chamado BookDatabase.sol, que será o nosso contrato de CRUD de livros. Dentro dele, defina a licença, a versão e deixe a estrutura inicial do contrato pronta, como abaixo.

Código 2.6:

```solidity
// SPDX-License-Identifier: MIT
pragma solidity ^0.8.28;


contract BookDatabase {
}
```

Repare que desta vez eu não informei apenas a versão de Solidity para rodar nosso contrato, mas usei um circunflexo antes da mesma, indicando que qualquer versão de 0.8 vai nos servir, a partir da 0.8.26. Já o nome do contrato coloquei novamente com o mesmo nome do respectivo arquivo, sendo essa a prática recomendada sempre.

O próximo passo é definir as variáveis que vão representar os dados dos livros. Pense a respeito de alguns dados que podem ser importantes, por exemplo: título, autor, ano de lançamento, número de páginas, ISBN...acredito que seja fácil de decidir os tipos para esses dados, certo? Estamos falando de strings e inteiros, certo? Mas não queremos um monte de variáveis soltas em nosso contrato, precisamos organizar cada livro em uma estrutura de dados e todos eles em uma coleção de dados, de modo que não apenas sejam armazenados de maneira eficiente como possam ser acessados depois. Para isso, veremos dois novos recursos da linguagem Solidity, a começar pelas structs.

Uma struct serve para definir a estrutura de um objeto de dados, um modelo a seguir seguido por todos os objetos daquele mesmo tipo. Para criar uma struct, defina antes do contract, mas ainda no mesmo arquivo, uma estrutura como abaixo, onde a keyword **struct** define que estamos criando uma, enquanto que Book é o nome do nosso novo tipo de dados.

Código 2.7:

```
struct Book {

}
```

Dentro das chaves que delimitam o escopo da struct você define as variáveis de estado que cada livro irá possuir, seguindo o padrão

<tipo> <nomeVariavel>;

Não precisa definir visibilidade nem nada a mais, somente esta estrutura mesmo. Veja abaixo como defini alguns campos que vimos antes, preparando nossa struct Book para os próximos passos.

Código 2.8:

```
struct Book {
  string title;
  string author;
  string isbn;
  uint16 pages;
  uint16 year;
}
```

As strings são bem óbvias, mas repare na forma como defini os tipos numéricos. O uso de **uint** ao invés de **int** é um pouco óbvia se já usou unsigned integers antes, já que não precisamos de números negativos nestes dois exemplos (páginas e ano de lançamento). Mas o que seria um **uint16**?

Tanto int quanto uint possuem algumas possibilidades de tamanho: 8, 16, 32, 64, 128 e 256-bit. Se você não especificar literalmente, o maior tamanho será utilizado (256-bit) e com isso você deve imaginar que mais espaço em memória e disco será utilizado do que o necessário. Para year não precisamos mais do que umas 3 mil possibilidades, então um uint16 vai nos atender porque ele vai de 0 65535, enquanto que para páginas raramente vamos precisar de mais do que o número 1 mil, logo, pode ser atendido por este mesmo tamanho.

A tabela abaixo vai te ajudar como fonte de consulta para a tomada de decisão de tipos numéricos. Repare que além do tamanho dos números em si, o uso de uint ao invés de int te dá o dobro de possibilidades se você só irá trabalhar com números positivos.

Tipo	Intervalo
int8 e uint8	São 256 números, sendo que int usa metade para negativos
int16 e uint16	São 65.536 números, com int usando metade para negativos
int32 e uint32	São 4.29 bilhões de números possíveis
int64 e uint64	São 18.44 quintilhões de números possíveis
int128 e uint128	Aproximadamente 3.4 x 10^38 números
int256 e uint256	Aproximadamente 1.16 x 10^77 números

Agora que temos nossa struct definida, precisamos de um local no contrato para armazená-la, afinal, não podemos ficar criando um monte de "books" soltos no contrato, certo?

Para isso temos duas escolhas no Solidity: arrays e mappings, sendo que cada um tem suas vantagens e desvantagens. Como arrays são muito mais comuns na maioria das linguagens, vamos começar por ele. Para declarar um array em Solidity é bem simples, apenas use a sintaxe abaixo dentro do escopo do contrato.

Código 2.9:

```
Book[] public books;
```

Veja como usei o tipo da struct como o tipo do array. Como Solidity possui tipagem estática, apenas conseguirei armazenar objetos do tipo Book dentro desse array. Repare que não defini um tamanho máximo e nem inicializei o array books, o que seria perfeitamente possível pois o Solidity também aceita arrays de tamanho fixo e arrays pré-inicializados. Repare também que defini a visibilidade de books para public, o que automaticamente vai me fornecer o **R** do

CRUD (Retrieve), pois terei uma função pública de acesso ao array. Falaremos mais sobre isso durantye os testes.

Agora para adicionarmos novos livros no array vamos precisar criar uma função específica para isso em nosso contrato, que eu chamarei de addBook. Ela deve esperar os dados do livro por parâmetro, inicializar uma nova variável do tipo Book com eles e guardar no array, como abaixo. Mas calma, teremos algumas novidades mesmo para programadores experientes, que explicarei a seguir.

Código 2.10:

```
function addBook(string calldata _title, string
calldata _author, string calldata _isbn, uint16 _pages,
uint16 _year) public {
  books.push(Book({
      title: _title,
      author: _author,
      isbn: _isbn,
      pages: _pages,
      year: _year
  }));
}
```

Se você conhece *clean code*, releve a quantidade de parâmetros da minha função, falaremos sobre boas práticas mais tarde. Vamos nos focar em dois aspectos novos aqui. O primeiro é o uso de underscore (_) antes do nome dos parâmetros. Isso é uma convenção opcional, embora comum, e usado para diferenciar os parâmetros de qualquer outro conteúdo interno da função, para evitar confusão com nomes. Agora a outra novidade diz respeito à keyword **calldata** logo após os tipos string.

Sempre que você for definir um parâmetro que não seja um tipo primitivo de tamanho fixo (bool, int, uint, etc), nós devemos especificar o **data location**. Data location é basicamente ONDE este dado deve estar para ser usado na sua função. Diferente da maioria das linguagens de programação em Solidity nós não temos apenas uma área de memória possível de ser usada para as variáveis e parâmetros, mas três, a saber.

Data Location	Efeito
storage	Armazenado persistente, o padrão para variáveis de estado (do contrato). Não usado em parâmetros.
memory	Armazenado temporariamente em memória, pode ser lido e escrito. Padrão para parâmetros de função.
calldata	Armazenado temporariamente em memória, mas pode apenas ser lido. Usado apenas em parâmetros.

Assim, no momento que não especifiquei o data location das nossas variáveis de estado (as que ficam no escopo do contrato) até agora, assumimos automaticamente que todas são lidas e escritas do storage (armazenamento permanente). Já no caso dos parâmetros, não posso usar o storage e o padrão é memory, mas no caso de variáveis de tamanho indefinido como strings, arrays, structs, etc nós temos de explicitamente dizer se queremos memory ou calldata, sendo que, neste momento, o mais importante você saber é que parâmetros memory permitem leitura e escrita, enquanto que calldata (o mais comum) são apenas para leitura. Mais tarde veremos outras diferenças.

Por fim, olhe novamente o código da nossa função e verifique que chamamos a função push de books, que serve para adicionar um novo elemento no final do array, aumentando seu tamanho automaticamente. Agora para a passagem de um objeto do tipo Book para a função push, nós usamos um inicializador de Book que nada mais é do que chamar uma função com o mesmo nome da struct, sendo que esta função espera um objeto por parâmetro, no mesmo formato JSON que usamos comumente na web (parâmetro: valor).

Que tal testarmos o que fizemos até aqui?

Vá novamente na aba Compiler do Remix, compile e verifique se está tudo ok. Depois, vá na aba Deploy, exclua os deploys de outros projetos e faça seu primeiro deploy deste contrato para que possamos ter os botões de teste dele.

Repare que temos duas cores de botões. A cor amarela é para funções de escrita, também chamadas de **transactions**, enquanto que a cor azul são para funções de leitura (view ou pure), também chamadas de **calls**. Existe ainda uma terceira cor que ainda não vimos, a vermelha, que é para transactions que envolvem pagamento (payable).

Para testar a função addBook, basta que você preencha o campo ao lado do botão com cada um dos valores na ordem que são esperados e depois clicar no botão. No console você verá que uma transaction foi realizada com sucesso ou a mensagem de erro caso tenha ocorrido algo inesperado (parâmetro inválido ou erro no algoritmo mesmo).

Agora, para testar a função books, que foi criada automaticamente por termos uma variável de estado book no contrato, nós temos de informar o índice do array que queremos acessar. Note que isso é diferente do que tínhamos no contrato anterior, quando clicávamos no botão e já recebíamos a variável como retorno. Isso porque em estruturas de dados (arrays, mappings, etc) a EVM não entrega todos os elementos de uma vez só, pois podem ser muitos a ponto de causar problemas na entrega.

Experimente testar o botão books após fazer ao menos um cadastro de livro, usando o índice do livro que deseja receber o retorno. Você verá no console uma call sendo feita e logo abaixo do botão, vão ser listados os valores da struct retornada, na ordem da struct. Caso o índice pesquisado não exista, os valores default de cada variável da struct serão retornados. Esse é o comportamento default do Solidity para qualquer tipo de dado: sempre temos o valor default armazenado. Então você nunca vai ler uma variável e receber um erro de que ela não foi inicializada.

Mas vamos em frente, já fizemos o **C** e o **R** do CRUD, vamos para o **U** de Update agora. Para atualização de dados você vai precisar do filtro para achar o elemento e do novo dado que deseja alterar. Existem diferentes abordagens para ambos os casos e não quero me estender muitos nesses pontos agora, então vou simplificar. Nosso filtro para atualização será baseado no índice do livro em nosso array, enquanto que a parte de atualização eu só vou permitir trocar alguns campos.

Código 2.11:

```
function    updateBook(uint    index,    string    calldata
_author, uint16 _pages, uint16 _year) public {
  Book memory updatedBook = books[index];

  if(bytes(_author).length > 0)
     updatedBook.author = _author;

  if(_pages > 0)
     updatedBook.pages = _pages;

  if(_year > 0)
     updatedBook.year = _year;

  books[index] = updatedBook;
}
```

A função update book espera o índice (index) como primeiro parâmetro e as variáveis de atualização como parâmetros adjacentes. Como pode ser que o usuário não queira atualizar todos aqueles dados, você vai reparar que coloquei alguns testes na lógica interna da função, para apenas atualizar se o parâmetro foi preenchido com um valor não-default. Aqui temos apenas um truque digno de nota que é para testar se uma string está vazia em Solidity, onde convertemos ela para array de bytes e verificamos seu comprimento (length).

Repare também que a busca de um objeto no array por índice é idêntica a muitas outras linguagens de programação (usando colchetes) e que usei de uma variável local (updatedBook) para poder fazer todas as atualizações de dados e ao final, salvo novamente o livro atualizado sobre sua posição original, para me certificar que as alterações sejam persistidas no storage (books é variável de estado, logo, fica no storage). Se não fizéssemos essa atribuição final a atualização seria perdida, já que updatedBook possui memory como data location (ou seja, é temporário).

O teste dessa nova função não traz nenhuma novidade embora você deva fazê-lo. O único ponto digno de nota é que a cada deploy uma nova instância do contrato é gerada e todos os dados anteriores são perdidos, então lembre-se de sempre começar seus testes adicionando ao menos um livro para poder atualizá-lo. Ah, e tome cuidado também com a grafia da função (updateBook) e da variável interna (updatedBook), tem um 'd' que faz toda diferença e vai te causar erros e você se confundir.

Para finalizar, vamos fazer a última letra do CRUD, o **D** de Delete. Para excluir um elemento do array vamos precisar do índice dele e da keyword **delete**, como abaixo.

Código 2.12:

```
function deleteBook(uint index) public {
  delete books[index];
}
```

A instrução delete é um engodo, devo admitir, mas a sintaxe dela é como apresentei acima, ela vai "excluir" o elemento de array que você passar à direita dela. Por que citei "engodo" e coloquei excluir entre aspas? Porque a delete não exclui realmente o elemento, mas sim "reseta" ele para os valores default. Assim, o array não diminui de tamanho e nenhum elemento muda seu índice, ficando vaga aquela posição para ser reutilizada caso você deseje.

Apesar de ser um comportamento pouco usual é fácil de entender o porquê: aumentar e diminuir um array de tamanho no storage é um processo custoso e veremos mais tarde que todo processo custoso é ou deve ser evitado na blockchain por causa das taxas de transação.

Faça esse último teste: compilação, deploy, adicione dois livros e mande excluir o de índice 1 (o do meio, entre o 0 e o 2). Você verá que ainda continuará com um array de 3 posições e que os demais elementos mantiveram seus índices, apenas o elemento 1, que você mandou excluir, terá sido reiniciado para os valores default. Assim, futuramente, quando quiser verificar se uma posição tem ou não um elemento nela, sempre verifique por algum campo identificador (como ISBN por exemplo) se ele está vazio ou preenchido.

Nada mais natural que após todos os testes e deploys no ambiente de desenvolvimento que você queira colocar seu primeiro smart contract em uma blockchain de produção, certo?

Falaremos disso no próximo capítulo!

E com isso finalizamos este segundo capítulo, mas não se preocupe, esta foi apenas uma introdução ao desenvolvimento de smart contracts, você ainda vai aprender a criar contratos mais complexos e com técnicas ainda mais profissionais nos próximos capítulos conforme avançarmos em nossos estudos.

Referências

A cada capítulo, listarei referências onde você pode se aprofundar nos assuntos citados.

Ethereum: A Next-Generation Smart Contract and Decentralized Application Platform.
Whitepaper original sobre a Ethereum, escrito por Vitalik Buterin, fundador da Ethereum.
https://ethereum.org/content/whitepaper/whitepaper-pdf/Ethereum_Whitepaper_-_Buterin_2014.pdf

Understanding the Ethereum Blockchain Protocol
Palestra de Vitalik Buterin, durante a DevCon 2015.
https://www.youtube.com/watch?v=gjwr-7PgpN8

Ethereum for Dummies
Palestra de Gavin Wood, co-fundador da Ethereum, durante a DevCon 2015.
https://www.youtube.com/watch?v=U_LK0t_qaPo

Remix
IDE Web para desenvolvimento de smart contracts em Solidity.
https://remix.ethereum.org

SolidityLang.org
Site oficial da linguagem de programação Solidity.
https://www.soliditylang.org

Os fontes que você viu neste capítulo estão disponíveis para baixar neste link: https://www.luiztools.com.br/livro-web3-fontes/. Junto aos fontes do livro você encontra um PDF com os links acima clicáveis.

Quer fazer um curso online de programação web3 com o autor deste livro? Acesse https://www.luiztools.com.br/curso-web23

3 Carteira, Deploy e as Taxas

Cripto é imparável.
Cripto é o futuro.
\- Charles Hoskinson

Durante nossos primeiros estudos de desenvolvimento de smart contracts nos focamos muito em entender a construção dos mesmos através da linguagem de programação Solidity, mas não nos preocupamos com nenhum aspecto inerente à infraestrutura onde esses mesmos contratos residem e operam quando em produção: a blockchain.

Apesar de termos visto como fazer deploy, o fizemos dentro de um ambiente estilo *sandbox*, ou seja: super controlado e voltado para desenvolvimento, não era uma blockchain de verdade. Dentre as características reais de uma blockchain que impactam na atividade de deploy, mas também no próprio uso dos smart contracts em produção, temos as carteiras e as taxas, as quais falaremos neste capítulo.

Contas de Usuário

Lembra que mencionei por várias vezes até este momento que a blockchain funciona essencialmente como um livro-razão descentralizado, uma *ledger*? Como em toda *ledger* nós precisamos tomar nota das entradas e saídas financeiras, bem como de quem fez tais movimentações, como se fosse uma instituição bancária tradicional.

Assim, se Alice envia dinheiro para Bob, o sistema consegue não apenas fazer essa transferência como verificar se ela pode ser feita, se Alice possui fundos suficientes, entre outras validações. O resultado, se positivo, é registrado e usado como nova verdade para as contas de Alice e Bob a partir do bloco seguinte. Toda transação envolvendo um desses dois "correntistas" após esse acontecimento será feita considerando essa nova realidade.

Note como isso é perfeitamente convergente com o que vimos sobre blockchain e suas principais características: segurança, imutabilidade, transparência e outras.

Mas voltando ao assunto central: como é que Alice e Bob são representados na blockchain? A resposta é simples, da mesma forma que nos bancos: com "contas-corrente" devidamente criadas para eles. No caso da blockchain essas contas são grandes palavras hexadecimais iniciadas em "0x" como por exemplo "0xE4ffEEd88111e1DFCc3a852d9334C65e38BF2880". No entanto, diferente das contas bancárias, as contas na blockchain não possuem identificação de seus donos e são criadas através de algoritmos matemáticos complexos para garantir a não-repetição das mesmas.

O uso de uma conta previamente criada é obrigatório para interação com a blockchain e consequentemente com seus smart contracts, ao menos do ponto de vista de escrever dados. Para ler os dados da blockchain não é necessário uma conta, apenas para receber fundos, enviar e a maioria das interações com contratos, o que chamamos de transações.

Uma vez que uma dessas contas seja criada, ela pode ser usada pelo seu dono livremente. Mas como a blockchain sabe quem é o dono de cada conta, quem pode movimentar seus fundos e agir em seu nome, se não temos identificação dos mesmos?

A resposta é simples: através das suas chaves.

Quando uma nova conta é criada é gerado junto um par de chaves: uma pública (*public key*) e outra privada (*private key*). Para todos efeitos, o endereço hexadecimal de sua conta funciona como uma chave pública (na verdade ele é um hash da chave pública, mas vamos simplificar por agora) enquanto que a chave privada funciona como uma senha para movimentar a conta. Todos podem conhecer o seu endereço público, mas somente você deve conhecer a sua chave privada.

Para a blockchain, sempre que uma transação é recebida ela vem junto com uma assinatura digital gerada a partir da chave privada do dono da conta que está fazendo a transação. Assim, através de matemática, a blockchain consegue validar se foi realmente Alice que está querendo transferir dinheiro para Bob baseado na assinatura da transação. Ou ao menos alguém com a chave privada de Alice, por isso a importância de mantê-la em segredo.

O nome técnico dessas contas no padrão Ethereum/EVM é EOA ou *Externally Owned Accounts* (Contas de Propriedade Externa), pois os donos estão "fora" da blockchain, no mundo real.

Entendidos esses pontos sobre as contas dos usuários, você precisará de uma dessas contas criadas para você a fim de realizar uma transação de deploy para colocar seu primeiro smart contract em uma blockchain real. Mas como criar uma conta dessas?

Você pode fazê-lo via programação, mas o jeito mais fácil é usando um software de carteira de criptomoedas.

Carteiras de Criptomoedas

Uma carteira de criptomoedas, também chamada de *cryptowallet* ou simplesmente *wallet* (carteira em Inglês) é um tipo de software que funciona como um cliente de nó de blockchain, ou seja: ele se conecta a um nó e realiza leituras e escritas no mesmo sob seus comandos. Não apenas isso, os softwares de carteira criam para gente uma conta (EOA) na blockchain e guardam em seu interior as chaves da mesma, para que não as percamos e também para que possam ser usadas em transações iniciadas a partir desse sistema.

Diferentes fabricantes de software podem fornecer funcionalidades adicionais em suas carteiras como compra e venda de criptomoedas, backup e restauração de contas, lista de endereços/contatos conhecidos, catálogo de NFTs e outras. No entanto, eles sempre irão fornecer ao menos as mesmas funcionalidades centrais que você encontraria em um app de conta digital: consulta de saldo e transferências. Por isso o nome dado a esse tipo de software é carteira, mesmo que tecnicamente o dinheiro não esteja guardado nele (ele está na blockchain, as wallets apenas "acessam" o dinheiro).

As *software wallets* podem ser desenvolvidas em qualquer tecnologia que permita comunicação com a blockchain como as existentes para desktop, web e mobile, sendo que as carteiras mais comuns para uso no dia a dia são as *browser wallets*, ou carteiras que ficam instaladas no navegador de Internet. Embora não sejam as mais seguras em virtude de estarem sempre conectadas à Internet, todo usuário da web3 deve ter uma carteira de criptomoedas em seu navegador para que consiga interagir plenamente com aplicações desse ecossistema, motivo pelo qual elas costumam ser chamadas de *web3 wallets* também. Devido a isso, browsers mais modernos como Opera e Brave já estão vindo com *browser wallets* embutidas neles, a fim de facilitar o uso da web3 nos mesmos. Futuramente acredito que todos navegadores virão com funcionalidades desse tipo, à medida que a web3 cresce em adoção.

Agora vou te ajudar a criar sua primeira carteira de criptomoedas utilizando a browser wallet MetaMask, a mais famosa do mercado atualmente, com dezenas de milhões de usuários ativos mensalmente e que possui suporte aos navegadores Google Chrome, Mozilla Firefox e outros. Caso você já possua uma carteira MetaMask, pode pular para a próxima seção.

Para instalar a MetaMask no seu navegador, acesse o site oficial e baixe a versão para seu navegador:

https://www.metamask.io

O processo de instalação pode variar com o tempo, mas ele costuma ser bem auto-descritivo. Vale ressaltar no entanto duas etapas importantes.

Primeiro: durante a instalação será exigido definir uma senha. Essa senha NÃO É sua chave privada, ela é para acesso ao software da MetaMask e também deve ser guardada com segurança pois se perder ela, perderá acesso ao software.

Segundo: durante a instalação você receberá 12 palavras de segurança, o que chamamos tecnicamente de frase-semente (*seed phrase*) ou frase mnemônica (*mnemonic phrase*). Caso você formate o sistema operacional da sua máquina ou tenha de reinstalar o navegador ou ainda a própria MetaMask, é com essa frase-semente que você conseguirá restaurar sua conta da blockchain (EOA). Note também que caso alguém tenha essa frase-semente conseguirá restaurar a sua conta inclusive em outro computador, então não forneça acesso à ela a ninguém! Embora não sejam tecnicamente a mesma coisa, a frase-semente possui equivalência com a sua chave privada em importância de segurança.

Uma vez com o processo de instalação concluído, você terá um ícone da MetaMask na barra superior do seu navegador que, quando clicado, abrirá a carteira que deverá ter uma aparência próxima a da imagem abaixo.

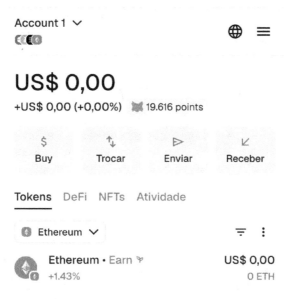

Nesta imagem temos:

- no topo à esquerda temos a conta atualmente selecionada nesta carteira (EOA), criada automaticamente na rede Ethereum junto da instalação, você pode configurar e selecionar outras contas ali;
- no topo direito temos o menu de configurações (com os 3 riscos);
- no centro, o saldo equivalente de todas moedas da carteira em moeda fiduciária (US$);
- abaixo os botões de ação;
- e por fim as criptomoedas (tokens) que possuímos e a rede selecionada no momento (Ethereum);

Nas demais abas podemos ver investimentos (DeFi), colecionáveis (NFTs) e o histórico de atividade, mas não entraremos nesses detalhes neste momento.

O que importa pra gente agora é entender que você acabou de criar, com a ajuda da MetaMask, uma conta própria na Ethereum. Internamente a MetaMask está guardando suas chaves em segurança para que sejam usadas quando precisar interagir com alguma aplicação web3 no browser.

No entanto, lembra que mencionamos no primeiro capítulo que temos de pagar taxas quando fazemos escritas na blockchain?

Isso inclui transferir fundos, mas também fazer deploy de smart contracts, que é o que queremos fazer neste capítulo. Mas como posso adquirir saldo na minha carteira?

Via de regra você teria de comprar ao menos algumas frações de ETH e deixá-lo guardado nesta carteira para poder pagar por estas transações, seja através da funcionalidade de compra da própria carteira ou de alguma corretora de criptomoedas. No entanto, não quero que você tenha custos durante seus estudos de desenvolvimento, então vou lhe ensinar a usar duas ferramentas vitais para desenvolvedores web3: testnets e faucets.

Testnets e Faucets

Quando você instalou sua carteira MetaMask ela veio pré-configurada para a rede Ethereum, a blockchain de segunda geração mais famosa do mundo. Essa rede nós costumamos chamar de Ethereum Mainnet e ela é o que chamamos no mundo de desenvolvimento de "blockchain de produção". Mas assim como temos ambientes de teste quando estamos desenvolvendo para web2, nós temos também blockchains de teste disponíveis no mundo web3, o que chamamos de *testnets* (redes de teste).

Atualmente a rede de teste mais utilizada para o padrão Ethereum é a Sepolia, que também vem configurada na MetaMask. Ela fica na aba Custom do seletor de redes, como abaixo.

Nessa mesma tela de seleção de rede tem a opção de adicionar outras redes compatíveis, algo que você pode precisar no futuro.

Após a seleção da testnet Sepolia, você verá que agora a carteira exibirá o saldo em SepoliaETH, que seria um ETH de teste, existente apenas nessa rede como moeda nativa e sem valor algum fora dela. Toda transação na rede Sepolia deve ter suas taxas pagas em SepoliaETH e você deve ter ao menos um pouco dele para nosso deploy. Não parece que avançamos muito, não é mesmo? Seguimos precisando de fundos na carteira...

No entanto, para conseguir moedas de redes de teste você pode recorrer a sites que chamamos de *faucets*. Um faucet é um site mantido por uma empresa que possui grandes quantidades de moedas e que deseja doá-los por qualquer que seja o motivo. Essas empresas obtêm essas moedas prestando serviços para a rede principal como mineração, validação ou até mesmo recebem diretamente dos administradores da rede para uso em seus faucets.

Para usar um faucet primeiramente você deve copiar o endereço público da sua carteira, ele fica no topo da MetaMask e basta um clique para a cópia acontecer. Ele tem essa aparência:
0xE4ffEEd88111e1DFCc3a852d9334C65e38BF2880

Depois, no site oficial da Ethereum você encontra a lista de faucets oficiais da Sepolia, basta acessar um deles e informar seu endereço para receber SepoliaETH (procure no Google por *sepolia faucet* ou use o link abaixo):
https://ethereum.org/pt/developers/docs/networks/#sepolia

Cada faucet tem suas próprias exigências e limites de uso, já que os recursos não são infinitos. Alguns exigem que você se conecte via algum serviço online como GitHub e Discord, outros exigem que você tenha moedas nativas da rede principal, usam captchas para evitar robôs e quase todos limitam seu saque a uma vez a cada 24h. Não vou entrar em detalhes de cada um aqui pois realmente é muito variada a forma de usar cada um deles, deve seguir a instrução da tela inicial do faucet. Eu particularmente gosto de utilizar o Sepolia Faucet PoW, que permite mineração de SepoliaETH.

https://sepolia-faucet.pk910.de/

Ele vai pedir o endereço da sua carteira, que você obtém clicando na sua Account 1, no menu (três pontinhos) e indo em Addresses, sendo que o endereço da Ethereum Mainnet é o que você precisa (é o mesmo da Sepolia Testnet).

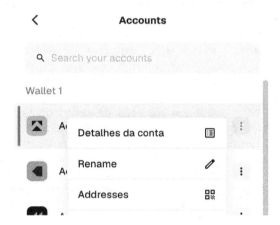

Caso não consiga usar o faucet acima (pode ser um pouco desafiador se for sua primeira vez neste mundo novo), entre em contato comigo pelo email contato@luiztools.com.br que lhe enviarei algumas moedas para que consiga fazer os testes.

Uma vez que esteja com sua carteira MetaMask apontada para rede Sepolia e com saldo em SepoliaETH, podemos avançar para nosso deploy na blockchain.

Deploy na Testnet

Dado que sua carteira está devidamente criada ,configurada no seu browser e com saldo, volte ao Remix para fazermos o deploy. O deploy sempre fica na mesma aba que você fazia o deploy de testes anteriormente, a "Deploy & Run Transactions", independente de em qual rede ele irá acontecer.

Nesta tela, escolha o *environment* "Injected Provider" que provavelmente já deve ter detectado que tem uma MetaMask no seu browser. Quando você selecionar essa opção vai disparar um aviso à MetaMask solicitando permissão para conexão, que você deve concordar em fornecer para conseguir avançar. Se você fornecer a permissão corretamente vai aparecer o endereço da sua carteira no campo "account" do deploy, como abaixo.

Caso o Remix não detecte a sua MetaMask na opção "Injected Provider" automaticamente, será necessário reiniciar o navegador. Apenas certifique-se de salvar o seu contrato antes, para evitar qualquer perda de código.

Avançando, selecione o contrato a ser feito deploy no seletor CONTRACT e clique no botão amarelo de "Deploy" para que o mesmo aconteça. Neste momento uma transação será iniciada para envio dos *bytecodes* do contrato compilado à blockchain e, como em toda transação, você deverá pagar as taxas de rede usando o saldo da sua MetaMask. Não se preocupe pois a carteira vai calcular e lhe informar desta cobrança, para que você confirme ou não. Veja o exemplo abaixo (os valores não serão estes, é apenas um exemplo).

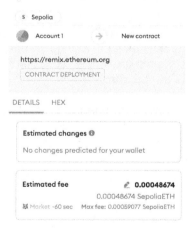

Você confirmando, os *bytecodes* do contrato compilado serão enviados para registro junto da transação, o que costuma ocorrer em poucos segundos, basta aguardar. As taxas serão debitadas do seu saldo também, em um valor bem próximo da estimativa realizada e como resultado da transação você receberá um *hash* que funciona como recibo da mesma, tanto no console do Remix quanto na aba Activity da tela inicial da sua MetaMask.

Está vendo aquele link "view on etherscan" que aparece no console do Remix? Ele te levará para o *block explorer*, para analisar os detalhes desta transação. Mas antes de clicarmos nele, o que seria um "explorador de blocos"?

O Explorador de Blocos

Uma das características que nos dão confiança ao usar uma blockchain é a transparência e auditabilidade dos dados. Qualquer pessoa pode investigar as transações, as contas, os contratos, etc para verificar se tudo está funcionando como deveria. E esta tarefa se torna muito mais fácil com o uso de um *block explorer* ou explorador de blocos.

Esse é o nome que damos aos softwares, tanto web quanto desktop, que nos fornecem meios de ver as informações que foram ou estão sendo registradas nos blocos de uma rede blockchain. Exploradores de blocos nos permitem saber o status da rede, sua saúde, navegar por todos seus blocos, transações e contas usando interfaces de busca simples. No caso do Remix, cada vez que uma transação é feita ele gera um link no console que leva diretamente para os detalhes da transação.

Abaixo, o recibo da minha transação de deploy do smart contract BookDatabase, cujo link pode ser acessado em https://sepolia.etherscan.io/tx/0x37fa3635efc4a34fc9f6385bb8c3bff534cd47e7fb3df3dfe11caf493c8c2a6b

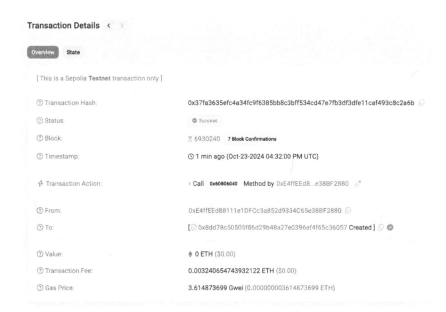

Bem no topo tem um aviso que esse recibo é da Sepolia Testnet, ou seja, não é da blockchain de produção, importante para evitar possíveis golpes com recibos falsos.

Repare que temos informações importantíssimas nesse recibo de transação como o identificador único da mesma (*transaction hash*), o status (nesse exemplo foi bem sucedida), o número do bloco onde ela foi registrada (e quantos outros nós já confirmaram este novo bloco), o instante em que foi executada, qual a ação efetuada, quem fez a transação ("from", carteira do usuário) e com qual destino ("to", endereço do contrato que foi criado). Finaliza-se o recibo com o valor enviado junto da transação (0 ETH), a taxa de transação (*transaction fee*) e o preço do gás (que explicarei em breve).

Com estas informações presentes no recibo de qualquer transação nós temos informações suficientes para saber o que aconteceu e se deu tudo certo, não é mesmo?

Agora se você clicar no link do endereço que está no campo "to", ou ainda se copiar o endereço do contrato lá no Remix (aba Deploy & Run transactions) e colar na barra de busca do sepolia.etherscan.io, você será direcionado para a página de detalhes do contrato, como abaixo.

Aqui você consegue ver o saldo do contrato (cada contrato também funciona como sua própria conta/carteira), quem criou o mesmo (*contract creator*) e todas transações que já aconteceram usando este contrato, sendo que só temos uma, a transação de "Contract Creation", que se você clicar no hash dela, voltará à tela de recibo.

E estas são apenas algumas das funcionalidades que o explorador de blocos possui. Mas o que mais importa é que se você chegou até aqui com sucesso, quer dizer que você conseguiu fazer o seu primeiro deploy de smart contract na blockchain e que agora ele está disponível para o mundo inteiro poder utilizar!

Ao longo deste livro criaremos alguns contratos que você precisará fazer deploy, então é importante que entenda esse processo e seja capaz de repeti-lo sempre que necessário. Eu não repetirei todo o passo a passo detalhadamente em cada ocasião, mas sinta-se livre para voltar aqui e reler as instruções tantas vezes quanto for preciso.

A prática leva à perfeição.

Verificação de Contrato

Um último recurso muito popular e útil dos exploradores de blocos é a verificação de contratos. Basicamente verificar um contrato é subir para o explorador o código fonte original do mesmo, tornando-o público e permitindo que qualquer outra pessoa possa auditá-lo e comprovar a sua idoneidade.

Esse processo pode parecer inseguro, afinal estará expondo os detalhes do seu contrato, mas na verdade é extremamente importante para dar confiança aos usuários, principalmente se estiver fazendo aplicações financeiras e queira atrair investidores. Seu contrato deve ser programado de forma que, mesmo com o código-fonte aberto, seja seguro, assim como o Linux e outros projetos *open-source* são, por exemplo.

Para verificar o seu contrato é bem simples e o processo começa acessando a página do contrato no explorador de blocos. Você pode fazê-lo desde que saiba o endereço do contrato na blockchain, informação que pode ser obtida no Remix (aba Deploy & Run Transactions) ou pelo recibo da transação de sua criação, disponível no console do Remix ou na aba Activity da MetaMask (abaixo).

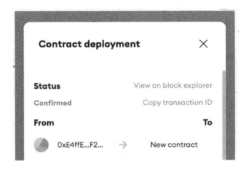

Se você não tiver o link que leva para o explorador de blocos mas tiver o endereço do contrato, basta acessar sepolia.etherscan.io e colar o endereço hash do mesmo na barra de busca, o que te levará direto para a página do contrato com todos seus detalhes.

Nesta página, você deve procurar a aba "Contract" e depois o link "Verify and Publish" que é a funcionalidade de verificação de contratos. Na página que vai abrir, preencha o formulário da seguinte maneira:

- **Contract Address**: o endereço do seu contrato, geralmente já vem preenchido;
- **Compiler Type**: Solidity Single File;
- **Compiler Version**: a versão de Solidity que consta no topo do seu smart contract;
- **License**: a licença que consta no topo do seu smart contract;

Com isso tudo preenchido clique para continuar e na tela seguinte cole todo o conteúdo do seu arquivo BookDatabase.sol, do jeito que está no Remix, nesse campo. Certifique-se de não mexer nos demais campos e que o campo Constructor Arguments esteja vazio para finalizar o processo no botão "Verify and Publish" no final desta tela.

Se feito tudo corretamente, depois de alguns segundos deve aparecer uma mensagem de sucesso com um link para voltar à página de detalhes do contrato, direto na aba Contract, que agora vai ter novas opções como Code, Read Contract e Write Contract, como abaixo.

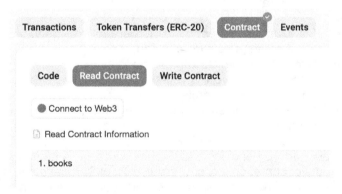

Enquanto que na primeira nova aba qualquer pessoa agora conseguirá ver o código-fonte do contrato (bem como outras informações), na aba Read Contract você pode usar as funções públicas de leitura do contrato, que no nosso caso é apenas uma, para acessar o array *books*, como mostrado abaixo.

No entanto, antes de usar qualquer funcionalidade que foi habilitada na página do contrato, lembra que eu comentei que todo usuário da web3 tinha de ter uma carteira instalada no browser? E justamente o explorador de blocos é uma aplicação web3, pois ele conecta um frontend web diretamente à blockchain. Então neste exato momento, talvez você vá utilizar pela primeira vez uma aplicação web3 na sua vida.

Para usar as funcionalidades web3 oferecidas pelo block explorer, o primeiro passo é você conectar sua wallet na página. Para fazer isso, basta clicar no botão "Connect to Web3" que sua carteira MetaMask será acionada (somente na primeira vez que se conectar a este site) e você poderá revisar e confirmar a concessão de permissão para o Sepolia EtherScan poder se conectar na blockchain através da sua carteira.

Importante frisar que isso não autoriza o site a realizar transações em seu nome automaticamente, já que toda e qualquer transação que o site tentar fazer a MetaMask vai lhe avisar e você poderá concordar ou não com a mesma. Inclusive você pode revogar permissões mais tarde pela seção de configurações (*Settings*) da carteira.

Mas voltando à funcionalidade da aba "Read Contract", após dar permissão na sua wallet e você clicar em books, verá que abrirá um campo para que você informe o índice do livro que deseja consultar. Isso porque essa função books nada mais é do que um acesso público de leitura ao array de mesmo nome. Como todo array, o acesso se dá por índice (iniciado em zero). No entanto, qualquer índice que você pesquisar agora retornará vazio, certo? Pois não cadastramos nenhum livro depois de termos feito o deploy.

Sendo assim, agora vá para a aba Write Contract e repita o processo de conectar sua carteira. O ícone deve ficar verde, como na imagem abaixo, exibindo um resumo do endereço público.

Code   Read Contract   **Write Contract**

● Connected - Web3 [0xe4ff....2880]

1. addBook (0xe685bcdf)

2. deleteBook (0x2151fb38)

3. updateBook (0x9c6c0ae9)

Repare como desta vez temos mais opções de funções públicas. Todas essas funções são aquelas que escrevem no *storage* do contrato, ou seja, que vão disparar transações na blockchain através da sua carteira conectada. Experimente clicar no primeiro, *addBook*, e abrirá diversos campos para você preencher o cadastro de um livro. Faça o preenchimento e clique no botão "Write" para acionar sua MetaMask, revisar os dados da transação e confirmar.

Repare na tela de confirmação que a MetaMask não faz ideia do que se trata essa transação, ela não te dá muitos detalhes. Via de regra ela só conhece transferências financeiras na moeda nativa da rede, o resto ela trata como uma transação genérica, envia o comando para blockchain e aguarda retorno se deu certo ou não.

Dentre as poucas informações que ela vai conseguir te apresentar é a estimativa de custo da transação, como no exemplo abaixo. Esse custo é sempre proporcional ao esforço computacional de realizar essa transação e entraremos em mais detalhes ainda neste capítulo.

Confirme a transação e você terá como retorno após alguns segundos um botão "View your Transaction" ao lado do botão

"Write" na página do contrato. Se clicar neste botão, você irá para a página de recibo de novo, mas desta transação em específico. Não há necessidade de ir até ele para ver se funcionou, já que agora você possui a funcionalidade de pesquisar um livro disponível na aba Read Contract, certo?

Volte nessa aba e use a funcionalidade "books" para ver o livro recém-cadastrado, como abaixo. Lembrando que o primeiro item do array fica no índice zero, o segundo no índice um e etc.

Experimente testar as demais funcionalidades da aba Write Contract e desfrute do seu smart contract publicado na blockchain através de uma aplicação web3 gerada automaticamente para ele, pois é exatamente isso que o explorador de blocos proporciona aos contratos verificados.

Vá além: mande o link da página do contrato para seus amigos e convide-os a interagirem com o seu contrato, ele está finalmente no ar! Não esqueça, no entanto, que os usuários devem ter uma carteira de criptomoedas no browser com saldo nela, afinal, existem as taxas, não é mesmo?

Mas afinal, porque essas taxas são cobradas e melhor: como elas são calculadas?

Gás: entendendo as taxas

A primeira coisa que você tem de entender é o porquê das taxas existirem, caso contrário mais nada vai fazer sentido neste livro. Vamos recapitular um ponto: a rede blockchain é mantida por *nodes* (nós), que nada mais são do que computadores de pessoas rodando um aplicativo com a implementação de um nó daquela rede. Quanto mais nós uma blockchain possui, mais descentralizada e forte ela se torna, por isso é importante que exista interesse das pessoas em se tornarem nós.

O problema, é que se tornar um nó é algo que pode sair bem caro. Esses computadores consomem muita energia elétrica para fazer a blockchain funcionar, geralmente se tornando inúteis para outras atividades e gerando custos aos seus proprietários. Então por que razão o dono de uma máquina colocaria ela a serviço da blockchain se não fosse para receber algo por isso? Apenas pelos ideais libertários da web3? Talvez no início de tudo, sim, mas na escala que isso se tornou atualmente, certamente que não.

Quem fornece seu poder computacional para a blockchain o faz para se tornar um minerador, ou validador, dependendo da blockchain. Mineradores/validadores são pagos pelo seu trabalho de processamento das transações que os usuários desejam que sejam persistidas na blockchain. Esse valor é pago através das taxas cobradas junto às transações dos usuários e ele é proporcional ao "esforço computacional" daquela transação em si (CPU, memória, disco, etc).

Assim, entendemos que as taxas de transação existem porque são elas que financiam a própria existência da blockchain. Não apenas isso, mas a cobrança de taxas pelo seu uso também inibe muitos tipos de ataques comuns na web2, já que um atacante teria de pagar montantes enormes para poder fazer um ataque de força bruta na blockchain, possivelmente tornando o ataque inviável financeiramente.

Agora a pergunta que você deve ter em mente é, como essas taxas são calculadas? E uma outra pergunta que você pode pensar é "por que algumas transações são mais caras que outras?". Vamos responder essa segunda questão primeiro e isso irá nos levar à resposta da primeira também.

Quando a transação de um usuário é apenas uma transferência de fundos, algo super corriqueiro e simples de ser feito, as taxas cobradas ao usuário e pagas ao minerador (ou validador, vou resumir sempre como minerador, ok?) são pequenas. Agora, quando a transação de um usuário é algo complexo, que envolve muitos ciclos de CPU e escreve megabytes de informação no disco, as taxas serão significativamente mais altas, por exemplo.

Indo mais no detalhe, mas sem entrar no *bit* e no *byte*, o que acontece é o seguinte: todo código Solidity, após compilado, é convertido em *opcodes* (códigos de operação) com comandos que serão convertidos em *bytecodes* (código binário) que serão interpretados pela EVM (Ethereum Virtual Machine) presente em cada nó da blockchain. Cada comando consome uma quantidade de memória e de CPU para ser executado, fora os bytes a serem persistidos no disco, se for o caso. Quanto mais comandos, mais esforço computacional, logo, mais caro fica. Mas quanto mais caro?

Para calcular as taxas de uma transação, a EVM usa uma tabela onde para cada comando, tem um custo em gás associado, como abaixo (tabela parcial).

ZONE	EVM OPCODE	GAS/WORD	GAS/KB	GAS/MB
STACK	POP	2	64	65,536
	PUSHX	3	96	98,304
	DUPX	3	96	98,304
	SWAPX	3	96	98,304
MEMORY	CALLDATACOPY	3	98	2,195,456
	CODECOPY	3	98	2,195,456
	EXTCODECOPY	3	98	2,195,456
	MLOAD	3	96	98,304
	MSTORE	3	98	2,195,456
	MSTORE8	3	98	2,195,456
STORAGE	SLOAD	200	6,400	6,553,600
	SSTORE	20,000	640,000	655,360,000

Repare como fazer um POP na stack (uma das áreas de memória da EVM), tem um custo de 64 gás por KB. Repare que isso é muito mais barato do que escrever algo no disco (STORAGE), onde um SSTORE custa 640.000 gás por KB de dados. Sendo assim, o primeiro passo na estimativa de custos é justamente cruzar todas as instruções com a tabela completa e somar tudo. O resultado final será quanto gás a sua transação irá consumir. Não sabe o que é gás? Já falarei sobre isso, espere um pouco.

Vamos pegar primeiro um exemplo simples porém real. Considere o código Solidity abaixo, de um contrato minúsculo.

```
contract MyContract {
  uint256 i = 0;

  function test(uint256 x) public {
    i = x;
  }

}
```

Quando compilado, isso vai virar exatamente os opcodes abaixo (não se assuste, não precisa decorar isso).

PUSH1 0x80 PUSH1 0x40 MSTORE PUSH0 DUP1 SSTORE CALLVALUE DUP1 ISZERO PUSH2 0x12 JUMPI PUSH0 DUP1 REVERT JUMPDEST POP PUSH1 0xD9 DUP1 PUSH2 0x1F PUSH0 CODECOPY PUSH0 RETURN INVALID PUSH1 0x80 PUSH1 0x40 MSTORE CALLVALUE DUP1 ISZERO PUSH1 0xE JUMPI PUSH0 DUP1 REVERT JUMPDEST POP PUSH1 0x4 CALLDATASIZE LT PUSH1 0x26 JUMPI PUSH0 CALLDATALOAD PUSH1 0xE0 SHR DUP1 PUSH4 0x29E99F07 EQ PUSH1 0x2A JUMPI JUMPDEST PUSH0 DUP1 REVERT JUMPDEST PUSH1 0x40 PUSH1 0x4 DUP1 CALLDATASIZE SUB DUP2 ADD SWAP1 PUSH1 0x3C SWAP2 SWAP1 PUSH1 0x7D JUMP JUMPDEST PUSH1 0x42 JUMP JUMPDEST STOP JUMPDEST DUP1 PUSH0 DUP2 SWAP1 SSTORE POP POP JUMP JUMPDEST PUSH0 DUP1 REVERT JUMPDEST PUSH0 DUP2 SWAP1 POP SWAP2 SWAP1 POP JUMP JUMPDEST PUSH1 0x5F DUP2 PUSH1 0x4F JUMP JUMPDEST DUP2 EQ PUSH1 0x68 JUMPI PUSH0 DUP1 REVERT JUMPDEST POP JUMP JUMPDEST PUSH0 DUP2 CALLDATALOAD SWAP1 POP PUSH1 0x77 DUP2 PUSH1 0x58 JUMP JUMPDEST SWAP3 SWAP2 POP POP JUMP JUMPDEST PUSH0 PUSH1 0x20 DUP3 DUP5 SUB SLT ISZERO PUSH1 0x8F JUMPI PUSH1 0x8E PUSH1 0x4B JUMP JUMPDEST JUMPDEST PUSH0 PUSH1 0x9A DUP5 DUP3 DUP6 ADD PUSH1 0x6B JUMP JUMPDEST SWAP2 POP POP SWAP3 SWAP2 POP POP JUMP INVALID LOG2 PUSH5 0x6970667358 0x22 SLT KECCAK256 DUP2 SLOAD 0x25 SMOD PUSH13 0x1E160D5126DD1F2FCC8F68C320 TIMESTAMP SELFDESTRUCT 0xB1 0xD3 EXTCODESIZE 0xBA 0xC4 EXP PUSH30 0xAE5B94B764736F6C634300081800330000000000000000000000000000

Os primeiros 3 comandos (dois PUSH1 e um MSTORE) são de inicialização do contrato na stack da EVM. Já o PUSH0 seguinte é justamente para subir uma variável de estado zerada para a memória (espaço para nossa variável "i" do contrato) e depois duplica ela (DUP1) no disco (SSTORE). Na sequência temos um CALLVALUE DUP1 ISZERO que serve para inicializar o contrato na blockchain e depois a coisa começa a complicar pois entramos na forma "opcode" de descrever as funções e seus comportamentos que, sinceramente, eu não domino.

Antes de mais nada, não fique assustado pois o objetivo aqui não é entender o funcionamento deste contrato em um baixo nível com exatidão, mas sim entender que Solidity vira esses opcodes e que eles são comparados com a tabela para entender o custo de processamento de uma função em gás.

Mas afinal, o que é o tal "gás"?

Gás é uma unidade de medida de esforço computacional fixa, que portanto não sofre ação direta da variação cambial da criptomoeda da rede (ETH na Ethereum, por exemplo). Assim, o custo de 1 gás é sempre 1 gás, independente se o ETH está valendo $1000 ou $10.000 e permitindo com isso que a rede se autorregule conforme sua demanda e inovações futuras do algoritmo. Se estivesse atrelada a ETH, hoje poderia estar ok o preço, mas no futuro teriam de rever o algoritmo conforme atualizações de preço.

Mas se gás é uma unidade com valor flutuante, como saber o custo final, em ETH?

Cada unidade de gás possui um preço atualizado regularmente pela rede. Quanto mais lotado está o *mempool* de transações esperando para serem processadas, mais alta é a cotação do gás. Agora se a rede estiver com pouco uso, o custo de gás baixa conforme algoritmo pré-determinado, para estimular mais seu uso. Também existe a possibilidade de você pagar gás extra para ganhar prioridade na mempool, como se fosse um "fura-filas". Você pode acompanhar o preço atualizado do gás no explorador de blocos da sua blockchain. Olhe o exemplo abaixo na EtherScan, neste link de produção: https://etherscan.io/gastracker

Assim, se sua transação vai consumir 21.000 gás (valor para uma transferência entre carteiras) e o custo médio da unidade de gás é 18,858 gwei na imagem o cálculo seria 21.000 * 18,858 = 396.018 gwei. Gwei é uma unidade de medida derivada do ETH, que equivale a 1 bilhão de weis, que é a menor fração possível, equivalente a 18 casas decimais, conforme tabela de escalas abaixo.

Unidade	Ether	Gwei	Wei
Ether	1	$1 * 10 \wedge 9$	$1 * 10 \wedge 18$
Gwei	$1 / 10 \wedge 9$	1	$1 * 10 \wedge 9$
Wei	$1 / 10 \wedge 18$	$1 / 10 \wedge 9$	1

Seguindo a escala e fazendo uma conversão simples, 396k gwei dá aproximadamente 0.0004 ETH. Aí se quiser saber em moeda fiduciária, basta fazer a conversão usando a cotação atual do ETH em qualquer corretora. Não se preocupe em tentar decorar essas tabelas, existem vários sites na Internet que fazem essas conversões online, como esse abaixo.

https://eth-converter.com/

Outro ponto importante sobre o gás é que sua estimativa é determinística, ou seja, você pode inclusive simular os gastos em gás antes mesmo de enviar sua transação para a blockchain, desde que conheçamos as variáveis envolvidas e o algoritmo que será executado. Isso é exatamente o que as carteiras cripto fazem para lhe dar uma ideia das taxas a serem pagas. Assim, caso você não possua saldo suficiente para pagar pelas taxas, elas já lhe avisam que não é uma boa ideia enviar a transação. Isso porque caso você envie a transação mesmo assim, o contrato tentará executar a mesma com o gás enviado e quando o mesmo for esgotado, ela irá falhar e a quantidade gasta não será devolvida (este é o comportamento padrão para qualquer situação de erro em transações).

Além disso, existe um conceito importante que é o *gas limit*, ou seja, existe um teto máximo de gás que serve para não congestionar a mineração de um bloco a tal ponto que atrase a produção de novos. Atualmente o gás limit na rede Ethereum é de 30 milhões de unidades por bloco minerado, ou seja, se alguém tentar mandar uma transação que, somada como todas as demais de um mesmo bloco, resulte em 30M de gás, será descartada. Algoritmos pesados não são uma boa opção de serem processados pela blockchain pois o alto consumo de gás seria considerado um ataque à rede, algo que discutiremos melhor no capítulo de segurança aqui do livro.

Por último, é importante entender que todos esses pontos trazidos são padrões do protocolo Ethereum e seguidos por todas redes compatíveis com este protocolo. Pode mudar o nome da moeda, da rede, não importa, o cálculo de gás, as taxas de transação, as escalas, etc tudo que estudarmos são válidos. Se em algum momento você vier a trabalhar com outras blockchains compatíveis, como Polygon, Avalanche, BSC, Optimist, Arbitrum e tantas outras, apenas entenda que o Ether é substituído por outra moeda nativa da rede, mas o restante segue normal.

Referências

A cada capítulo, listarei referências onde você pode se aprofundar nos assuntos citados.

MetaMask
Site oficial para instalação da MetaMask. https://metamask.io

Sepolia Faucet PoW
O faucet que eu uso, que permite mineração de cripto.
https://sepolia-faucet.pk910.de/

Sepolia EtherScan
Explorador de blocos da testnet Sepolia.https://sepolia.etherscan.io

Deploy do Professor
Página do meu BookDatabase.sol com deploy feito na Sepolia.
https://sepolia.etherscan.io/address/0x8dd78c50505f86d29b48a27
e0396ef4f65c36057

Ethereum Gás Tracker.
Página do explorador de blocos onde pode verificar o custo atual do gás na rede (mainnet). https://etherscan.io/gastracker

Eth Converter
Página que faz as conversões entre as escalas Ether, Gwei e wei facilmente. https://eth-converter.com/

4 Introdução à Web3

Web3 é crucial se o mundo livre quiser sobreviver.

\- Gavin Wood

Em 1960 os Estados Unidos encomendaram uma pesquisa para criar uma tecnologia que permitisse conectar seus computadores visando comunicação eficiente, rápida e barata entre longas distâncias, o que originou a chamada Arpanet. Quase 20 anos depois, na década de 80, o que inicialmente era uma rede militar passou a se tornar majoritariamente acadêmica quando universidades de diversos países que possuíam pesquisas com redes de computadores passaram a se comunicar corriqueiramente usando terminais de Internet (a sucessora da Arpanet), apenas em modo texto (console). Mas foi entre 1989 e 1991 que a web realmente nasceu, pelas mãos de *sir* Tim Berners-Lee.

Inicialmente chamada de WWW ou World Wide Web, ela nasceu como um projeto para compartilhar documentos em um formato chamado hipertexto, que permitia não apenas a leitura de arquivos online como o consumo de hipermídia, ou mídia compartilhada através de hiperlinks. Hoje em dia raramente você ouvirá alguém usando o termo "hiperlink" mas nas origens da primeira geração da web eles foram o grande sucesso dos primeiros websites pois permitiam navegar entre as diferentes páginas sem conhecer ou digitar seus endereços completos. Logo a web encheu-se de sites cada vez mais elaborados e ricos, onde cada webmaster subia um webserver em suas máquinas locais e expunham seus conteúdos na Internet através de domínios registrados (.com, .br, etc) ou mesmo endereços IP.

A Segunda Geração da Web

Mais tarde, no início dos anos 2000 tivemos uma revolução na infraestrutura da Internet que foi a popularização de uma banda larga com altas velocidades de conexão, na casa dos mbps. Pela primeira vez os usuários não precisavam mais congestionar as linhas telefônicas com suas conexões discadas de 56kbps e tinham acesso a imagens em resoluções maiores, bem como download de grandes arquivos. Não apenas isso, mas em conjunto com tecnologias de requisições assíncronas (XHR e Ajax) pôde-se permitir uma interação ainda mais dinâmica nos sites e que os próprios usuários criassem e subissem seus conteúdo, criando as primeiras redes sociais, blogs e as plataformas de *streaming* de áudio e vídeo.

Nesta mesma década, em conjunto com tecnologias modernas de virtualização, grandes empresas de tecnologia puderam também criar o que chamamos de *cloud computing* (computação em nuvem), onde dividia-se o custo de um grande datacenter cheio de servidores entre diversos clientes menores, que não precisariam mais ter seus próprios servidores físicos, inclusive barateando drasticamente os custos para usuários terem seus sites e para corporações escalarem suas aplicações. Mas foi aqui também que as *big techs* proliferaram e tomaram conta do que um dia foi o reinado dos desenvolvedores web.

Apple, Amazon, Google, Facebook...só para citar algumas, criaram plataformas de tecnologia em cima da web cada vez maiores e mais atraentes para que os usuários enviassem emails, subissem suas fotos, escrevessem artigos, etc tudo teoricamente de graça, mas abrindo mão de seu controle. Afinal, se você não paga pelo produto, você é o produto!

Essas big techs lucram bilhões ao ano com os conteúdos que você produz e entrega a eles, tanto diretamente (venda de dados pessoais e de comportamento) quanto indiretamente (vendendo anúncios para quem quer te impactar com algum produto/serviço). E não bastasse isso, quando eles acham que você não deve publicar algo ou não deve mais estar na plataforma porque tem um nome, imagem ou discurso não aderente ao que eles definem em seus termos de uso dúbios e complicados, eles simplesmente tiram você do ar e não lhe explicam o motivo real, apenas citando os famigerados termos de uso. Termos esses que mudam com frequência e são subjetivos na maioria das vezes.

Não me leve a mal, a Web 2.0, termo cunhado por Dale Dougherty em 2003, foi e ainda é incrível pela experiência proporcionada aos usuários e serviços incríveis trazidos para o mundo online, democratizando seu acesso. Não apenas redes sociais, mas *Internet banking*, discos virtuais, *cloud computing*, jogos online, apps de smartphones e muito mais que não podemos mais viver sem. Mas nada disso é <u>nosso</u> realmente, nem mesmo os conteúdos que nós subimos nessas plataformas nós temos controle total.

E para responder a tudo isso (e outras questões mais) surgiram propostas para uma terceira geração da web.

A Terceira Geração da Web

Já em 2001 o criador da web 1.0, Tim Berners-Lee, começou a falar sobre uma tal de Web Semântica que seria a próxima geração da web que ele vislumbrava para o futuro, mas que se mostrou não ser a Web 2.0 como vimos. Em 2005, alguns anos depois do surgimento da Web 2.0, John Markoff escreveu pela primeira vez sobre uma possível Web 3.0 que, novamente seria essa tal Web Semântica. Web esta que ainda não viu a luz do dia até a presente data.

Mas qual é afinal a terceira geração da web então?

Talvez você já tenha ouvido falar da Web3, termo cunhado por Gavin Wood (sim, o mesmo da Ethereum) em 2014. Não é apenas uma diferença na grafia em relação à Web 3.0, mas sim uma proposta completamente diferente para a terceira geração da web. Uma proposta que diferente das citadas anteriormente está em prática, que já está acontecendo. Atualmente já temos centenas de serviços financeiros operando na Web3, temos redes sociais, temos serviços em nuvem, serviço de nomes ("DNS-like"), temos jogos e temos o principal: dezenas de milhões de usuários ao redor do mundo engajados em usar e expandir o uso da Web3.

Mas o que é esta Web3 afinal? Quais as principais diferenças entre as gerações da web?

Se quiséssemos resumir em conceitos fáceis de entender e lembrar, a primeira geração da web era composta por websites onde os usuários eram apenas **consumidores** de conteúdo. Muitos consumiam o que poucos produziam e detinham o controle.

Na segunda geração nós tivemos o avanço para usuários **produtores** de conteúdo, mas com as big techs no controle de tudo. Aqui muitos consumiam, muitos produziam, mas pouquíssimos (as big techs) detinham o controle e são recompensados por isso.

Para a terceira geração, a proposta é que os usuários se tornem **proprietários** (ownership é o termo usado na literatura) do conteúdo que produzem. Assim, muitos consumirão o que muitos produzirão, sendo que os produtores ficam com as recompensas e o controle sobre suas criações novamente.

Mas como isso é possível? O que mudou dos anos 2000 para cá que possibilitou esta nova geração de aplicações web?

A blockchain.

Web na Blockchain

A blockchain não é apenas um livro razão descentralizado mas também um "computador" descentralizado. Isso porque você pode enviar pedidos de computações a um nó da blockchain através de alguns recursos nativos mas, como vimos no capítulo anterior, através de smart contracts também. Esse comportamento de servidor computacional "genérico" vislumbrado por Vitalik Buterin (fundador da Ethereum) em 2014 leva as possibilidades de uso da blockchain de *ledger* distribuída para plataforma de aplicações num piscar de olhos.

Se antes precisávamos de um servidor web criado por nós (web 1.0) ou pelas big techs (web 2.0), agora podemos usar dos nós da blockchain para hospedar nossas aplicações (smart contracts) que quase instantaneamente se tornam disponíveis para o mundo inteiro, bastando conhecer seu endereço. Não apenas isso, não estaríamos mais sujeitos às regras e nem cederemos o controle das mesmas à terceiros, colhendo os frutos do que produzirmos como fazíamos no passado.

Resumindo em uma frase: a Web3 nada mais é do que a web rodando na blockchain.

Claro que estamos bem no início dessa jornada e muita coisa ainda está sendo definida e discutida agora, mas os avanços no presente são extremamente promissores como já citei antes: protocolos financeiros, corretoras, jogos, redes sociais, compartilhamento de arquivos, governança de empresas e muito mais aplicações web3 (isto é, rodando na blockchain) já estão em funcionamento e muitas outras estão surgindo enquanto você lê este livro.

É como se estivéssemos vivendo o ressurgimento da web, algo que pouquíssimas pessoas tiveram a oportunidade de aproveitar lá nos anos 90 (eu mesmo era uma criança). Você consegue entender o impacto que isso pode trazer para sua carreira e negócios?

Mas se você acha que criar uma aplicação web3 é apenas criar um smart contract e subir para a blockchain como fizemos no capítulo passado, você está apenas meio certo (e consequentemente meio errado também). Isso porque, como ocorreu com a Internet no passado, o acesso à web só se tornou *mainstream* conforme a facilidade de seu uso evoluiu. E olhando o primeiro projeto que fizemos até agora fica difícil de acreditar que todo mundo vai ficar acessando o EtherScan ou o Remix para usar a web3, certo? São necessárias interfaces de uso mais amigáveis, assim como temos na web 2.0 e é aqui onde web2 e web3 se interseccionam: no frontend.

Apesar da lógica essencial às aplicações web3 rodar nos smart contracts, é natural que sejam necessárias a criação de interfaces de usuário que rodem em browsers, desktops e dispositivos móveis, o que pode ser feito utilizando qualquer tecnologia de construção de interfaces que você conheça, desde que elas consigam se conectar aos nós da blockchain onde residem os contratos. O que geralmente a maioria consegue, já que estamos falando de protocolos comuns de Internet.

Para entender melhor essa dinâmica, é importante estudarmos um pouco da arquitetura de aplicações web3 antes de codificarmos a nossa primeira aplicação para esta nova geração.

Arquitetura de Aplicações Descentralizadas

Chamamos de aplicação descentralizada ou simplesmente *dapp* (abreviação de *decentralized app*) toda aplicação web cuja lógica central roda em um ou mais smart contracts na blockchain.

Como exemplo podemos citar a Uniswap, uma corretora de criptomoedas onde toda negociação entre os *traders* acontece sem intervenção humana e sem um servidor central, mas com base em smart contracts.

Outro exemplo é a Curve, uma financeira onde a captação de recursos de investidores e posterior concessão de empréstimos a terceiros também acontece totalmente em smart contracts, sem intermediários humanos.

Isso pode parecer à primeira vista algo que poderia acontecer com sistemas web2, bastando automatizar todo o processo, mas não é apenas de automação que estamos falando, mas sim de todo o conceito inerente a uma aplicação que roda na blockchain. Tanto a Uniswap quanto a Curve possuem seus smart contracts acessíveis em qualquer nó da blockchain e eles não são apenas acessíveis como auditáveis, transação a transação, incluindo o seu código fonte. Os registros são imutáveis, as regras são escritas em código e incorruptíveis. E como não temos elemento humano ou infraestrutura própria para manter a aplicação no ar, os custos são ridiculamente baixos para os usuários em termos de taxas. Eu poderia ainda descrever outros benefícios como a auto-custódia dos ativos, a execução automática dos contratos quando os requisitos são atendidos e outros, mas acho que você já pegou a ideia.

Mas como um *dapp* como a Uniswap ou a Curve está estruturado? Ou melhor, como eu posso criar uma aplicação descentralizada como essas?

O primeiro passo nós já vimos que é através da criação de um smart contract que serve tanto como banco de dados quanto como backend de nossa aplicação web3. É verdade que existem aplicações web3 híbridas, ou seja, que não são 100% descentralizadas, mantendo alguns elementos de sua arquitetura em servidores tradicionais para manter algum controle adicional ou reduzir alguns custos, mas não exploraremos esse tipo de aplicação aqui, vamos nos focar em aplicações web3 "raíz". Neste cenário, nossas aplicações iniciarão sua arquitetura sempre do diagrama abaixo, o qual eu explico na sequência.

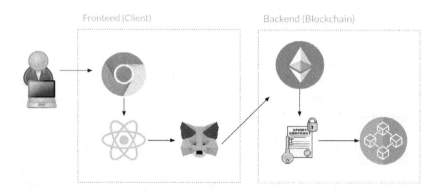

Na extrema esquerda temos o usuário em seu computador. Como em qualquer versão da web ele usará de um navegador de Internet para interagir com a aplicação web, aqui representado pelo Google Chrome. Essa aplicação web deve ter um frontend para interação, utilizando alguma tecnologia, como o ReactJS, que se integre com uma carteira de criptomoedas instalada no browser, como MetaMask. Isso compreende os elementos envolvidos no frontend de uma aplicação ou dapp web3.

No lado direito nós temos o conteúdo de um nó da blockchain no qual a carteira está conectada. Primeiro, todo nó possui uma EVM (Máquina Virtual Ethereum) representada pelo símbolo da rede Ethereum. Ela irá receber os comandos vindos da carteira e direcioná-los ao smart contract da aplicação em questão, nosso segundo elemento. As operações de leitura e de escrita do smart contract serão feitas geralmente usando o *storage*, ou seja, o armazenamento persistente do nó, representado pelo ícone de blockchain mais à direita.

Claro que *dapps* complexos possuem arquiteturas mais elaboradas, geralmente envolvendo vários contratos e diferentes frontends, mas esse diagrama simplificado ajuda a entender os principais elementos e por onde o fluxo de uma chamada passa do usuário até o armazenamento descentralizado de fato. Como pode ver, este livro começou os estudos pelos elementos mais à direita do gráfico e agora estamos chegando nos elementos mais à esquerda, que estão no frontend, incluindo a construção do próprio, o que começaremos a seguir.

Considerações sobre Frontend na Web3

O frontend de uma aplicação web3 quase não possui diferenças em relação ao frontend de uma aplicação web2 comum. Isso porque uma vez que ele deve rodar em browsers comuns de Internet, é natural que as tecnologias utilizadas sejam as mesmas na sua fundação: HTML, CSS e JavaScript. Esse trio são os pilares de sustentação de qualquer frontend web e na web3 não é diferente.

Sendo assim, é importante que todo desenvolvedor web3 tenha uma base nem que seja mínima de frontend web 1.0 (estático) e web 2.0 (dinâmico) para conseguir criar as interfaces que irão interagir com as carteiras e com os smart contracts. Caso você não possua estes conhecimentos é importante notar que não é intuito deste livro preencher esse *gap*, mas que na seção de referências deste capítulo eu deixei outros materiais que você pode utilizar para aprender passo a passo essas habilidades.

Voltando ao tema de construção de frontend para uma aplicação na blockchain, é importante citar que qualquer tecnologia moderna de JavaScript para construção de frontend atende ao necessário para comunicação, como as bibliotecas e frameworks ReactJS, Angular e VueJS, incluindo suas derivações (como Next.js). Em virtude da popularidade superior do React utilizaremos o mesmo nos exemplos deste e de outros capítulos, mas isolando os aspectos de interface gráfica dos aspectos de comportamentos das páginas, você conseguirá facilmente adaptar os *dapps* que construiremos a outras *stacks* de frontend de sua preferência.

Além disso, eu vou separar o estudo de frontend web3 em dois momentos distintos: este primeiro onde vamos construir frontend para blockchain (usando recursos nativos) e o próximo onde construiremos frontend para smart contracts, ou seja, para uma aplicação hospedada na blockchain. Embora a base seja a mesma, o estudo dessa maneira ajudará na consolidação geral pois a segunda abordagem tem mais etapas adicionais em cima da primeira abordagem.

Preparação do Ambiente

Antes de sairmos desenvolvendo nosso primeiro projeto de frontend para blockchain nós precisamos preparar nosso ambiente de desenvolvimento web. Como citado anteriormente vamos utilizar a biblioteca de frontend ReactJS e portanto precisamos primeiro instalar o ambiente necessário para criação e execução de aplicações com esta tecnologia, a começar pelo *runtime* do Node.js.

Você já tem o Node.js instalado na sua máquina?

A plataforma Node.js é distribuída gratuitamente pelo seu mantenedor, Node.js Foundation, para diversos sistemas operacionais em seu website oficial: https://nodejs.org

Na tela inicial você deve encontrar um botão grande e verde para fazer download da versão recomendada que é a estável (LTS). A instalação não requer nenhuma instrução especial, então apenas avance cada uma das etapas e aceite o contrato de uso da plataforma.

Após a instalação do Node, para verificar se ele está funcionando, abra o terminal de linha de comando do seu sistema operacional (CMD, PowerShell, etc) e digite o comando abaixo:

Código 4.1

```
node -v
```

O resultado deve ser a versão do Node.js atualmente instalada na sua máquina, no meu caso, "v20.9.0". Isso mostra que o Node está instalado na sua máquina e funcionando corretamente. Caso o terminal não reconheça o comando, experimente reiniciar o terminal ou ainda a máquina por completo.

Agora que temos o Node.js podemos criar um projeto de frontend ReactJS com ele. Para isso, usaremos o comando abaixo, que explicarei a seguir.

Código 4.3

```
npm create vite@latest
```

Esse comando vai iniciar a criação de um projeto ReactJS de exemplo pra gente (você usará esse comando sempre que quiser criar um novo projeto React). O comando npm create baixa e executa o pacote **Vite**. Esse pacote ao ser executado cria um projeto pra gente com o nome que escolhermos a seguir, que no meu caso foi "frontend-blockchain", do tipo "React" e depois "JavaScript", usando as opções default para o restante que for questionado.

Assim que terminar de criar o projeto recomendo que você teste ele para ver se deu tudo certo. Para fazer isso, use o comando abaixo para entrar na pasta do projeto (ainda pelo terminal).

Código 4.3

```
cd frontend-blockchain
```

E este outro para executar o projeto.

Código 4.5

```
npm run dev
```

Explicação rápida: npm é o nome do gerenciador de pacotes do Node.js, responsável por instalar os pacotes e executar os projetos. Para executar, a instrução "run dev" já vem configurada no projeto para essa finalidade.

Em alguns instantes o programa vai subir e você poderá acessar no browser acessando o endereço localhost:5173 que exibirá o conteúdo do nosso projeto recém criado, algo parecido com a imagem abaixo.

Agora que você tem um "olá mundo" criado com ReactJS funcionando na sua máquina, vamos customizá-lo para que se torne uma aplicação que interage com recursos da blockchain. Para isso vamos precisar de mais uma ferramenta instalada na sua máquina, o Visual Studio Code.

Esta não é a única opção de editor de código disponível, mas é uma opção bem interessante e é a que uso, uma vez que reduz consideravelmente a curva de aprendizado, os erros cometidos durante os estudos e possui ferramentas de depuração muito boas, além de suporte a Git e linha de comando integrada. Ele é um projeto gratuito, de código-aberto, multi-plataforma e com extensões para diversas linguagens e plataformas.

Para baixar e instalar o Visual Studio Code, acesse o seguinte link, no site oficial da ferramenta: https://code.visualstudio.com/

Você notará um botão grande e azul para baixar a ferramenta para o seu sistema operacional. Apenas baixe e instale avançando até o final, não há qualquer preocupação adicional.

Após a instalação, mande executar a ferramenta Visual Studio Code e você verá a tela de boas vindas, que deve se parecer com essa abaixo, podendo mudar conforme as versões avançam. Chamamos esta tela de Boas Vindas (Welcome Screen).

Você encontrará no menu superior *File* a opção *Open Folder*, que serve justamente para abrir um projeto. Navegue até onde criou o seu projeto de frontend (geralmente na pasta de usuário do seu sistema operacional) e mande abrir a pasta dele com o Visual Studio (VS) Code.

Seu projeto vai abrir com esta estrutura abaixo.

A única coisa que nos importa aqui é o arquivo App.jsx que fica dentro da pasta *src*. É ele o responsável pela renderização daquela página inicial da nossa aplicação. Experimente alterar seu conteúdo para que fique com o código abaixo apenas, que explicarei na sequência.

Código 4.5

```
import './App.css';

function App() {
  return (
    <div className="App">
      <h1>Hello World</h1>
    </div>
  );
}
```

```
export default App;
```

A função App é a função geral de renderização desta página e é esperada de toda função de renderização do React que ela retorne o código JSX (JavaScript + XHTML) que será usado pelo browser para gerar a interface gráfica. Então dentro dos parênteses do *return*, você pode construir o HTML que quiser, podendo inclusive combinar com código JS como veremos mais à frente.

Se você já sabe criar páginas com HTML + CSS, talvez a única estranheza aqui seja a propriedade *className* na div. Ela é usada ao invés da propriedade "class" original por questões de compatibilidade com o JavaScript, onde *class* é uma palavra reservada, necessitando dessa substituição "cosmética".

Salve o arquivo modificado com o atalho Ctrl + S e agora volte ao navegador para ver que o conteúdo da página inicial mudou para um simples título "Hello World" automaticamente. Isso mostra que nossa aplicação ReactJS não apenas está funcionando como está respondendo às nossas alterações de código em tempo real.

A última alteração que precisamos fazer em nosso projeto é a instalação de uma biblioteca de comunicação web3. Essa etapa não é exatamente obrigatória pois poderíamos nos comunicar diretamente com a carteira cripto do browser usando as APIs que ela injeta no mesmo, mas facilita e padroniza muito o desenvolvimento de frontend web3 se usarmos *libraries* de mercado para essa integração.

Sendo assim, qual *lib* que vamos utilizar?

Atualmente existem duas bibliotecas famosas e importantes no mercado: a primeira que foi criada, Web3js e a mais moderna, EthersJS. Ambas são excelentes escolhas, mas como temos de ficar com uma, vamos de Ethers pois ela é quase 3x mais popular que sua concorrente atualmente.

Para instalar a biblioteca EthersJS você deve ir até o terminal que está responsável pela execução do seu projeto de frontend e derrubar o processo do ReactJS usando o atalho Ctrl + C. Com o processo derrubado, use o comando abaixo para instalar a biblioteca que queremos.

Código 4.6

```
npm install ethers
```

Após alguns segundos de download e instalação do pacote no seu projeto, você poderá mandar ele executar novamente com o comando 'npm run dev'.

Se tudo deu certo, absolutamente nada deve ter mudado com estes últimos comandos e agora estamos aptos a desenvolver a integração do frontend com a blockchain, o que faremos a seguir.

Frontend para Blockchain

Antes de iniciarmos a codificação específica do frontend para se integrar com os recursos nativos da blockchain é importante que você tenha feito todo o passo a passo da seção anterior, Preparação do Ambiente. Isso porque continuaremos exatamente de onde ela terminou.

Para realizar integração com a blockchain através de uma aplicação web precisamos primeiro entender como se integrar com a carteira cripto que está no browser. Isso porque a carteira não apenas é o nosso "provedor de acesso" com a blockchain como ela já está configurada com a conta do usuário também. Essa integração entre frontend e carteira é possível graças à injeção de APIs da wallet na janela (window) do navegador. No caso da MetaMask, essa API se chama *ethereum* e está disponível através da propriedade *window.ethereum*.

Note que isso é independente da rede que for se conectar, pois todas redes EVM seguem o mesmo padrão, a propriedade se chamará window.ethereum. Outro ponto importante é que esta API somente é injetada em aplicações rodando em um servidor web (como o React), se for apenas um arquivo HTML estático não vai funcionar.

Dito isso, a primeira funcionalidade que vamos aprender a fazer é a consulta de saldo de uma carteira. Para isso, vamos alterar o código do arquivo App.jsx passo a passo. A começar pelos *imports* no topo.

Código 4.7

```
import { useState } from 'react';
import { ethers } from 'ethers';
```

Vamos importar aqui a função useState da biblioteca React, que será necessária para alterar elementos de tela, e também o objeto ethers da biblioteca de mesmo nome, responsável pela comunicação com a carteira.

Agora dentro da função App() deste mesmo arquivo coloque antes do *return*:

Código 4.8

```
const [myWallet, setMyWallet] = useState("");
const [balance, setBalance] = useState('');
const [message, setMessage] = useState('');
```

Aqui nós estamos usando três vezes um recurso do React que se chama *state*. Os *states* são variáveis de memória que mantém seu estado entre as atualizações da tela. Não apenas isso, uma vez posicionados na interface, se chamarmos a sua função de alteração (iniciada com "set", ao lado do nome do state) a informação se atualiza automaticamente na interface.

Desta forma criei um state para guardar o endereço da carteira (myWallet), bem como a função para alterá-lo (setMyWallet). O mesmo para o saldo da carteira (balance) e mensagens de texto (message).

Avançando, agora vamos criar o JSX de retorno da função App().

Código 4.9

```
return (
    <div>
        <p>
            My Wallet: <input type="text" onChange={evt
=> setMyWallet(evt.target.value)} />
            <input type="button" value="Connect"
onClick={btnConnectClick} />
        </p>
        <p>Balance (ETH): {balance}</p>
        <hr />
        <p>{message}</p>
    </div >
);
```

Eu não vou explicar o HTML em si, me focando mais nos aspectos de Javascript. Neste caso temos quatro pontos dignos de nota neste código.

Primeiro, na propriedade onchange do input no topo da tela. Ela irá disparar a função que colocarmos entre chaves toda vez que um caractere for digitado no campo. O texto atual do campo encontra-se em evt.target.value (padrão em eventos onchange), então eu passo ele para dentro do meu state myWallet chamando sua função de alteração (setMyWallet).

O segundo ponto importante está na propriedade onClick do botão. Nela você deve informar o nome da função JS que vai ser disparada quando este botão for clicado. Ainda não temos esta função de nome btnConnectClick, criaremos ela em breve.

O terceiro e quarto pontos possuem a mesma lógica e estão representados por variáveis de estado entre chaves: balance e message. Essa notação JSX indica que, naquele ponto do HTML, deve ser impresso o conteúdo atual daqueles states. Se esse valor mudar por algum motivo, aquele ponto do HTML vai reagir automaticamente também. Daí o nome da biblioteca: React.

Agora vamos criar então a última função que falta para esta primeira etapa, a btnConnectClick, que deve ser colocada após a declaração dos states, mas antes do return.

Código 4.10

```
async function btnConnectClick() {
    if (!window.ethereum)
        return setMessage('No MetaMask');

    setMessage(`Trying to connect and load balance...`);
}
```

Esta nossa função será disparada toda vez que o clique do botão for realizado e ela nada mais faz do que verifica se a MetaMask está instalada no navegador, testando se o objeto window.ethereum existe. De acordo com essa avaliação, uma mensagem será exibida na tela utilizando a função de alteração do state message.

Experimente salvar seu arquivo com Ctrl + S e acessar novamente a aplicação no navegador para ver não apenas essa nova interface como para testar o comportamento dela. Teste em outro navegador também, que não tenha MetaMask, para ver que funciona a verificação.

My Wallet: [　　　　　　　　] [Connect]

Balance (ETH):

O único campo que temos, sob o rótulo "My Wallet", serve para você informar o endereço da carteira que deseja ver o saldo, mas ainda não implementamos essa funcionalidade, o que vamos fazer agora. Volte na função btnConnectClick e altere seu conteúdo como a seguir.

Código 4.11

```
async function btnConnectClick() {
    if (!window.ethereum)
        return setMessage("No MetaMask");

    setMessage("Trying to connect and load balance...");

    const provider = new
ethers.BrowserProvider(window.ethereum);

    const accounts = await
provider.send("eth_requestAccounts");
    if (!accounts || !accounts.length) throw new
Error("No MetaMask account allowed");

    const balance = await provider.getBalance(myWallet);
    setBalance(ethers.formatEther(balance.toString()));
    setMessage(``);
}
```

Aqui nosso novo código começa após o teste da existência da MetaMask, com a informação ao usuário que estamos tentando conectar na carteira que ele informou para carregar o saldo. Esse tipo de mensagem é importante pois você vai notar que os processos são mais lentos na blockchain do que em servidores tradicionais, então o usuário precisa saber o que está acontecendo.

Na linha de baixo fazemos a inicialização do nosso provedor (*provider*) de acesso à blockchain, que é do tipo BrowserProvider. Ele espera o objeto do browser pelo qual a blockchain será acessada, que no caso é a nossa MetaMask representada pelo window.ethereum. Agora que fazemos esta conexão do frontend com a carteira, podemos enviar comandos para ela.

O primeiro comando que enviaremos é o **eth_requestAccounts** com a função *send* do provider. Esse comando solicita à MetaMask que ela nos diga qual é o endereço da conta do usuário,a mesma que será usada durante a comunicação com a blockchain. Por causa dessa solicitação, a MetaMask irá questionar o usuário se ele deseja ou não se conectar no dapp. Se ele autorizar, um array de contas autorizadas por ele será retornado na variável accounts. Caso contrário, teremos um erro. Experimente testar o código nesse momento, primeiro recusando o acesso à carteira e depois aceitando.

Um ponto digno de nota para os leitores que não conhecem programação assíncrona em JS é o uso das palavras reservadas *async* e *await*. Funções com o modificador *async* indicam que são assíncronas e não retornarão imediatamente porque algo em seu interior leva algum tempo para receber uma resposta. Para que seja possível escrever esse código assíncrono da função de forma linear usamos a palavra *await* no seu retorno, indicando que a execução da linha de baixo deve aguardar esse processamento ser concluído. Para mais informações sobre async/await em JS, recomendo buscar a seção de referências deste capítulo.

Avançando para a última etapa da funcionalidade de consulta de saldo, usamos a função nativa getBalance do provider para pedir o saldo de um endereço, passado por parâmetro (myWallet). Esse saldo vem na escala de wei (a menor fração de 1 ETH, conforme visto no capítulo 3), então eu faço uma conversão para a maior escala usando a função **ethers.formatEther** (mesmo que esteja em outra rede que não a Ethereum) e guardando seu resultado no state **balance** para que seja exibido na tela. Faça um teste agora, informando o seu endereço de carteira e vendo o saldo do mesmo ao clicar no botão.

Repare que o processo de solicitar permissão do dapp à carteira somente acontece na primeira utilização. Uma vez conferido esse acesso, ele permanece até que seja revogado, o que o dono da carteira pode fazer no ícone de "Connected Site" no canto superior direito da MetaMask (ícone de globo).

O objeto *provider* nos fornece não somente uma conexão com a blockchain em nosso código JS como expõe uma série de funcionalidades nativas da blockchain que podemos chamar facilmente em formato de funções. Algumas delas:

- **send**: envia um comando para a carteira do browser;
- **getBalance**: consulta o saldo de um endereço na blockchain;
- **getBlock**: pega informações de um bloco específico;
- **getBlockNumber**: pega o número do bloco atual;
- **getNetwork**: informações da rede conectada;
- **getTransactionReceipt**: recibo de uma transação específica;

Note que não listei nenhuma função que escreva na blockchain, isso porque a realização de uma transação (toda escrita é uma transação) requer alguns passos adicionais, que vamos fazer juntos agora na segunda e última funcionalidade do nosso primeiro dapp: transferência de ETH.

Para esta segunda funcionalidade é importante que você tenha mais de uma carteira MetaMask (em browsers diferentes) ou mais de uma conta na mesma carteira, algo que é possível criar facilmente pelo menu de Accounts no topo da sua MetaMask.

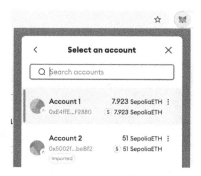

Voltando ao App.jsx, adicionei mais dois *states* logo abaixo dos que já tínhamos.

Código 4.12

```
const [toAddress, setToAddress] = useState("");
const [quantity, setQuantity] = useState("");
```

Eles servirão para guardar a informação do endereço para o qual iremos transferir fundos e também a quantidade de fundos a serem transferidos. Agora adicione o seguinte código JSX abaixo da tag <hr /> que já tínhamos.

Código 4.13

```
<p>
```

```
  To Address: <input type="text" onChange={evt =>
setToAddress(evt.target.value)} />
</p>
<p>
  Qty (ETH): <input type="text" onChange={evt =>
setQuantity(evt.target.value)} />
</p>
<p>
  <input type="button" value="Transfer"
onClick={btnTransferClick} />
</p>
<hr />
```

Nesse código eu adicionei um campo para o endereço do destinatário, usando o mesmo "truque" de manter o respectivo state atualizado com o onchange do campo. O mesmo no segundo campo, onde será digitada a quantidade a ser transferida, na escala de Ether. E por último temos o botão que vai realizar a transferência em si, algo que ocorrerá em uma função btnTransferClick que vamos criar agora, logo abaixo da btnConnectClick.

Código 4.14

```
async function btnTransferClick() {
    setMessage(`Trying to transfer ETH ${quantity} to
${toAddress}...`);

    const provider = new
ethers.BrowserProvider(window.ethereum);
    const signer = await provider.getSigner();

    const tx = await signer.sendTransaction({
        to: toAddress,
        value: ethers.parseEther(quantity)
    })
```

```
await tx.wait();

setMessage("Tx Hash: " + tx.hash);
}
```

Nesta função eu parti do pressuposto que o usuário já se conectou na carteira usando o primeiro botão da tela, mas você pode refazer os testes e solicitação de permissão caso ache necessário. De minha parte, começarei avisando o usuário do que iremos fazer.

A conexão com a carteira via window.ethereum nós já vimos, mas a novidade aqui começa na linha seguinte, onde usamos a função getSigner para obter acesso a um objeto que faz transações na blockchain, ou seja, que possui uma chave privada da conta de alguém. Este alguém no caso é a carteira devidamente conectada no navegador e que o usuário nos deu acesso. Calma, o objeto signer não expõe a chave privada e nem permite transações sem consentimento, ele apenas consegue iniciar as mesmas como faremos a seguir.

Com este objeto signer temos acesso a algumas funções que o provider não tem, como a sendTransaction, responsável por enviar uma nova transação para a blockchain. A transação é representada através de um objeto com os seguintes campos:

- **from**: quem está originando a transação (é automático, não precisamos preencher);
- **to**: quem vai ser o destinatário da transação;
- **value**: a quantidade de fundos (na escala de wei) que será enviado para o target;

Como na interface queremos que o usuário digite na escala de ether (lembrando que me refiro à escala, não à moeda ETH em si) por uma questão de comodidade, no campo value você notará que eu faço uma conversão de ether para wei usando ethers.parseEther (mesmo que a moeda da sua rede seja outra).

O retorno da função sendTransaction é um recibo incompleto de transação. Isso porque o envio da transação para o nó da blockchain não garante nada, não é mesmo? Temos de aguardar que ela seja validada, inclusa em um bloco e o bloco seja registrado na blockchain definitivamente. Opcionalmente você pode usar o tx.wait() no código como fiz para aguardar essas etapas e assim ter o recibo completo, de onde estou pegando apenas o hash de identificação.

Teste agora essa nova funcionalidade, informando o endereço de sua segunda carteira/conta no campo e mandando pra ela alguma fração ou quantia de ETH, como fiz abaixo.

To Address: `0x5002f43d58F4cF76F`

Qty (ETH): `5`

`Transfer`

Trying to transfer ETH 5 to 0x5002f43d58F4cF76F4d659DD055110149a3beBf2...

Repare que quando clicar no botão de "Transfer" a MetaMask será acionada lhe informando detalhes da transação que o site quer fazer, estimando o gasto dessa transferência e pedindo sua confirmação. Experimente rejeitar uma primeira transação para ver o que acontece e depois aceite em uma segunda tentativa.

Note que ao aceitar a tela ficará aguardando por vários segundos até ter um retorno da carteira. Esse tempo é um dos grandes reveses de trabalhar com blockchain uma vez que a natureza *trustless* exige muito mais validações pelos nós e a natureza distribuída exige tempo de propagação entre eles para que uma transação de fato seja aceita e registrada.

Assim como qualquer outra transação, essa irá constar no histórico de atividades da sua MetaMask onde pode ver seus detalhes. Além disso, se você pegar o hash dela na MetaMask ou na interface do nosso dapp, pode consultar seus detalhes indo no sepolia.etherscan.io novamente e colando o hash no campo de busca.

Parabéns, você concluiu seu primeiro dapp!

Frontend para Smart Contract

Agora que você aprendeu os conceitos mais fundamentais de construção de frontend integrado a uma carteira cripto você está preparado(a) para escrever código para funcionalidades disponibilizadas por um smart contract. Vou assumir aqui que você desenvolveu e fez o deploy e verificação do smart contract BookDatabase.sol no capítulo anterior e que possui o endereço público dele na blockchain. Também vou assumir que você já fez o exemplo anterior de frontend para blockchain, pois não explicarei novamente todos os detalhes da criação de um dapp simples como aquele, continuaremos os estudos a partir do conhecimento já estabelecido.

Antes de iniciarmos a codificação específica do frontend para se integrar com os recursos de um smart contract é importante que você crie um novo projeto de aplicação React do zero, com o nome de "frontend-smart-contracts". Caso não recorde todo o passo a passo, pode ler novamente a seção Preparação do Ambiente, pulando apenas a parte em que instalamos Node.js e VS Code.

Agora que você tem uma nova aplicação frontend, vamos prepará-la para se comunicar com o nosso smart contract via carteira cripto (MetaMask). É importante reforçar um ponto que foi mencionado brevemente que as carteiras cripto não sabem detalhes dos smart contracts com o qual você pode querer se comunicar. Elas conhecem apenas os recursos nativos da blockchain e, para todo o resto, ela necessita de mais informações para conseguir se comunicar. Essas informações adicionais são o que chamamos de **ABI** ou *Application Binary Interface* (Interface Binária de Aplicação).

O ABI de um smart contract é gerado na sua compilação. No Remix, você pode obtê-lo na aba Solidity Compiler, no botão "ABI". Clique nele e será copiado para a área de transferência.

No entanto, eu recomendo pegar de outro lugar, que é o block explorer. Isso porque é importante que o ABI seja 100% idêntico ao do contrato que está em produção. Como no Remix a gente pode acabar alterando alguma coisa, é mais seguro pegar direto da blockchain, não é mesmo?

Para pegar no block explorer primeiro você tem de ter verificado seu smart contract como expliquei na seção "Verificação de Contrato" no capítulo anterior. Vá no sepolia.etherscan.io, na página do seu contrato (use o endereço dele na caixa de busca para encontrar), aba Contract e role até achar o campo com o ABI dentro. Basta copiar todo este conteúdo.

Independente se você copiou do Remix ou do block explorer, agora você deve ir no seu projeto frontend-smart-contract e criar um novo arquivo chamado abi.json dentro da pasta src e colar o conteúdo do ABI dentro dele, salvando com Ctrl + S. Antes de avançar na codificação, recomendo usar o atalho ALT + Shift + F nesse arquivo para identá-lo corretamente e dar uma olhada no seu conteúdo, vai te ajudar a entender melhor como funciona a integração.

Repare que o ABI é um array de objetos, onde cada objeto fornece a especificação de uso de uma das funcionalidades do seu contrato. Abaixo pego um exemplo aleatório, que a especificação função deleteBook existente no contrato.

```
{
    "inputs": [
        {
            "internalType": "uint256",
            "name": "index",
            "type": "uint256"
        }
    ],
    "name": "deleteBook",
    "outputs": [],
    "stateMutability": "nonpayable",
    "type": "function"
},
```

Os campos que temos neste bloco explicam o nome da função (*name*), como chamá-la (*inputs*) e o retorno esperado (*outputs*). Carregando essa especificação em uma biblioteca web3 como a Ethers permite que nosso software passe para a carteira cripto exatamente como ela deve se comunicar com nosso contrato para fazer as chamadas e transações corretamente. E é isso que vamos fazer agora!

No topo do seu App.jsx, comece definindo as importações que vamos precisar, incluindo o carregamento do ABI e o endereço do seu contrato na blockchain (mude para o seu).

Código 4.15

```
import { useState } from 'react';
import { ethers } from 'ethers';
import ABI from './abi.json';
```

```
const CONTRACT_ADDRESS =
"0x8dd78c50505f86d29b48a27e0396ef4f65c36057";
```

E abaixo eu coloco a primeira versão da nossa função App()
completa, que explicarei a seguir.

Código 4.16

```
function App() {
    const [bookIndex, setBookIndex] = useState("0");
    const [message, setMessage] = useState("");

    async function btnSearchClick() {
        alert(bookIndex);
    }

    return (
        <div>
            <header>
                <p>
                    <label>Book Index: <input
type="number" value={bookIndex} onChange={evt =>
setBookIndex(evt.target.value)} /></label>
                </p>
                <p>
                    <input type="button" value="Search"
onClick={btnSearchClick} />
                </p>
                <p>
                    {message}
                </p>
            </header>
        </div>
    );
}
```

Começamos definindo dois states, o que guardará o índice do livro a ser pesquisado e o que guarda as mensagens para o usuário, como já fizemos no projeto anterior.

Depois, defini uma função btnSearchClick que será usada no clique do botão, com um comportamento provisório de apenas alertar o usuário para o valor digitado no campo.

Por fim, temos o retorno da função, responsável pela renderização da página. Aqui eu coloquei um campo para o usuário digitar o índice do livro a ser pesquisado, com o onChange garantindo que as alterações sejam salvas no state bookIndex. Já o botão "Search" possui uma função em seu onClick que dispara a btnSearchClick que deixamos pronta anteriormente (com o alert, lembra?). Até aqui nenhuma novidade em relação a práticas que já tivemos no projeto anterior ou a conhecimentos básicos de HTML.

Se sua aplicação ainda não estiver rodando, experimente fazê-lo abrindo o terminal do VS Code pelo menu Terminal > New Terminal e o comando "npm start" para subir a aplicação, podendo ser acessada no navegador pelo endereço localhost:3000. Na imagem abaixo, cliquei no botão "Search" após preencher o número 1 no campo.

Agora vamos programar a funcionalidade de busca pelo livro no smart contract de fato. Para isso, vamos nos focar na função btnSearchClick, escrevendo alguns códigos que já vimos antes, para comunicação com a MetaMask.

```
async function btnSearchClick() {
    if (!window.ethereum) return setMessage("No MetaMask
found!");

    const provider = new
ethers.BrowserProvider(window.ethereum);

    const accounts = await
provider.send("eth_requestAccounts");
    if (!accounts || !accounts.length) return
setMessage("Wallet not found/allowed!");

    alert(bookIndex);
}
```

Nenhuma novidade aqui, certo? Então vamos avançar, substituindo a linha onde tem nosso alert na função acima por uma lógica inédita de comunicação com o smart contract via carteira cripto que explicarei na sequência.

Código 4.18

```
try {
    const contract = new
ethers.Contract(CONTRACT_ADDRESS, ABI, provider);
    const book = await contract.books(bookIndex);
    alert(`Title: ${book.title}
      Author: ${book.author}
      ISBN: ${book.isbn}
      Pages: ${book.pages}
      Year: ${book.year}`)
} catch (err) {
    setMessage(err.message);
}
```

O primeiro ponto digno de nota é o uso de *try/catch*. Muitas são as coisas que podem dar errado na execução desse script então é de bom tom circundar o mesmo com um bloco de tratamento de erro para evitar o crash completo da aplicação e a obtenção da mensagem de erro que será exposta no state *message* na tela.

Dentro do try/catch, a primeira novidade é o uso da classe Contract da biblioteca Ethers, que serve para criar um canal de comunicação com um contrato específico na blockchain. O construtor da classe Contract exige a passagem do endereço do contrato (usei a constante que criamos anteriormente), o ABI do contrato (que importamos no topo do arquivo, lembra?) e o objeto de conexão com a blockchain já inicializado (provider).

Com o objeto contract devidamente inicializado, a Ethers consegue supor quais funções você pode chamar do contrato a partir do ABI carregado e injeta as mesmas no objeto contract. No nosso caso optei por usar a função books que permite a passagem do índice do livro que desejamos retornar. Se voltar lá no nosso contrato lembrará que essa função existe pois nosso array de mesmo nome é público.

Com o livro retornado, agora podemos fazer o que quisermos com os dados do mesmo, sendo que neste exemplo optei por montar um *template string* contendo cada um dos campos do livro e jogando tudo em um alert. O resultado está ilustrado na imagem abaixo, mas seu retorno pode ser diferente dependendo do livro que já cadastrou no contrato BookDatabase no capítulo anterior.

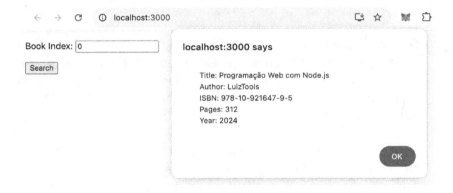

Apenas um nota referente ao template string caso nunca tenha usado antes: ele é um recurso do JS onde você usa crase para especificar a string e pode usar dentro dela variáveis com a notação ${variavel} para que o valor da variável seja inserido naquele trecho da string sem precisar de concatenações adicionais.

Agora que vimos como fazer uma consulta (*call*) em nosso smart contract através do nosso frontend + carteira MetaMask, que tal aprendermos como chamar uma função de escrita, ou seja, uma transação (*send*)?

Vamos implementar o cadastro de um novo livro. Para isso, vamos começar declarando um novo state, logo abaixo dos demais, e uma nova função.

Código 4.19

```
const [newBook, setNewBook] = useState({});

function onBookChange(evt) {
  setNewBook(prevState => ({ ...prevState,
[evt.target.id]: evt.target.value }));
}
```

O state servirá para guardar as informações do novo livro que estamos cadastrando. Essas informações serão oriundas de alguns novos campos HTML, campos estes que compartilharão uma mesma função onBookChange em seus eventos de onChange, garantindo que o comportamento seja o mesmo. Mas que comportamento é esse? O de alterar especificamente uma propriedade do state newBook, o de mesmo nome do campo HTML. Calma, eu explico melhor.

A função onBookChange será disparada sempre que QUALQUER campo do formulário de cadastro de livro for preenchido. Para saber qual campo foi preenchido usaremos o objeto evt que é passado pelo evento onchange, onde evt.target.id traz o id do campo e evt.target.value traz o novo valor do campo. Para não termos de fazer vários "ifs" para preencher as propriedades corretas do state newBook, eu passei um *callback* para o setNewBook onde monto um objeto com uma cópia de tudo que tem no estado atual (...prevState) mais a alteração específica que queremos realizar na propriedade com nome igual ao evt.target.id. É um pouco estranho para quem não está acostumado com JavaScript, mas te garanto que funciona.

Agora vamos adicionar logo abaixo do botão de busca os novos campos HTML para esse cadastro acontecer, antes do campo message.

Código 4.20

```
<hr />
<p>
 <label>Title: <input type="text" id="title"
value={newBook.title} onChange={onBookChange}
/></label>
</p>
<p>
 <label>Author: <input type="text" id="author"
value={newBook.author} onChange={onBookChange}
/></label>
</p>
<p>
```

113

```
 <label>ISBN: <input type="text" id="isbn"
value={newBook.isbn} onChange={onBookChange} /></label>
</p>
<p>
 <label>Year: <input type="text" id="year"
value={newBook.year} onChange={onBookChange} /></label>
</p>
<p>
 <label>Pages: <input type="text" id="pages"
value={newBook.pages} onChange={onBookChange}
/></label>
</p>
<p>
 <input type="button" value="Save"
onClick={btnSaveClick} />
</p>
```

Não temos novidades de JSX aqui, mas algumas coisas merecem atenção redobrada. Primeiro, que o id de cada input deve ser exatamente IGUAL ao nome da propriedade do livro no smart contract. Segundo, que as propriedades onChange de cada input devem todas apontar para a função onBookChange que criamos anteriormente. E por fim, o botão tem no onClick uma função btnSaveClick que ainda não criamos e que faremos uma versão provisória agora.

Código 4.21

```
async function btnSaveClick(){
    alert(JSON.stringify(newBook));
}
```

Agora recomendo que você teste o preenchimento dos campos e o clique no botão "Save" para ver esta etapa funcionando, como abaixo. Sempre recomendo essa abordagem de "*baby steps*" para garantir que caso você tenha um erro, ache mais facilmente qual foi o trecho de código que originou o mesmo.

Com o formulário funcionando, podemos modificar a função de salvamento para que ela envie as informações de fato para a blockchain. Você encontrará algumas semelhanças nesse código em relação à função de escrita do projeto passado, pois a base realmente é a mesma.

Código 4.22

```
async function btnSaveClick(){
    setMessage("Accept the transaction at MetaMask...");
    const provider = new
ethers.BrowserProvider(window.ethereum);
    const signer = await provider.getSigner();
    const contract = new
ethers.Contract(CONTRACT_ADDRESS, ABI, signer);
    const tx = await contract.addBook(newBook.title,
newBook.author, newBook.isbn, newBook.pages,
newBook.year);
    setMessage("Sending a new book to
BookDatabase...wait...");
    await tx.wait();
    setMessage("Tx: " + tx.hash);
}
```

Aqui eu parti do pressuposto que já verificamos que a MetaMask está instalada e o usuário já autorizou o acesso à ela, graças aos códigos do btnSearchClick. Caso deseje, pode repetir essas mesmas lógicas nesta função novamente.

Mas partindo para o que importa, nós carregamos o provider e dele obtemos o *signer*, que é o objeto capaz de enviar transações para a blockchain. Quando inicializamos o contrato desta vez você vai perceber que ao invés de passar o provider como terceiro argumento nós passaremos o signer, pois é necessário um objeto com "permissão de escrita", algo que o signer é e o provider não.

Na linha seguinte eu chamo a função addBook a partir do objeto *contract*. Essa função está lá no nosso contrato BookDatabase e ela espera como parâmetros as informações do livro a ser cadastrado, em uma ordem específica (verifique no seu contrato). O resultado da addBook é o mesmo de qualquer transação na blockchain: um recibo, que aguardamos a conclusão da transação para imprimir o hash dele na página.

Com esse hash em mãos você pode ir na sepolia.etherscan.io novamente e pesquisar por ele, terá como resultado uma tela como abaixo, que tem algumas ligeiras diferenças em relação ao último recibo que vimos.

⑦ Transaction Hash:	0xf7c9f3d5dec32a0606644013038025561ced641fda4fe9a68561dd25136a1608
⑦ Status:	⊘ Success
⑦ Block:	⬡ 6951087　**25 Block Confirmations**
⑦ Timestamp:	⊙ 5 mins ago (Oct-26-2024 06:19:48 PM UTC)
⚡ Transaction Action:	▸ Call　**Add Book**　Function by 0xE4ffEEd8...e38BF2880 on ⬡ 0x8dD78c50...F65C36057
⑦ From:	0xE4ffEEd88111e1DFCc3a852d9334C65e38BF2880
⑦ To:	⬡ 0x8dD78c50505f86d29B48A27E0396eF4F65C36057
⑦ Value:	⬥ 0 ETH
⑦ Transaction Fee:	0.000217666265080194 ETH

Note a seção "Transaction Action". Como nosso contrato é verificado, o block explorer sabe reconhecer que a chamada que fizemos foi para a função "Add Book" do nosso contrato, então ele deixa isso mais explícito na tela para que quem olhar consiga entender o que foi feito. Repare também neste recibo que o "Value" está zerado. Isso porque essa transação não era uma transferência de dinheiro, mas sim uma chamada a smart contract. E por fim, mais ao final temos a taxa paga nesta transação, pois toda escrita incorre em taxas.

Mas como saber quais dados foram passados para a função "Add Book"? Isso você encontra na seção "More Details", bem ao final da página. Nela você encontrará uma subseção "Input Data", como abaixo.

Repare que nesta subseção você consegue saber qual a função exata que foi chamada, quais parâmetros ela espera e algumas informações de baixo nível da chamada, como o MethodID (cada função tem um identificador associado) e os valores dos parâmetros, em ordem. Para conseguir entender os valores, use o botão "Decode Input Data", olhe o resultado:

#	Name	Type	Data
0	_title	string	MongoDB para Iniciantes
1	_author	string	LuizTools
2	_isbn	string	979-83-389630-7-4
3	_pages	uint16	150
4	_year	uint16	2024

↺ Switch Back   🔁 View In Decoder

Bem melhor, não?

Se você quiser, você pode implementar as funcionalidades de update e de delete de livros, mas na prática, o processo é exatamente o mesmo que mostrei acima para a função addBook, já que todos são *transactions* no smart contract. Este é um excelente exercício que eu deixo para você fazer.

E se tiver habilidades com frontend, pode dar uma melhorada também nesse nosso formulário, ele não está lá muito bonito não é mesmo?

Referências

A cada capítulo, listarei referências onde você pode se aprofundar nos assuntos citados.

Os Bastidores da Internet no Brasil
Livro que conta a história do surgimento da Internet e da web no Brasil (inclui vídeo).
https://www.luiztools.com.br/post/os-bastidores-da-internet-no-brasil-resenha/

Ebook Frontend para Iniciantes
Ebook gratuito que ensina frontend web 1.0 do completo zero.
https://www.luiztools.com.br/post/materiais/front-end-para-iniciantes/

Playlist Frontend para Iniciantes
Playlist no canal LuizTools que ensina frontend web 1.0 do completo zero.
https://www.youtube.com/watch?v=w4Ts2sVxB08&list=PLsGmTzb4NxK2sGY3KqKmg1UTxNTcPPK1Z

Node.js
Site oficial para download e instalação do Node.js.
https://www.nodejs.org

Visual Studio Code
Site oficial para download e instalação do Visual Studio Code.
https://code.visualstudio.com

ReactJS para Iniciantes
Série de tutoriais no blog (incluindo vídeos) para aprender ReactJS do completo zero.
https://www.luiztools.com.br/post/tutorial-de-react-js-para-iniciantes/

EthersJS
Página oficial da biblioteca de web3 que estamos usando no livro.
https://www.npmjs.com/package/ethers

Async-Await
Vídeo explicando em detalhes a programação assíncrona em JS.
https://www.youtube.com/watch?v=CevNqJwjlik

Os fontes que você viu neste capítulo estão disponíveis para baixar neste link: https://www.luiztools.com.br/livro-web3-fontes/

Quer fazer um curso online de programação web3 com o autor deste livro? Acesse https://www.luiztools.com.br/curso-web23

5 Criptomoedas e Tokens

*O whitepaper do Bitcoin é a Magna Carta das criptomoedas;
definiu os princípios de liberdade e descentralização.*

\- Tim Draper

Como vimos no primeiro capítulo deste livro, a tecnologia blockchain não surgiu para ser usada na criação de criptomoedas. Sua criação estava mais ligada ao combate a fraudes do que a qualquer outra coisa, mas foi o seu uso na construção da arquitetura do Bitcoin por Satoshi Nakamoto que ela encontrou o seu caso de uso mais famoso e despontou para o mundo como uma das tecnologias que mais causou impactos na sociedade nos últimos quinze anos.

Não importa se hoje temos muitas aplicações diferentes para blockchains que não apenas a criação de moedas digitais, como inclusive programamos na prática no módulo 2. O fato é que o uso de blockchain como livro contábil para dinheiro eletrônico ainda é, e talvez sempre será, o maior mercado para esta tecnologia no mundo inteiro e a base para o que chamamos de Finanças Descentralizadas ou simplesmente DeFi (abreviação para *Decentralized Finance*). Em vista disso, começar nosso aprofundamento nos estudos de desenvolvimento de smart contracts pelas criptomoedas é algo extremamente natural e também benéfico, já que elas são a base para conceitos importantíssimos e abrangentes no desenvolvimento de aplicações web3.

Mas a primeira coisa que precisamos entender é que 99% das ditas criptomoedas que vemos sendo negociadas e utilizadas no mercado não são realmente criptomoedas, mas tokens.

Criptomoedas vs Tokens

Uma criptomoeda é uma moeda digital protegida por criptografia em uma blockchain e gerenciada via algum algoritmo de livro-razão (DLT), a exemplo do que acontece com o Bitcoin. Via de regra toda blockchain possui uma única criptomoeda, nativamente, que é justamente a moeda de pagamento utilizada nas taxas de suas transações, recebida como recompensa, etc. Veja alguns exemplos populares de redes blockchain e suas criptomoedas nativas:

- Bitcoin: BTC;
- Ethereum: ETH (Ether);
- Cardano: ADA;
- BNB Smart Chain (antiga BSC): BNB;
- Polygon: POL (antiga MATIC);
- Avalanche: AVAX;
- Solana: SOL;

Mas se cada blockchain tem apenas uma criptomoeda, o que seriam aquelas milhares de outras moedas que a gente sabe que existem e que são negociadas em corretoras? Cada uma possui uma blockchain separada? A resposta é não. Na verdade, aquelas milhares de outras moedas, não são criptomoedas, mas sim tokens.

O termo token é usado no idioma inglês para definir algo – um objeto físico ou virtual, por exemplo – que pode ser usado para expressar ou representar outra coisa: um valor, uma mercadoria , um serviço, um direito ou mesmo um fato ou um sentimento. Pode ser traduzido como "símbolo", "representação" ou, quando se refere a um objeto físico, como "ficha", "vale" ou "cupom".

No contexto de blockchain, tokens são abstrações registradas em smart contracts que representam uma grande variedade de bens ou direitos e cuja propriedade pode ser administrada e transferida. Assim, um token pode ser programado para que funcione exatamente como uma moeda real funcionaria, ou seja, assim como as criptomoedas funcionam, tornando-o quase indistinguível das moedas nativas de cada rede. A maior diferença é e sempre será que as taxas de transação pagas em uma rede sempre serão feitas na moeda nativa (bem como recompensas por mineração), mesmo que o objeto da transação seja outro token.

Assim, além da vantagem óbvia de podermos criarmos novas moedas sem a necessidade de criarmos novas blockchains, a flexibilidade da programação de tokens via smart contracts permite criar facilmente variações de moedas existentes ou com características completamente únicas, além de tokens que não necessariamente sejam moedas, mas ativos de qualquer natureza como veremos em outros capítulos.

E tudo isso começou com a Ethereum, a blockchain que nasceu como plataforma, permitindo não apenas uma economia digital *peer-to-peer* (ponto-a-ponto) como o BTC já fazia, mas toda uma miríade de novos serviços e sistemas rodando sobre a blockchain de maneira descentralizada e ainda segura. No entanto, logo nos seus primórdios, a profusão de novos projetos de tokens, cada um com suas especificações singulares, mostrou que ou criaríamos padrões para codificação de tais projetos ou a bagunça iria impedir o avanço do mercado pois seria impossível que as aplicações conversassem entre si. No ecossistema EVM/Ethereum chamamos estes padrões de codificação de ERC.

Ethereum Request for Comments

A linguagem Solidity foi proposta junto da EVM, a Ethereum Virtual Machine, e é a linguagem de programação número #1 para Smart Contracts já que é usada na rede Ethereum e todas compatíveis. Ela permite a você escrever algoritmos que interagem com a blockchain em todos seus aspectos e com isso criar muitas aplicações diferentes e que nem tenham a ver com tokens se não for essa a sua intenção, embora este seja um dos cenários mais comuns.

No entanto, sempre que temos possibilidades infinitas é comum que tenhamos também problemas que tendem ao infinito. Se qualquer pessoa pode subir seus códigos para a blockchain, como fazer com que eles de fato consigam se comunicar com a mesma e entre si? Note que este é o mesmo desafio que foi enfrentado pela Internet no seu surgimento. Se cada servidor operasse em protocolos e padrões próprios, ou seja, sem os padrões das RFCs criadas pela IETF (*Internet Engineering Task Force* ou Força Tarefa de Engenharia da Internet), a Internet nem mesmo seria possível. Aí que entram em cena os padrões ERC.

ERC é uma sigla para *Ethereum Request for Comments* e são artigos descrevendo padrões de desenvolvimento de contratos para a rede Ethereum. O nome é inspirado nas RFCs (*Requests For Comments*), que são os padrões de engenharia para Internet, definidos pela IETF mencionada antes. O "for comments" no nome em ambos os casos deriva do fato de que todos os padrões são propostos e discutidos (comentados) pela comunidade, antes de serem validados e definidos publicamente como um padrão geral, quando adquirem o título de EIP (*Ethereum Improvement Proposal* ou Proposta de Melhoria da Ethereum) e passam a fazer parte da documentação oficial do protocolo.

Assim, temos ERC (ou EIP, verá o uso de maneira intercambiável) para criação de moedas, para criação de NFTs e por aí vai. Seguir ou não esses padrões não garante ou impede o funcionamento do seu algoritmo em Solidity *per se*, eles não são uma obrigatoriedade do ponto de vista prático, mas torna possível a interoperabilidade entre os contratos, a facilidade de outros desenvolvedores conseguirem se comunicar com eles, a integração com aplicações já existentes, etc.

Alguns exemplos de ERCs populares incluem:

- ERC-20: padrão para tokens fungíveis (moedas);
- ERC-165: padrão para detecção de interfaces ao qual o contrato é aderente (interfaces suportadas);
- ERC-721: padrão para tokens não-fungíveis (bens únicos);
- ERC-1155: padrão para contratos multi-tokens;
- ERC-1967: padrão para proxy de contratos;

Se você criar um novo token seguindo o padrão ERC-20, por exemplo, qualquer software de carteira que suporte este padrão (como a MetaMask) vai conseguir interagir com ele. Além disso, conseguirá fazer deploy do seu contrato em redes compatíveis, aumentando o alcance do seu projeto e fazendo-o parte de fato do ecossistema EVM/Ethereum que é gigantesco. E esses são apenas alguns dos benefícios de seguir os padrões ERC.

Dito isso, ao longo do restante deste capítulo nós aprenderemos a entender a documentação dos padrões ERC e a como desenvolver um contrato aderente a um famoso padrão para tokens fungíveis (que simulam moedas): o ERC-20.

Entendendo um padrão ERC

Se você já está acostumado a ler documentações de software, em especial aquelas que definem padrões no estilo RFC, BIP, PEP, etc não vai encontrar grandes novidades quando se deparar com uma ERC ou EIP pela primeira vez pois todas elas seguem padrões muito parecidos, descritos na página da EIP de número 1, no caso da Ethereum, em https://eips.ethereum.org/EIPS/eip-1

Aqui vale um ponto de atenção: toda ERC aprovada se torna uma EIP, então dizer por exemplo, ERC-20 ou EIP-20, acaba tendo o mesmo efeito. No entanto o contrário não é válido já que nem toda EIP é um padrão de contrato: muitas EIPs são melhorias no código central da blockchain Ethereum ou em seus clientes, por exemplo.

Toda ERC é definida por um número incremental, assim a ERC-1 foi a primeira, a ERC-2 a segunda e assim por diante. Junto a esse número existe um título, por exemplo, a ERC-20, que vamos estudar em detalhes, tem como título "Token Standard" ou "Padrão para Tokens" em uma tradução livre. Neste preâmbulo também temos seus autores, um índice, um resumo e sua motivação. Olhe este resumo simples para o ERC-20 presente no documento:

"Uma interface padrão para tokens"

Muito simples de entender, certo? Nem toda ERC é tão simples quanto isso, mas começando pelas simples, logo estaremos entendendo as mais complicadas também. Essas informações do topo não têm como intenção explicar o padrão em si, mas o seu porquê de existir. A explicação mesmo começa na seção seguinte, *Specification*, e segue até o final do documento. É nela onde colocamos a maior parte do nosso tempo quando estamos estudando uma ERC para implementar.

A especificação técnica da ERC nada mais é do que a definição de uma interface de comunicação ou API, assim como faríamos em linguagens orientadas à objetos como Java e C#. Ou seja, ela não diz exatamente como você vai programar aquele padrão no detalhe, linha a linha, mas quais funções ele deve ter, quais parâmetros elas devem esperar e quais retornos devem devolver. Peguemos por exemplo o primeiro método citado, o qual eu reproduzo abaixo para fins de didática.

name
Returns the name of the token - e.g. "MyToken".
OPTIONAL - This method can be used to improve usability, but interfaces and other contracts MUST NOT expect these values to be present.
function name() public view returns (string)

Temos no topo o nome que a função deve ter, seguido de sua explicação, o que ela faz. Na sequência, temos uma informação de que ele é opcional e por fim a assinatura em linguagem Solidity, exatamente como deve estar no seu código. O corpo da função em si você pode implementar como quiser, bem como qualquer outro detalhe necessário, mas a assinatura deve ser essa, entende?

Isso porque todos os softwares que lidam com token ERC-20, como a carteira de criptomoedas MetaMask, vão chamar a função *name()* do contrato quando quiserem pegar o nome da moeda por algum motivo. Agora o que o contrato vai fazer para retornar esse nome, isso é problema do programador do contrato, a carteira não se importa com os detalhes de implementação do mesmo, desde que a interface esteja aderente ao padrão.

Então o elemento mais comum que você vai encontrar na especificação de uma ERC são as funções que você deve implementar no seu contrato. Além disso, no caso de Solidity, também é trazido nas especificações quais eventos o contrato deve disparar e em qual situação. Eventos são recursos disponíveis em smart contracts que ainda vamos estudar e usar. Segue um exemplo abaixo, para fins didáticos:

Transfer

MUST trigger when tokens are transferred, including zero value transfers.

A token contract which creates new tokens SHOULD trigger a Transfer event with the _from address set to 0x0 when tokens are created.

event Transfer(address indexed _from, address indexed _to, uint256 _value)

Aqui temos que o nome do evento é Transfer e que ele deve ser disparado quando tokens são transferidos, bem como a sintaxe exata de como ele deve ser declarado no contrato (ainda não estudamos eventos). Pode parecer algo um pouco amedrontador para desenvolvedores que não estão acostumados com este tipo de documentação, mas como exploraremos alguns padrões populares neste livro, te garanto que estará muito mais confiante ao término da leitura e prática.

E por fim, algumas ERCs incluem exemplos de implementação ou de uso, mas isso não é uma regra.

O que recomendo que você faça agora, antes de avançar, é analisar por contra própria o restante do padrão ERC-20, que coloco o link abaixo, buscando entender a especificação deles. Tente responder as perguntas a seguir apenas analisando a ERC:

- quantas funções você terá de implementar em um contrato que siga esse padrão (no mínimo)?
- quantos eventos diferentes podem ser disparados?
- para a carteira MetaMask exibir o símbolo e o saldo desse token, quais chamadas ela terá de fazer ao contrato?
- qual a principal diferença entre as funções transfer e transferFrom?

ERC-20: https://eips.ethereum.org/EIPS/eip-20

As respostas você vai descobrir agora, junto com a minha explicação resumida do padrão, mas reitero o desafio de tentar buscar essas respostas lendo a documentação sozinho.

Resumo do Padrão ERC-20

O padrão ERC-20 define nove funções e dois eventos que todos os tokens devem ou costumam possuir (algumas funções são opcionais). Pode ser que seu token tenha mais elementos, mas nunca menos ou ele não será compatível com outras aplicações web3 e contratos inteligentes que lidam com tokens comuns.

Antes de sairmos escrevendo código em Solidity na prática deste capítulo, vamos dar uma rápida olhada nestes elementos a fim de criarmos um entendimento geral, o que ajudará e muito durante a construção de fato.

Primeiramente, temos as três funções de informação que todo token ERC-20 deve possuir e que garantem uma boa usabilidade em sistemas que venham a utilizá-lo. Embora algumas sejam opcionais, recomendo que você sempre implemente todas. São elas: **name**, **symbol** e **decimals**, ou seja, funções que retornam, respectivamente, o nome do token (ex: "Meu Token"), seu símbolo (ex: "MTK") e o número de casas decimais que ele vai ter (ex: 18). Nenhuma delas espera parâmetros e apenas retornam a informação solicitada. Falaremos mais sobre elas mais tarde.

As outras seis funções definidas no padrão são: *totalSupply, balanceOf, transfer, transferFrom, approve,* e *allowance*. Vou resumir cada uma abaixo e a clareza total de como cada uma funciona nós teremos apenas após a implementação.

totalSupply()
Informa a quantidade total de tokens deste tipo na rede.

balanceOf(address)
Retorna o saldo de tokens de uma conta/endereço passada por parâmetro (veremos esse tipo de dado em mais detalhes).

transfer(address, uint256)
Executa transferência de tokens de um endereço A para outro B. Ela deve ser chamada pelo dono do endereço A, pois espera apenas o endereço B e a quantidade de tokens a ser transferida.

transferFrom(address, address, uint256)
Permite que smart contracts executem transferências em nome de outros usuários da rede, com o seu consentimento prévio (transferência delegada). Assim, um endereço A (quem está chamando a função) pode transferir tokens de B para um endereço C, desde que B tenha autorizado A previamente. O último parâmetro é a quantidade de tokens a serem transferidos.

approve(address, uint256)
Serve para quem está chamando a função poder aprovar previamente que determinada conta (address) possa transferir uma determinada quantidade de tokens (uint256) da sua carteira usando mais tarde a função transferFrom citada antes. Isso é muito utilizado por protocolos de finanças descentralizadas (DeFi).

allowance(address, address)
Permite saber quantos tokens um endereço A forneceu de autorização para um endereço B transferir em seu nome. É uma função auxiliar à approve e transferFrom que retorna a quantidade de tokens autorizados, retornando 0 se não existir autorização.

A maioria das funções acima você deve ter notado que são bem auto explicativas, sendo que a parte mais complexa é entender que existem dois tipos de transferências: A transferindo para B, que é o jeito mais comum, ou de A transferindo de B para C, que é o jeito delegado de transferência e que requer que B aprove A previamente a fazer esta movimentação.

Agora os eventos são apenas dois e eles servem para avisar outras aplicações que estejam esperando por algumas ações específicas, saibam que elas aconteceram: evento **Transfer** e evento **Approval**, respectivamente para notificar sobre transferências e aprovações realizadas em uma conta.

Agora com essas explicações, que acredito que sejam mais simples do que as encontradas na documentação, acredito que você consiga responder mais facilmente as dúvidas que sugeri na seção anterior e até mesmo algumas novas, mesmo ainda sem ter implementado um token ERC-20, por exemplo:

- no caso de um cliente querer autorizar um protocolo DeFi (representado pelo endereço de seu smart contract) a transferir seus tokens, que função o cliente precisaria chamar?
- e o contrato do protocolo DeFi acima, deveria chamar qual função para transferir os fundos do cliente?
- qual a diferença entre as funções totalSupply e balanceOf?

Com isso, finalizamos o entendimento básico do padrão e a seguir vamos começar a escrever o código Solidity que atende a este padrão e portanto criar nossa primeira criptomoeda, digo, nosso primeiro token ERC-20 (termo técnico correto).

Implementando Token ERC-20

Nosso objetivo nesta seção é codificarmos passo a passo o padrão ERC-20 para criação de um novo token que servirá como moeda digital na blockchain, ou seja, sua própria "criptomoeda". Ao fazermos isso, aprenderemos novos conceitos de Solidity, de smart contracts e entenderemos melhor como essas moedas criptográficas funcionam dentro de blockchains Ethereum.

É importante ressaltar que se procurar na Internet ou mesmo pedir para alguma IA generativa criar um contrato ERC-20 para você o resultado final pode ser diferente do que eu vou mostrar abaixo, enquanto que o efeito prático será o mesmo. Isso é comum tendo em vista que desde que você siga o padrão, ele irá funcionar como esperado, mesmo que o código não fique exatamente igual.

Primeiramente, volte à ferramenta online Remix e crie um novo arquivo com o nome do seu token. O meu eu vou chamar de LuizCoin e não esqueça que o arquivo deve terminar com a extensão ".sol".

Uma vez dentro do arquivo, vamos iniciar definindo a licença dos fontes (eu vou usar MIT), a versão do compilador de Solidity que vamos usar neste exemplo e o escopo do contrato da LUC (o símbolo que minha moeda vai ter).

```
//SPDX-License-Identifier: MIT

pragma solidity ^0.8.28;

contract LuizCoin {
  //implementação vai aqui
}
```

É dentro das chaves que delimitam o escopo do contrato que colocaremos toda a programação restante desta seção para criação de nosso token. Vamos começar a programar nosso token definindo as propriedades ou estados mais básicos dele, suas informações essenciais, que explicarei a seguir.

Código 5.2

```
string private constant _name = "LuizCoin";
string private constant _symbol = "LUC";
uint8 private constant _decimals = 18;
uint256 private constant _totalSupply = 10000 * 10 ** _decimals;
```

De cima para baixo, temos:

- O nome do token;
- A sigla/símbolo do token;
- O número de casas decimais deste token (18 é o máximo);
- O fornecimento total deste token considerando sua menor fração;

Coloquei as quatro propriedades como **private** (e usando a convenção de começar com underscore), o que restringe seu acesso somente ao próprio contrato, pois teremos funções somente de leitura para fornecer acesso às mesmas, como manda o padrão ERC-20.

Também coloquei as quatro propriedades como **constant** pois seus valores serão permanentes, não iremos alterá-los ao longo do uso do contrato. Constantes são úteis tanto para evitar alterações de dados permanentes quanto para economizar taxas mais tarde.

Aqui vale também uma explicação mais detalhada sobre o _totalSupply e sua relação com o campo _decimals. Primeiramente, _decimals é fácil de entender: é o números de casas decimais aceitas para esta moeda e portanto a menor fração que podemos representar dela, como os centavos no caso do Real (que usa 2 casas decimais), os satoshis no caso do BTC (que usa 8 casas) e os weis no caso no ETH (que usa 18 casas).

Já o _totalSupply é o fornecimento total, ou seja, o limite de tokens da menor fração da moeda disponível no mercado. No cenário do BTC representaria o total de satoshis no mercado. No cenário do Real Brasileiro representaria o total de centavos e assim por diante. Isso porque internamente sempre trabalhamos com a menor fração das moedas, jamais usamos valores decimais na blockchain. Assim, se eu quero que existam 10.000 tokens "inteiros", mas que cada um possa ser dividido com 18 casas decimais, preciso elevar 10k à potência de 18, o que estou fazendo ali no código usando o operador ** (potenciação) do Solidity.

Mas Luiz, se não vamos lidar com as casas decimais, trabalhando apenas na escala de wei (menor fração), porque existe o campo _decimals?

A informação de casas decimais de uma moeda serve para ajudar aplicações a representarem os valores de forma mais amigável para o usuário em aplicações frontend, como carteiras. Caso contrário, todos os números seriam incrivelmente grandes aparecendo nas carteiras. O ETH por exemplo tem 18 casas decimais (como a LuizCoin), imagine ao invés de aparecer 1 ETH na carteira aparecesse 1000000000000000000 wei, ia ser mais complicado de entender, certo? Por isso usamos esta convenção de decimais, mas o cálculo interno mesmo é sempre em cima de weis.

Além destas informações, que são do próprio padrão, temos de ter alguma maneira de guardar a informação dos saldos das carteiras que possuem LuizCoin na blockchain. Isso porque como esta não é uma criptomoeda nativa ela não conta com o algoritmo de *ledger* nativo da blockchain e logo não tem uma forma de pegar o saldo "automaticamente", nós teremos que manter este registro por conta própria.

Para isso, proponho usarmos a estrutura de dados **mapping** do Solidity, que permite criar uma coleção de registros baseada em chave-valor, como se fosse um índice de um livro, onde temos uma informação que nos diz onde está outra informação. Veja abaixo como codificamos um *mapping* de carteira apontando para saldo em nosso contrato.

Código 5.3

```
mapping(address => uint256) private _balances;
```

A declaração do *mapping* é composta pelo tipo de dado da chave, *address* em nosso caso, e o tipo de dado do valor, *uint256*. Como as chaves de um *mapping* nunca se repetem, cada endereço de carteira terá sempre um valor de saldo associado, armazenando zero por default para endereços ainda sem saldo.

Repare que usei um tipo novo aqui: *address*, que é excelente para armazenarmos endereços de carteiras ou contratos na blockchain. Assim, conseguiremos chegar facilmente no saldo atual de LuizCoin de uma carteira desde que tenhamos o endereço da mesma e sempre que quisermos alterar o saldo de uma carteira, basta procurarmos a mesma no mapping de *_balances* e fazer a alteração. Na memória, tudo ficará armazenado mais ou menos como na imagem abaixo (endereços fictícios).

address		balance
0x123...	=>	100
0x456...	=>	50
0x789...	=>	0

Prático e eficiente!

E para finalizarmos este primeiro bloco vamos criar o **constructor** do nosso contrato. O *constructor* é uma função especial que executa apenas uma vez durante o deploy do nosso contrato. Mesmo nos contratos anteriores que fizemos eles possuíam automaticamente um *constructor* default, que era vazio e não fazia nada, mas agora será diferente: para que possamos colocar a nossa moeda em circulação eu vou fornecer todo seu fornecimento máximo (*total supply*) ao dono do contrato, ou seja, quem fez o deploy dele.

Código 5.4

```
constructor() {
    _balances[msg.sender] = _totalSupply;
}
```

Repare aqui que usei uma variável **msg**, que é uma abreviação para *message* (mensagem). Esta variável não é declarada em nosso código e é disponibilizada automaticamente pela EVM quando uma função é executada. No **msg** você tem acesso a informações da chamada que disparou a função. Como a constructor é disparada no deploy, o msg então estará trazendo informações sobre a chamada de deploy, como o *sender* (emissor), que nada mais é do que o endereço da carteira que fez a chamada.

Usamos este endereço do *sender* para acessar no *mapping* o saldo daquela carteira e alteramos o valor dela para que seja igual ao *_totalSupply*, ou seja: quem fizer o deploy terá em sua posse todo o fornecimento máximo de LuizCoins. Como o deploy é feito pelo dono do contrato, ele é quem será essa pessoa.

É importante ressaltar que no Solidity todos os objetos são inicializados com seus valores default, sempre. Ou seja, mesmo que não exista nada no *mapping* de *_balances*, se eu acessar alguma posição qualquer, ela virá com zero pois é um número. Isso evita erros desnecessários mas pode levar a confusões, então é bom lembrar disso.

Agora vamos começar a implementar as primeiras funções do nosso contrato de token, sendo que vamos fazer logo de cara quatro delas que são muito simples, a **name**, a **symbol**, a **decimals** e a **totalSupply**, como abaixo.

Código 5.5

```
function name() public view returns (string memory) {
    return _name;
}


function symbol() public view returns (string memory) {
    return _symbol;
}

function decimals() public view returns (uint8) {
    return _decimals;
}

function totalSupply() public view returns (uint) {
    return _totalSupply;
}
```

Aqui não tem muito o que explicar já que são funções muito simples que apenas retornam o campo privado que guarda a respectiva informação do token. Repare como todas são **public**, uma exigência do padrão, e que todas são **view**, ou seja, somente para leitura de uma informação. Opcionalmente você poderia ainda trocar de view para **pure** (talvez seu Remix lhe sugira isso) e de public para external, mas manterei desta forma pois é assim que está no padrão.

Os retornos das funções também são bem óbvios, sendo do mesmo tipo de dado das constantes usadas em cada função, apenas lembrando que no caso de strings devemos especificar o *data location* (memory neste caso).

Agora vamos para outra função, ainda simples mas que já possui um comportamento real e que também é exigida no padrão ERC-20: a balanceOf, para retornar o saldo de uma carteira.

Código 5.6

```
function balanceOf(address owner) public view returns
(uint256) {
    return _balances[owner];
}
```

A função balanceOf espera um endereço por parâmetro e usa deste endereço para procurar no mapping de _balances pelo saldo daquela carteira, retornando o mesmo. Como o Solidity gera valores default para todas variáveis, caso o endereço não exista ele retornará 0 como saldo, automaticamente. Importante reforçar que balanceOf é exatamente o nome de função, com a mesma assinatura (parâmetros + retornos) definidos no padrão ERC-20, nada foi escolhido por acaso e a única variação que você pode fazer é no conteúdo da função, na lógica para trazer o saldo em si.

Agora a próxima função que temos de fazer é a de transferência de fundos de uma carteira para outra, sendo que neste caso sempre quem está chamando a função é quem está transferindo os seus tokens, o *'from'* da transaction.

Código 5.7

```
function transfer(address to, uint256 value) public
returns (bool) {
    require(balanceOf(msg.sender) >= value, "Insuficient
balance");
    _balances[msg.sender] -= value;
    _balances[to] += value;
    emit Transfer(msg.sender, to, value);
```

```
    return true;

}
```

Aqui temos muitas coisas novas a explorar, então vamos com calma.

Primeiro, vale relembrar que nome de função, parâmetros, etc é tudo padrão do ERC-20, apenas o conteúdo é autoral meu.

Segundo, que não devemos permitir a transferência de fundos inexistentes, certo? Então usaremos logo na primeira linha da função um **require** que é uma função que testa alguma condição nossa, impedindo a execução do restante da lógica se ela não for atendida. A condição neste caso é que o saldo do emissor da transferência seja igual ou superior ao valor que irá ser transferido (*value*). Caso não seja suficiente, uma mensagem de erro é definida ao lado e a operação se encerra por aí mesmo, sem ter feito transferência alguma. Sempre comece suas funções com as validações necessárias, o que chamamos de *checks*.

Caso tenha fundos suficientes, os saldos de ambas carteiras (*from* e *to*) precisam ser atualizados de acordo com o valor da transferência. Assim, começo decrementando a carteira *from* (originária, estamos usando *msg.sender* aqui, que já expliquei antes). Essa ordem que deixei no código é um racional importante de segurança, após os *checks*, devemos sempre fazer os *effects*, que neste caso é a diminuição do saldo de quem chamou a função.

Após o decremento do saldo de quem está transferindo, a próxima etapa é o que chamamos de *interactions*, ou seja, quando lidamos com recursos que não são nossos: o incremento do saldo de quem está recebendo, conforme parâmetro recebido (*to*) e a especificação define que devemos emitir um evento **Transfer** toda vez que alguma transferência ocorrer. Eventos são um registro especial nas transações da blockchain que tem duas funções:

- avisar sistemas externos que algo importante aconteceu, para que eles possam reagir;

- registrar um log adicional e de fácil consulta no bloco, indicando que algo importante aconteceu;

Para que um evento possa ser emitido com a palavra reservada **emit**, primeiro nós temos que declarar ele no contrato. Então antes de eu terminar essa explicação, declare nosso evento Transfer tal qual definido no padrão ERC-20 fora da função *transfer*, mas ainda dentro do contrato.

Código 5.8

```
event Transfer(address indexed from, address indexed
to, uint256 value);
```

Eventos são definidos usando a palavra-reservada **event** seguida pelo seu nome. Na assinatura do evento (entre parênteses), devemos indicar quais campos serão enviados junto com o evento, sendo que até três deles podem ser **indexed**. Um campo indexado permite a pesquisa por ele mais tarde nos logs dos blocos e também podem ser usados como filtro por quem estiver escutando os eventos, a fim de um sistema externo apenas ser avisado quando condições específicas acontecerem.

O ERC-20 define que os eventos de transferência incluam a informação de quem transferiu (*from*), para quem (*to*) e de qual valor em tokens (*value*), que é o que fizemos acima. Agora se voltarmos ao código da nossa função **transfer** verá a forma como emitimos o evento com muito mais clareza, passando o *msg.sender* como sendo o *from* e o *to* e *value* obtidos a partir dos parâmetros da função.

```
emit Transfer(msg.sender, to, value);
```

É importante realizarmos alguns testes parciais ao longo do desenvolvimento para descobrirmos o quanto antes quaisquer problemas que tenhamos e para isso o Remix nos ajuda bastante. Salve o seu contrato e vá na aba de Deploy & Run Transactions para fazermos nosso primeiro deploy na Remix VM. Após configurar o deploy selecionando o ambiente e o contrato certos, clique em deploy e se tudo estiver compilando você vai poder testar o seu token na área que vai se abrir logo abaixo com um botão para cada função.

Experimente copiar o endereço da conta que fez deploy, disponível logo abaixo do Environment, e usar ele na função de balanceOf para ver se o total supply do token foi corretamente transferido para ele. Depois, teste a transferência de fundos enviando tokens para outra carteira qualquer (pode ser sua MetaMask), lembrando que todas transações por padrão estão sendo feitas usando a conta do owner do contrato, algo que pode mudar no campo Account e que elas existem apenas na Remix VM (não irá aparecer na sua MetaMask real).

Após realizar estes primeiros testes você terá a certeza se programou corretamente até essa etapa ou não, nos permitindo avançar para nossa próxima e última etapa: transferência delegada ou transferência autorizada. Mencionamos ela brevemente no resumo do padrão, mas provavelmente não ficou completamente entendida.

Existe um conceito muito importante no padrão ERC-20 que é o de transferência delegada. Por padrão as transferências são sempre de alguém enviando seus próprios fundos para outro endereço, ali, naquela hora, através de algum software de carteira como MetaMask. No entanto, existem muitas situações em que uma transferência de fundos deve ser realizada, mas o dono da carteira não é quem inicia a transação pois ele não está presente naquele exato momento. Por exemplo, quando acontecem negociações a preço futuro em exchanges, quando ocorrem liquidação de dívidas, agendamento de pagamentos e outros.

Assim, os tokens ERC-20 definem que o dono da carteira pode pré-autorizar outro endereço, que ele definir, a transferir uma quantia de seus tokens como bem entender, o que chamamos de delegação de transferência ou transferência delegada. E mesmo que você talvez não tenha certeza se deseja prover esta funcionalidade no seu token, é importante deixarmos implementado a fim de garantir que ele seja 100% compatível com o padrão, certo?

O primeiro passo para implementar a transferência delegada vem antes dela, pois precisamos criar alguma estrutura capaz de registrar as permissões (*allowances*). Cada permissão que uma carteira fornece a terceiros deve incluir a carteira do gastador (*spender*) autorizado e a quantia autorizada. Assim, como é uma relação de uma carteira para muitas permissões, uma combinação de *mappings* pode ser interessante, como abaixo.

Código 5.9

```
mapping(address => mapping(address => uint256)) private
_allowances;
```

Mapping não é novidade aqui, certo? Mas talvez esta estruturação combinando dois níveis de mappings o seja, então vale nova explicação.

No primeiro mapping temos como chave o endereço da carteira que tem os fundos, o *owner/from*. Para cada carteira teremos então um novo mapping, com todos os gastadores (*spenders*) autorizados naquela carteira. Para cada spender, este segundo mapping irá trazer a quantia de fundos autorizados na carteira do owner, lembrando que as quantias são sempre na menor fração (wei). O diagrama abaixo ilustra essa relação mais complexa criada pelos mappings aninhados.

Owner	Map 1	Spender	Map 2	Value
Carteira 1	=>	Autorizado 1	=>	10
		Autorizado 2	=>	20
		Autorizado 3	=>	0
Carteira 2	=>	Autorizado 1	=>	5
		Autorizado 2	=>	0
		Autorizado 3	=>	0

Assim, se eu quiser saber se o Autorizado 2 possui permissão para transferir fundos da Carteira 1, eu faria algo como abaixo (endereços ilustrativos).

```
if(_allowances[carteira1][autorizado2] > 0)
```

Ou melhor, já vamos criar também a função que faz essa consulta, conforme manda o padrão.

Código 5.10

```
function allowance(address _owner, address _spender)
public view returns (uint256){
  return _allowances[_owner][_spender];
}
```

Nada demais, não é mesmo? Só cuidar para não se atrapalhar com a ordem do owner e do spender.

Agora que temos a estrutura para registrar as aprovações, vamos criar a função de aprovação, bem como o evento que será emitido a cada aprovação, como abaixo.

Código 5.11

```
event Approval(address indexed owner, address indexed
spender, uint256 value);

function approve(address spender, uint256 value) public
returns (bool) {
  _allowances[msg.sender][spender] = value;
  emit Approval(msg.sender, spender, value);
  return true;
}
```

O evento no topo dispensa maiores explicações, ele apenas define que avisos de aprovações realizadas devem incluir o owner, o spender e o valor autorizado.

E na função approve, que é definida no padrão, nós recebemos quem vai ser autorizado e qual a quantia autorizada. Guardaremos estas informações dentro da carteira do owner no primeiro nível do mapping e em seguida emitimos o evento de aprovação, que também está definido na especificação, então não tem muito o que inventarmos. Repare que quem chama a função approve é sempre o dono da carteira, por isso podemos usar o msg.sender como owner. Não tem como autorizar gastos em carteiras de terceiros.

Com estes primeiros pontos implementados, agora poderemos fazer a transferência delegada acontecer de fato, seguindo a mesma lógica de *Checks-Effects-Interactions* citada no transfer comum.

Código 5.12

```
function transferFrom(address from, address to, uint256
value) public returns (bool) {
  require(balanceOf(from) >= value, "Insufficient
balance");
  require(allowance(from, msg.sender) >= value,
"Insufficient allowance");
  _allowances[from][msg.sender] -= value;
  _balances[from] -= value;
  _balances[to] += value;
  emit Transfer(from, to, value);
  return true;
}
```

Começamos novamente pelos *checks* ou validações usando **require**, tanto de saldo existente na carteira do from, quanto de permissão existente para quem está tentando fazer essa transferência (o msg.sender).

Na sequência temos dois *effects* necessários: o de diminuição da permissão e o de diminuição do saldo do from.

E por último temos duas *interactions*: o de aumento no saldo do *to* e a emissão do evento de transferência.

Essa ordem pode parecer sem importância, mas *Checks-Effects-Interactions* é uma linha de raciocínio que previne muitos problemas, inclusive de segurança, em alguns contextos de protocolos financeiros. E não se preocupe caso aconteça algo que interrompa a função na metade pois todas execuções de smart contracts são atômicas, ou seja, ou toda lógica da função acontece com sucesso, ou é tudo revertido automaticamente.

E caso o owner não queira mais que o spender x tenha permissão, como isso é feito? Temos de criar uma função de disapproval? Não é necessário, basta chamar o approval novamente passando o valor 0 no value e isso será registrado no mapping de allowances e portanto não permitirá mais transferências delegadas vindas daquele endereço. Aliás, TODOS os endereços possíveis possuem o valor 0 em _allowances por padrão se forem pesquisados antes de um approve for realizado.

Com isso, temos todas as funcionalidades de um token ERC-20 prontas, parabéns, você acabou de codificar seu primeiro smart contract com um padrão de mercado!

Deploy de Token ERC-20

Agora a recomendação que faço, antes de fazer um deploy final na blockchain, é de que você faça deploy na Remix VM da aba Deploy & Run Transactions e teste todas as funções nela, antes de avançar. Seu contrato de token deve ter êxito em realizar tarefas como:

- owner (carteira 1) transfere 100 para carteira 2;
- consultar o saldo do owner e ver que diminuiu 100;
- consultar o saldo da carteira 2 e ver que virou 100;

- consultar o saldo da carteira 3 e ver 0;
- carteira 2 tentar transferir 200 para carteira 3 (deve dar erro);
- carteira 2 autoriza carteira 3 de fazer transferências em seu nome no valor de 50;
- consultar allowance na carteira 2 para carteira 3 (deve retornar 50);
- consultar allowance na carteira 2 para carteira 1 (deve retornar 0);
- owner (1) tentar transferir da carteira 2 para a 3 (deve falhar, ele não tem permissão na carteira 2);
- carteira 3 transfere 30 da carteira 2 para owner (1);
- consultar saldos de 1 (deve ter +30) e 2 (deve ter -30);
- consultar allowance na carteira 2 para a 3 (deve ter 20 restante);
- carteira 3 tentar transferir 100 da carteira 2 para owner (deve falhar, o allowance restante é apenas 20);

A lista acima não cobre todas as possibilidades existentes, mas sim as principais. Com esses testes todos realizados você pode fazer o deploy do seu contrato na blockchain, exatamente da mesma forma que fizemos no capítulo 2, retorna à respectiva seção caso não recorde como fazer um deploy com Remix e MetaMask, lembrando que precisará de saldo para o deploy.

Se você implementou seu token ERC-20 como manda o padrão, o block explorer vai reconhecer o seu deploy como sendo um token e vai exibir a opção de Token Tracker para você na página dele, como abaixo, que leva para uma página com informações adicionais sobre o token.

More Info

CONTRACT CREATOR
0xE4ffEEd8...e38BF2880 ⎘ at txn 0xd61fc95ad3e...

TOKEN TRACKER
⬤ LuizCoin (LUC)

Como nosso contrato emite todo o supply máximo de moeda para a carteira que fez o deploy, assim que a transação de deploy for bem sucedida você já será o feliz proprietário de milhares de unidades do seu próprio token. Mas espere, não deveria estar aparecendo na MetaMask o seu novo token?

Como os tokens não são moedas nativas da rede, as carteiras de criptomoedas não os reconhecem automaticamente, é preciso dizer a elas onde está o contrato para consulta de saldo, transferências, etc. Sendo assim, você deve pegar o endereço do seu contrato após o deploy e ir na opção Import Tokens da MetaMask, como na imagem abaixo.

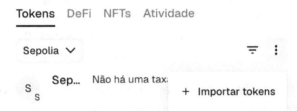

Vai se abrir um formulário com um campo para o endereço do contrato, a partir do qual todas as demais informações se carregarão. Tudo estando certo, a MetaMask conseguirá chamar as funções apropriadas e terá as informações que precisa para exibir seu token na sua carteira, como abaixo.

Token contract address

37b0546122689ddea81b784f1ca411666

Token symbol

LUC

Token decimal

18

Uma vez com seu token na sua carteira, você pode usá-lo como bem entender, transferir para os amigos, criar pools em corretoras descentralizadas, vender, etc. E a própria MetaMask vai passar a monitorar os eventos disparados pelo contrato dele para manter seu saldo e atividades atualizados na interface da carteira a partir de agora.

 LUC   10,000 LUC

+ Import tokens

Agora sim, a LuizCoin (e espero que a sua moeda também) está no ar!

Faucet para o Token

Agora que temos nosso primeiro token ERC-20 funcional, o que acha de criarmos um projeto web3 para ele? Ou seja, uma aplicação web descentralizada (dapp) que se integra com a blockchain e utiliza o nosso token?

Nessa seção e para encerrar esse capítulo, faremos um faucet, ou seja, um site que permite saques de nossa criptomoeda. Por que você faria isso? Talvez para convidar outras pessoas a terem seu token na carteira, talvez poderia vender o mesmo pelo site ao invés de doar ou ainda poderia ter alguma condição definida por você para poder usar o faucet. Não importa o motivo, criar este faucet vai te ajudar a entender como se integrar com qualquer contrato ERC-20, seja o da sua ou de qualquer outra moeda.

Vamos lá!

Arquitetura do Faucet

Existem três tipos de arquiteturas comuns para faucets: baseada em smart contract, em backend ou híbrida.

Um faucet baseado em smart contract possuirá um contrato com o saldo a ser doado e uma função pública que permite saque de moedas que estão em outro contrato. Essa função deve incluir quaisquer validações que você julgue pertinentes e que evitem que um único usuário consiga exaurir os recursos do faucet. As vantagens deste modelo é que as taxas de transação relativas à transferência ficam por conta do usuário, mas a desvantagem é que é muito mais difícil controlar abusos, já que o único identificador que temos é o endereço da carteira, o que é relativamente fácil de obter várias.

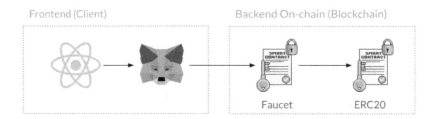

Um faucet baseado em backend é uma aplicação web onde o saldo estará guardado em uma carteira e as chaves desta carteira estarão de controle do backend, que fará as transferências conforme a necessidade. Esse mesmo backend é quem estará interagindo com o front usado pelos usuários (não tem necessidade de integração com MetaMask aqui) e tem como principal vantagem poder fazer inúmeras validações que se adequem às características do seu cenário, ou seja, a vantagem é maior segurança. A desvantagem desse modelo é custo, pois como é você quem transfere os fundos, as taxas de transferência ficam por sua conta, além do custo de manter o backend no ar 100% do tempo.

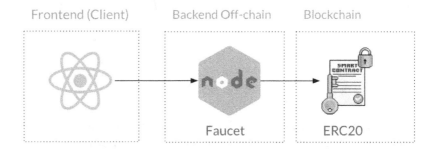

E a última abordagem, híbrida, é quando você mistura smart contracts e backend na sua solução. Esta abordagem tem como grande desvantagem a alta complexidade, mas garante os benefícios parciais da arquitetura de smart contract e totalmente os benefícios da arquitetura de backend.

Para este projeto vamos adotar a arquitetura #1, logo, precisamos construir um contrato de faucet para nosso projeto, para atuar como intermediário dos saques dos usuários.

Contrato do Faucet

Crie um novo arquivo no Remix e chame ele de FaucetERC20.sol, começando sua codificação com a licença, o escopo do contrato e uma importação especial.

Código 5.13

```
//SPDX-License-Identifier: MIT
pragma solidity 0.8.28;

import
"@openzeppelin/contracts/token/ERC20/IERC20.sol";

contract FaucetERC20 {

}
```

A instrução **import** é uma novidade para nós e serve para carregar um código Solidity que esteja em outro arquivo, o que permite não apenas dividirmos a complexidade total de nossa solução em diferentes arquivos mas também aproveitar bibliotecas de contratos de mercado, como a OpenZeppelin. A OpenZeppelin é uma empresa referência no mercado web3 que fornece contratos e interfaces open-source profissionais como essa que estamos importando. As bibliotecas da OpenZeppelin são tão famosas que o Remix permite essa importação "nativamente" que fiz acima, que está carregando para nosso contrato a interface IERC20.sol.

Caso você nunca tenha utilizado interfaces em programação antes, elas são basicamente especificações que dizem como determinado contrato se comporta, ajudando na implementação ou integração entre eles. Essa que estamos importando, a IERC20, nada mais é do que a interface do padrão ERC-20 que estudamos neste capítulo, veja abaixo seu conteúdo (apenas removi os comentários).

```
interface IERC20 {
  event Transfer(address indexed from, address indexed to, uint256 value);
  event Approval(address indexed owner, address indexed spender, uint256 value);
  function totalSupply() external view returns (uint256);
  function balanceOf(address account) external view returns (uint256);
  function transfer(address to, uint256 value) external returns (bool);
  function allowance(address owner, address spender) external view returns (uint256);
  function approve(address spender, uint256 value) external returns (bool);
  function transferFrom(address from, address to, uint256 value) external returns (bool);
}
```

Note como não temos qualquer implementação de fato, mas apenas as assinaturas das funções e eventos que todo token ERC-20 deve possuir. Isso é especialmente útil para dizermos para nosso contrato de faucet como ele deve se comunicar com nosso outro contrato de token, como veremos a seguir.

Agora que temos o "esqueleto" do nosso contrato, vamos começar a implementar o seu conteúdo, começando pelas variáveis de estado que vamos precisar. A primeira e mais importante delas é a **tokenContract**, que fará referência direta a outro contrato na blockchain, onde estão nossos tokens. Para que consigamos usar as funções deste outro contrato mais tarde, definiremos o seu tipo como sendo **IERC20**, algo que somente é possível pois importamos a interface de mesmo nome no topo do arquivo. Note também que defini essa primeira variável de estado como **immutable**, um tipo especial de constante que explicarei melhor a seguir.

Código 5.14

```
IERC20 immutable public tokenContract;
mapping(address => uint) public nextTry;

uint constant INTERVAL = 86400;//24h
uint constant AMOUNT = 0.1 ether;
```

Após a tokenContract eu declarei um mapping de endereço para uint chamado nextTry ("próxima tentativa"). Esse mapping será usado para registrar quando que determinada carteira poderá fazer novo uso de nosso faucet, para diminuir a chance de abusos onde uma mesma carteira poderia tentar pegar todas moedas para si. O uint irá guardar o timestamp futuro desta nova tentativa (em segundos).

Na sequência, declarei duas constantes para guardar o intervalo mínimo de tempo entre os saques (24h em segundos) e a quantia que será recebida em cada saque. Neste último eu coloquei um truque muito útil do Solidity para declarar valores grandes. Em vez de eu colocar ali o número 100000000000000000 eu uso a palavra reservada "ether" para poder expressar o valor nessa escala ao invés de wei, ficando com um código mais legível. Na prática, ao compilarmos essa constante ela ficará com o número "longo" novamente, é um recurso para nos ajudar em tempo de desenvolvimento.

Avançando, vamos criar o constructor do nosso contrato.

Código 5.15

```
constructor(address tokenAddress){
  tokenContract = IERC20(tokenAddress);
}
```

Esse será nosso primeiro constructor com parâmetros, o que exigirá que a gente passe no deploy o endereço do contrato de token ERC-20 que este faucet irá fornecer fundos para seus usuários (a LuizCoin no meu caso). Com esse endereço em mãos, faremos uma conversão para a interface IERC20 e guardaremos o objeto convertido em nossa variável immutable tokenContract. A partir disso, tokenContract irá se comportar exatamente como qualquer contrato de token ERC-20 se comportaria: poderemos chamar funções de saldo, transferência, etc como se estivéssemos manipulando o contrato em questão dentro do contrato do faucet, tudo isso graças ao uso da interface IERC20!

Outro ponto digno de nota aqui foi o uso do tipo **immutable** na tokenContract. O *immutable* é uma constante assim como *constant*, ou seja, seu valor nunca poderá ser alterado, no entanto ela é uma constante especial que permite que definamos seu valor no constructor do contrato, diferente das constantes comuns que precisam que o valor literal já esteja definido na sua declaração. Assim, uma vez que nosso contrato de faucet seja provisionado na blockchain e definido seu token address, ele jamais poderá ser usado para outro token address pois essa informação é imutável.

E por fim, vamos implementar nosso último bloco de código: a função withdraw (saque/retirada), onde veremos mais alguns conceitos novos.

Código 5.16

```
function withdraw() external {
  require(block.timestamp > nextTry[msg.sender],
"Invalid withdraw");
```

```
nextTry[msg.sender] = block.timestamp + INTERVAL;
tokenContract.transfer(msg.sender, AMOUNT);
}
```

Comecei definindo a *withdraw* como *external*, porque ela jamais será chamada pelo próprio contrato e essa escolha economiza taxas. Como esta é uma função que envolve grana e interação com contratos externos, sempre é bom seguirmos o padrão Checks-Effects-Interactions que ajuda a evitar ataques comuns em smart contracts, então comecei com o require que verifica se o instante atual da blockchain é maior que o timestamp de próxima tentativa do msg.sender. Para saber o instante atual da blockchain usei o objeto **block**, que assim como o msg é injetado pela EVM em todas funções e inclui informações do bloco em que essa transação será registrada. Confira algumas propriedades úteis do objeto block:

- **timestamp**: instante em que este bloco foi registrado na blockchain;
- **number**: número do bloco na blockchain;
- **difficulty**: dificuldade de mineração do bloco;

Assim, consigo saber quando a transação está acontecendo (aproximadamente) e comparar no mapping **nextTry** se faz pelo menos 24h desde a última vez que foi chamada por essa mesma carteira (msg.sender). Claro que se nunca foi feita nenhuma chamada, o resultado será *true* também, mas em qualquer outro cenário o saque será recusado (*invalid withdraw*).

Seguindo o Checks-Effects-Interactions, antes de mandarmos fundos para nosso solicitante devemos realizar os efeitos pós-saque, que nesse caso é a atualização do nextTry, indicando o instante futuro em que ele poderá realizar novo saque. Para isso eu pego o instante atual (block.timestamp) e somo com a constante de 24h que definimos antes, o que vai gerar o timestamp de 24h no futuro.

E por fim, podemos realizar a interação com o contrato externo, onde chamaremos a função *transfer* do contrato de token ERC-20 para transferir a quantia (*AMOUNT*) para o solicitante (*msg.sender*), finalizando a função. Atenção ao fato de que quem estará chamando a função transfer é o contrato de faucet, logo, é ele quem precisa ter fundos em sua posse, registrados no contrato de token ERC-20. Desta forma, você precisa realizar duas tarefas agora:

- primeiro, fazer o deploy do contrato FaucetERC20.sol na mesma blockchain que o seu contrato de token (LuizCoin no meu caso);
- segundo, pegar a MetaMask owner do LuizCoin (ou moeda equivalente) e transferir uma quantia de moedas para o endereço do contrato, que recebeu no deploy;

Sobre a primeira tarefa, ela inclui um elemento novo que você ainda não conhece: *constructor arguments*. Ou seja: no seu deploy você precisa passar informações adicionais, o endereço do contrato ERC-20 neste caso. Para fazer esse tipo de deploy no Remix não é muito diferente dos anteriores, veja que após a compilação, na aba Deploy & Run Transactions você terá um campo ao lado do botão de deploy.

Basta informar o endereço do tokenAddress aí antes de clicar no botão e irá funcionar. Recomendo também que você verifique o contrato no block explorer antes de avançar, para se certificar que ele está 100% funcional. No entanto, se você tentar usar o método que ensinei anteriormente (Capítulo 3, seção Deploy na Testnet) terá problemas pois o verificador do EtherScan não aceita contratos que possuem **import**. Para resolver isso, o primeiro passo é usar o recurso de *flattening*, clicando com o botão direito do mouse sobre o arquivo FaucetERC20.sol no Remix e escolhendo a opção Flatten.

Isso irá juntar em um novo e único arquivo o conteúdo do arquivo importado mais o conteúdo do nosso contrato. Basta copiar esse novo arquivo na íntegra e colar no campo do verificador para que ele consiga fazer a verificação e publicação dos fontes. Apenas atenção ao campo Constructor Arguments, que deve ser carregado automaticamente com o mesmo endereço do seu contrato de token ERC-20 usado no deploy, caso contrário não será aceito.

Note que o número acima não está na "notação 0x", mas tem o mesmo valor hexadecimal. Com o contrato verificado, o próximo passo para os testes é enviar uma quantia de LuizCoin (ou equivalente) para o endereço do contrato, a fim de que a funcionalidade de saque possa ser usada. Para fazer essa transferência, você deve ir na lista de tokens importados da carteira e clicar no seu novo token, escolhendo a opção Send na sequência, como abaixo.

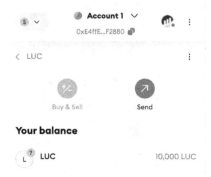

Uma vez que seu contrato ERC20Faucet receba uma quantia dos seus tokens, recomendo testá-lo no block explorer mesmo, antes de partirmos para a codificação do frontend do faucet, na seção seguinte. Use qualquer carteira para se conectar e solicitar moedas gratuitamente, inclusive podendo testar a trava para evitar saques múltiplos em 24h vindos do mesmo endereço.

Frontend do Faucet

Agora que temos duas das três partes que compõem o nosso projeto de faucet podemos criar a última parte que é o frontend. A ideia aqui é fornecer uma página com um único botão que conecta na MetaMask e manda a chamada de saque para o smart contract. Usaremos ReactJS como tecnologia de frontend e a biblioteca EthersJS para se conectar na MetaMask, então para não sermos repetitivo, faça o setup de um novo projeto chamado frontend-faucet da mesma forma que criamos antes no Capítulo 4, seção Preparação do Ambiente. Reveja a respectiva seção caso não recorde como criar uma aplicação React para Web3.

Como etapa adicional ao setup inicial, vamos configurar nosso projeto para utilizar a biblioteca de estilização Bootstrap, que ajudará a deixar nossa página mais "bonita" que no projeto anterior, mesmo que não tenhamos muita habilidade com frontend. Para isso, acesse a página de download no site oficial do Bootstrap em https://getbootstrap.com/docs/5.3/getting-started/download/

Procure por esta seção abaixo, clicando no botão de copiar (canto superior direito do painel).

CDN via jsDelivr

Skip the download with jsDelivr to deliver cached version of Bootstrap's compiled CSS and JS to your project.

```
<link href="https://cdn.jsdelivr.net/npm/bootstrap@5.3.8/dist/css/bootstrap.min.css" re
<script src="https://cdn.jsdelivr.net/npm/bootstrap@5.3.8/dist/js/bootstrap.bundle.min.
```

Agora vá no seu projeto aberto no VS Code, arquivo **index.html**. Logo abaixo da tag **title**, cole aquelas duas linhas ali (tags link e script), ficando dessa forma.

Código 5.17

```
<title>LuizCoin Faucet</title>
<link
href="https://cdn.jsdelivr.net/npm/bootstrap@5.3.8/dist
/css/bootstrap.min.css" rel="stylesheet"
integrity="sha384-sRIl4kxILFvY47J16cr9ZwB07vP4J8+LH7qKQ
nuqkuIAvNWLzeN8tE5YBujZqJLB" crossorigin="anonymous">
<script
src="https://cdn.jsdelivr.net/npm/bootstrap@5.3.8/dist/
js/bootstrap.bundle.min.js"
integrity="sha384-FKyoEForCGlyvwx9Hj09JcYn3nv7wiPVlz7YY
wJrWVcXK/BmnVDxM+D2scQbITxI"
crossorigin="anonymous"></script>
<link href="faucet.css" rel="stylesheet" />
```

Repare que aproveitei para trocar o **title** do site e que também adicionei um **link** a mais no final, apontando para um arquivo faucet.css. Esse arquivo ainda não existe em nosso projeto, então vá na pasta **public** do projeto e crie um faucet.css ali dentro, com alguns estilos personalizados que vamos criar. Como este não é um livro para ensinar frontend web 1.0, não entrarei nos detalhes destes estilos.

Código 5.18

```
.btn-secondary,
.btn-secondary:hover,
.btn-secondary:focus {
    color: #333;
    text-shadow: none;
}


.cover-container {
    max-width: 42em;
}


.nav-masthead .nav-link {
    color: rgba(255, 255, 255, .5);
    border-bottom: .25rem solid transparent;
}


.nav-masthead .nav-link .nav-link {
    margin-left: 1rem;
}


.nav-masthead .active {
    color: #fff;
    border-bottom-color: #fff;
}
```

Voltando ao arquivo **index.html**, ajuste seu body e a div **root** para que fique como abaixo.

Código 5.19

```
<body class="d-flex h-100 text-center text-bg-dark">
  <div id="root" style="width: 100%"></div>
```

Com o index.html preparado, vamos nos focar agora na pasta **src**. Crie um arquivo **abi.json** dentro da pasta src do seu projeto para colar dentro dele o conteúdo do ABI do FaucetERC20, como vimos no Capítulo 4, seção Frontend para Smart Contract. Reveja a respectiva seção caso não recorde onde pegar o ABI. No topo do App.jsx, vamos realizar as importações básicas e declarar o endereço do contrato e um state de mensagem, como fizemos no mesmo capítulo supracitado (ajuste o endereço do contrato conforme o seu deploy).

Código 5.20

```
import { useState } from 'react';
import { ethers } from 'ethers';
import ABI from './abi.json';

function App() {
 const CONTRACT_ADDRESS =
"0x7baef326dbd7cc9173d39c7b4652ef60d8138bf4";
  const [message, setMessage] = useState("");
```

Agora temos como missão criar o JSX retornado pela função App(), para que se pareça com a imagem abaixo.

O seu resultado final não precisa ser exatamente igual, mas a ideia é essa, ter um botão que conecta na carteira e faz a chamada para obtenção das moedas junto ao smart contract. Abaixo o JSX que usei, para ter como referência, que deve ser retornado na função App().

Código 5.21

```
<div className="cover-container d-flex w-100 h-100 p-3
mx-auto flex-column">
  <header className="mb-auto">
    <div>
      <h3 className="float-md-start mb-0">LuizCoin
Faucet</h3>
      <nav className="nav nav-masthead
justify-content-center float-md-end">
        <a className="nav-link fw-bold py-1 px-0 active"
aria-current="page" href="#">Home</a>
        <a className="nav-link fw-bold py-1 px-0"
href="#">About</a>
      </nav>
    </div>
  </header>

  <main className="px-3 mt-5">
    <h1>Get your LuizCoins</h1>
    <p className="lead">Once a day, earn 0.1 coins for
free just connecting your MetaMask below.</p>
    <p className="lead">
      <a href="#" onClick={btnConnectClick}
className="btn btn-lg btn-secondary fw-bold
border-white bg-white mt-5">
        <img
src="https://luiztools.com.br/img/metamask.svg"
alt="MetaMask logo" width="48" />
        Connect MetaMask
      </a>
    </p>
```

```
<p className="lead">
  {message}
</p>
</main>
</div>
```

Repare que esse JSX menciona uma função btnConnectClick no onClick do botão, que devemos implementar a seguir, dentro da função App(), depois do state e antes do return. Como já implementamos algo muito parecido no projeto frontend-smart-contract, a explicação será mais sucinta a seguir.

Código 5.22

```
async function btnConnectClick() {
    if (!window.ethereum) return setMessage("No MetaMask found!");
    const provider = new ethers.BrowserProvider(window.ethereum);
    const accounts = await provider.send("eth_requestAccounts");
    if (!accounts || !accounts.length) return setMessage("Wallet not found/allowed!");
    try {
      //lógica do saque aqui
    }
    catch (err) {
      setMessage(err.message);
    }
}
```

Essa função btnConnectClick inicialmente verifica se a MetaMask está instalada e, se estiver, solicita permissão da carteira para o site. Dentro do try/catch é que teremos a lógica da transação de saque em si, que mostro e explico a seguir.

```
const signer = await provider.getSigner();
const contract = new ethers.Contract(CONTRACT_ADDRESS,
ABI, signer);
const tx = await contract.withdraw();
setMessage("Withdrawing LuizCoins...wait...");
await tx.wait();
setMessage("Tx: " + tx.hash);
```

Neste código, que deve ficar dentro do try/catch do btnConnectClick, nós pegamos o signer do provider conectado na carteira, inicializamos o objeto do contrato com o endereço do FaucetERC20, seu ABI e o signer e fazemos a chamada à função withdraw. O resultado pode ser facilmente testado em qualquer navegador com MetaMask e um pouco de SepoliaETH para pagar pela taxa de saque.

Na imagem abaixo, eu conectei minha segunda carteira que fica no Firefox e ela percebeu que receberei 0.1 de uma moeda nova (não esqueça de importar este token se for testar em uma carteira de outro navegador). Repare também a estimativa de gasto, menos de 0.0005 SepoliaETH para fazer esse teste. Caso não possua essa quantia, siga as instruções para uso de faucets de Sepolia ETH que passei no Capítulo 3, seção Testnets e Faucets.

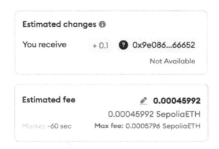

Após essa transação ser finalizada, o hash dela será exibido no campo de mensagens de nosso faucet, mas você também encontra ele na lista de atividades da MetaMask e na página da sua carteira no block explorer (Sepolia EtherScan). Acessando os detalhes desta transação teremos duas informações bem interessantes que merecem ser ressaltadas, veja abaixo.

A primeira é a Transaction Action, veja como o block explorer identifica que chamamos a função Withdraw do contrato. Isso somente aparece se você verificou o contrato conforme sugerido anteriormente.

A segunda informação é a ERC-20 Tokens Transferred. Como nosso contrato de token segue o padrão ERC-20 o block explorer consegue entender que houve uma transferência de tokens e dá esses detalhes personalizados de que 0.1 LUC (LuizCoin) foi enviado do contrato para sua carteira.

E se você clicar no link da LuizCoin, você irá para a página do token, onde agora teremos informações de quem são os holders da moeda e das transferências que já foram realizadas com ela. Blockchain é isso, transparência total nos dados.

E com isso encerramos mais este projeto e este capítulo, que espero tenha te dado uma base sólida de como se constroi e se interage com tokens ERC-20.

Referências

A cada capítulo, listarei referências onde você pode se aprofundar nos assuntos citados.

EIP-1
Primeira Ethereum Improvement Proposal que define o padrão a ser seguido por todas EIPs e ERCs a partir dela.
https://eips.ethereum.org/EIPS/eip-1

Padrão ERC-20
Documentação completa do padrão que estamos estudando.
https://eips.ethereum.org/EIPS/eip-20

Remix
Ferramenta online para codificação de smart contracts.
https://remix.ethereum.org

Checks-Effects-Interactions
Mais sobre o padrão de desenvolvimento seguro que mencionei.
https://detectors.auditbase.com/checks-effects-interactions

LuizCoin na Sepolia
Exemplo de deploy da LuizCoin na rede Sepolia Testnet.
https://sepolia.etherscan.io/address/0x9e08687b0546122689ddea81b784f1ca41166652

Reentrancy Attack
Mais sobre este popular e devastador ataque que pode zerar os fundos de smart contracts rapidamente.
https://www.luiztools.com.br/post/reentrancy-attack-em-smart-contracts-solidity/

Variáveis msg e block

Mais sobre as propriedades dessas variáveis globais da EVM.
https://docs.soliditylang.org/en/latest/units-and-global-variables.htm
l

FaucetERC20 na Sepolia
Exemplo de deploy do FaucetERC20 na rede Sepolia Testnet, já
verificado.
https://sepolia.etherscan.io/address/0x7baef326dbd7cc9173d39c7b
4652ef60d8138bf4

Bootstrap
Página de download da biblioteca de estilos Bootstrap.
https://getbootstrap.com/docs/5.3/getting-started/download/

Os fontes que você viu neste capítulo estão disponíveis para baixar
neste link: https://www.luiztools.com.br/livro-web3-fontes/

Quer fazer um curso online de programação web3 com o autor
deste livro? Acesse https://www.luiztools.com.br/curso-web23

6 Tokens Não-Fungíveis

Existe uma forte diferença entre smart contracts e contratos físicos:
a lei é mais flexível; software é mais rígido.
— Nick Szabo

Quando queremos comprar um bem, seja ele qual for, uma das tarefas mais importantes a se fazer antes de concretizar a compra é verificar se o vendedor possui de fato o direito de propriedade do bem em questão, certo? Isso porque se você compra um bem cujo vendedor não tinha o direito de propriedade, o dono original pode aparecer depois de um tempo e pegá-lo de volta de você.

Por exemplo, no caso de um imóvel, é comum buscarmos a certidão do mesmo junto ao Registro de Imóveis da sua cidade, para ver tanto o histórico de donos do imóvel quanto o dono atual, se é o mesmo que está vendendo. No caso de um veículo, vamos no Detran para fazer a mesma verificação. No caso da compra de uma empresa podemos consultar a Receita Federal e/ou a Junta Comercial do estado para detalhes dos donos da mesma. Não importa qual seja o ativo, se ele possui valor substancial, ele terá algum tipo de registro de propriedade e, consequentemente, burocracias para a transferência dessa propriedade. Fora as famigeradas taxas, é claro.

Tokenização é como chamamos o processo de pegar um ativo, seja ele físico ou digital, e registrá-lo na blockchain como um token, através da programação de um smart contract. Neste contexto, utilizamos a blockchain como um grande cartório global, distribuído, imutável e incensurável, para registro e conferência de propriedades. Alguns exemplos de ativos que você consegue tokenizar através de smart contracts incluem:

- moedas;
- identidades;
- imóveis;
- veículos;
- votos;
- colecionáveis;

- certificados;
- títulos/ações;

Dependendo da classe do ativo podem ser necessários instrumentos legais de apoio, que façam a ponte entre o mundo digital e o mundo físico, como no caso de imóveis (RWAs ou *Real World Assets*). Em outras classes, como os tokens de títulos/ações (*Security Tokens*), podem ser necessárias permissões especiais dadas pela CVM (Comissão de Valores Mobiliários) ou pelo Banco Central (Bacen), a depender da categoria do ativo. Ou seja, a depender do ativo, a blockchain não substitui completamente a dependência dos cartórios e autarquias governamentais tradicionais, motivo pelo qual muitos projetos desse tipo sempre requerem o aval de um advogado que entenda do assunto.

Independente dessa questão regulamentar, que varia bastante de projeto para projeto e que foge ao escopo deste livro (indico outro na seção de referências), o ativo uma vez tokenizado pode ser transferido de um proprietário para outro através de transações na blockchain, tornando as negociações mais rápidas, práticas e baratas. Com um tempo de bloco na Ethereum de 12 segundos em média, esse poderia ser o tempo para transferir um terreno para o comprador e novo dono, ao invés dos 30 dias tradicionais, por exemplo, e com taxas infinitamente menores.

Mais do que isso, como os contratos inteligentes são programáveis, uma infinidade de mecanismos adicionais podem ser pensados, desde artistas que estão tokenizando suas músicas e ganhando cada vez que elas são revendidas, à comissões de corretores que tokenizaram os contratos de venda e são pagos imediatamente quando as negociações são concretizadas.

A tokenização é um dos grandes avanços tecnológicos do século, trazido à tona pelo poder da tecnologia blockchain. Não à toa neste exato momento mais de 100 países ao redor do mundo estão tokenizando suas economias através de CBDCs (Central Bank Digital Currency ou Moeda Digital de Banco Central) como o caso do projeto do Drex brasileiro (antigo Real Digital). Mas não apenas isso, também no Brasil tokenizamos a Carteira de Identidade

Nacional (CIN, antigo RG), no Japão já tem cidades tokenizando votações em questões públicas e vários países europeus tokenizando e negociando imóveis na blockchain.

O processo de tokenizar todos os ativos existentes já está acontecendo e cada vez mais serão necessários programadores capazes de escrever os smart contracts destes tokens na blockchain.

Tokens Fungíveis x Não-Fungíveis

No capítulo passado nós aprendemos a diferença entre tokens e criptomoedas e ainda por cima criamos um token do completo zero, seguindo o principal e mais importante padrão do mercado: ERC-20. Este padrão de tokens serve perfeitamente bem quando temos tokens que funcionarão como moedas ou "marcadores" que são iguais entre si, sem qualquer diferenciação, como programas de fidelidade, milhas, etc. Essa característica de igualdade entre os tokens é o que chamamos de fungibilidade, logo, nós vimos como criar tokens fungíveis.

A palavra fungível soa alienígena mas o seu conceito é bem simples de entender: algo fungível é algo consumível e substituível, como o dinheiro. Você consome ele durante o uso e uma nota de 100 pode ser trocada por outra, ou até mesmo por várias menores (formando valor equivalente), sem perder qualquer uma de suas propriedades ou valor total. Ao usar duas notas de 50 ou uma de 100 para pagar algo, não há absolutamente qualquer diferença prática, você vai ter pago da mesma forma e quem recebeu tem exatamente o valor que pediu em mãos.

Dito isso, um token ERC-20 é um token fungível, pois cada uma das unidades que você emitiu no seu contrato são iguais entre si e são subtraídas do seu saldo quando usadas.

Já algo não-fungível é justamente o oposto: algo que não é substituível. Na verdade você até pode substituir, mas a troca NUNCA será 100% equivalente. Por exemplo um imóvel ou um carro. Por mais que você troque por outro de mesmo valor de mercado, a troca sempre irá possuir diferenças, seja na localização do imóvel, seja no estado de conservação do carro ou nas características dos ativos. O mesmo vale para obras de arte, bilhetes de eventos (considerando posições numeradas), colecionáveis com edição limitada, etc.

Eu trouxe exemplos de ativos físicos, mas no mundo digital também temos itens não-fungíveis: se eu crio uma arte digital original, ela é tão não-fungível quanto um quadro a óleo, certo? E se eu crio uma videoaula, você concorda que ela também é não-fungível assim como o rolo de um filme de um diretor premiado? Note que o conceito de fungibilidade não tem a nada a ver com quanto vale um item ou quão difícil foi de fazer ele, já que valor é algo subjetivo principalmente para itens artísticos. A fungibilidade tem a ver com o caráter único e insubstituível do ativo.

Mas será que existem ativos digitais realmente não-fungíveis quando tudo são bits e bytes? Se eu posso facilmente criar cópias de itens com Ctrl+C e Ctrl+V, como saber qual é o original ou quem é o dono de fato de um ativo digital?

No mundo físico não é diferente, existem os mesmos problemas embora as falsificações sejam mais custosas de serem realizadas. Nada impede que eu crie um diploma de medicina agora e imprima na impressora e diga que é meu, certo? A diferença do real para a cópia é a autenticidade, a comprovação da posse baseada na confiança em cima de um contrato, seja ele físico ou digital.

E este certificado de autenticidade pode justamente estar registrado em um smart contract na blockchain. Ou melhor: tokenizado.

Os NFTs

Até a criação de um padrão para o que chamamos de NFT ou Non-Fungible Token (Token Não-Fungível) em 2018, não existia uma maneira padronizada para fazer o registro de propriedade digital. Não quer dizer que ela não era feita de alguma forma, você mesmo já deve ter pensado algumas com os conhecimentos de Solidity que tem até o momento, mas foi através da definição de um padrão ERC para NFTs, a ERC-721, que permitiu que um mercado surgisse de fato e explodisse em 2021 de tanto sucesso.

Talvez você até já tenha ouvido falar do termo NFT mas sempre o associou a "figurinhas digitais super faturadas" como coleções de imagens de macacos como a Bored Apes, ou a artes de punks em 8-bit, como a coleção Crypto Punks. E sim, essas são coleções de NFTs, mas não são o único tipo de NFT que pode ser criado e menos ainda os NFTs que vão revolucionar o mundo através do fenômeno da tokenização que citava antes.

Caso ainda não tenha ficado claro, um NFT nada mais é do que um certificado, um contrato registrado na blockchain de que um determinado item é de propriedade de alguém, representado por um endereço de carteira. Não apenas isso, mas ele endereça também o conteúdo binário, para o caso de ativos digitais (como as "figuras de macacos"), bem como demais instrumentos legais para o caso de RWAs (Real World Assets ou Ativos do Mundo Real, como imóveis) e outras categorias.

Assim, além de indicar quem é o dono, um NFT que é uma imagem 8-bits de um punk (por exemplo) deve conter ou indicar onde estão os binários da imagem, enquanto um NFT de imóvel pode indicar onde está o arquivo da escritura original daquele imóvel e possivelmente o arquivo do contrato de compra e venda, identificação das testemunhas, etc (conforme requerer a legislação). Muitas NFTs inclusive combinam benefícios aos seus detentores, como no caso da coleção Bored Apes cujos detentores (como o jogador Neymar) usam seus NFTs para acesso a festas exclusivas e outros benefícios ao redor do mundo, semelhante ao que acontece com os donos de carros da marca Ferrari, por exemplo.

E temos ainda a possibilidade de gamificação em torno dessa tecnologia, que surgiu lá atrás com o primeiro *crypto game* chamado CryptoKitties onde os jogadores colecionavam e cruzavam gatos digitais únicos até o surgimento de jogos mais complexos e inclusive com dinâmica de *e-sport* como o Axie Infinity onde temos uma espécie de Pokemon do mundo web3 com torneios e toda uma economia própria que gira em torno da compra e venda de monstros registrados em NFTs.

Tecnicamente falando você não precisa programar o contrato do seu NFT (ou coleção de NFTs) se não quiser. Plataformas como as da OpenSea e da Binance permitem que itens populares como imagens, áudios, etc possam facilmente ser registrados na blockchain e colocados à venda em seus marketplaces. Além disso, essas plataformas permitem que após você "mintar" (cunhar) o seu token, se ele for revendido no futuro você continuará ganhando comissões a cada nova venda, sendo que para manter esses serviços essas plataformas também cobram pequenas comissões.

Então se você é um artista e apenas quer criar a sua coleção NFT, não há razão para se preocupar com padrões ou programação. Isso passa a fazer sentido se você quer empreender neste mercado, quer criar plataformas, quer trabalhar como programador em empresas de tokenização (que pegam ativos do mundo real e registram na blockchain) e por aí vai. Se esse for o seu caso, a sua primeira missão é entender primeiro o padrão mais popular de contratos NFT, a ERC-721, que você confere a documentação completa no link abaixo e um resumo na seção a seguir.

https://eips.ethereum.org/EIPS/eip-721

Não se preocupe, vai ser muito simples uma vez que já passamos pelo ERC-20 primeiro.

Resumo do Padrão ERC-721

Assim como outros padrões ERC (Ethereum Request for Comments), o 721 define funções e eventos para que os NFTs sejam registrados de maneira padronizada em redes EVM-based (Ethereum e compatíveis). Isso implica em, por exemplo, utilizarmos a linguagem Solidity na sua programação e é o que faremos aqui. Primeiro, apenas vamos dar uma rápida olhada no que é definido pelo padrão para entendermos melhor o que vamos programar. São 9 funções e 3 eventos:

balanceOf(address) external view returns (uint256)
Nesta função você passa o endereço de uma carteira e o contrato vai lhe retornar quantos NFTs deste contrato aquele endereço possui. Isso porque você pode criar um contrato de um item singular e raro ou um contrato com uma coleção de itens.

ownerOf(uint256) external view returns (address)
Esta função é o oposto da anterior. Com ela você diz qual o NFT você está procurando o dono (pelo id do NFT, um uint256) e ela lhe retorna o endereço do mesmo, se houver.

safeTransferFrom e transferFrom(address, address, uint256) external payable
Aqui nós temos duas funções diferentes para fazer a mesma coisa: transferir a propriedade de um NFT (*tokenId*) de uma carteira (*from*) para outra (*to*), nesta ordem. A diferença entre transferFrom e safeTransferFrom é que a segunda (que possui duas versões, uma com dados customizados e outra sem) deve fazer uma validação adicional para se certificar que se o endereço de destino for um smart contract, que ele seja capaz de receber a NFT, tornando-a mais segura mas mais custosa do ponto de vista de taxas.

Importante frisar também que o parâmetro *from* (o primeiro address) deve ser igual ao *msg.sender* da transação ou algum outro endereço pré-aprovado (falaremos mais adiante) ou dará erro. Além disso.

approve(address, uint256) external payable
Esta função serve para delegar o controle de um NFT (mas não sua propriedade) a um endereço de carteira específico, chamado de *operator*. Isso permitirá a esse operator aprovado fazer a transferência por conta própria depois. Isso é especialmente útil para marketplaces que vendem NFTs em seu nome e cobram comissões por isso. Para revogar uma permissão dada, basta aprovar para a carteira "zero" e é importante citar também que

quando um NFT é transferido, qualquer aprovação existente deve ser revogada na sua implementação.

setApprovalForAll(address, bool) external
Esta função é para permitir que você delegue o controle de TODOS os seus NFTs a um operator específico. Basicamente o mesmo que a função anterior, mas para todos itens da coleção de uma pessoa. O booleano permite revogar este acesso.

getApproved(uint256) external view returns (address)
Esta função retorna quem é o operador aprovado para uma NFT específica ou zero caso não exista.

isApprovedForAll(address, address) external view returns (bool)
Esta função retorna se todos os NFTs do owner em questão (primeiro address) estão sob controle do operator especificado (segundo address).

Além destas 9 funções o programador pode criar outras e isso é bem comum aliás. Adições comuns incluem funções para *minting* e *burning* dos NFTs, para saque dos fundos do contrato, para metadados dos NFTs e muito mais. Falaremos sobre isso mais à frente, por ora vamos nos manter no padrão.

Dependendo da função que for chamada e da situação do contrato, um ou mais eventos podem ser disparados, sendo que os eventos abaixo são os obrigatórios do padrão ERC-721, devendo ser implementados em todos contratos deste tipo.

event Transfer(address, address, uint256)
Esse evento é disparado toda vez que um NFT muda de owner, com exceção de quando o contrato é criado. Ele registra o *owner*, o *to* e *id*.

event Approval(address, address, uint256)
Esse evento é disparado toda vez que o spender de um NFT muda, sendo que um endereço zero indica que foi revogado o controle. Quando um NFT muda de dono, além do evento Transfer

também é disparado um evento Approval, mudando o operator para zero. Ele registra o *owner*, o *operator* e o *id*.

event ApprovalForAll(address, address, bool)
O mesmo que o anterior, mas para a aprovação de toda coleção. Ele registra o *owner*, o operator e a autorização ou revogação.

Uma última exigência que você vai encontrar na ERC-721 é a de implementação também da ERC-165, a Standard Interface Detection, que serve para facilitar o entendimento que as aplicações têm do seu contrato, de quais padrões ele implementa. Isso é feito através da criação de uma função adicional como abaixo.

supportsInterface(bytes4) external view returns (bool)
Essa função espera o identificador de uma interface (padrão ERC) e retorna true ou false indicando se o contrato atende esse padrão.

Além das funções e eventos obrigatórios existem uma série de itens opcionais ou que fogem do escopo tradicional de implementação. Por exemplo, se você é desenvolvedor de um smart contract que possa receber e armazenar NFTs por qualquer que seja o motivo,, você deve implementar nele a interface ERC-721 Token Receiver descrita na documentação oficial também.

Outros pontos opcionais incluem por exemplo os metadados de uma NFT, que dão características complementares ao seu id original, algo muito comum já que NFTs costumam apontar para itens externos ao smart contract, com imagens e documentos, por exemplo. Falaremos disso mais à frente também, mas por enquanto temos o entendimento suficiente para começar a codificação.

Implementando o Padrão ERC-721

Para colocar em prática nossos estudos do padrão ERC-721 vamos implementar um contrato de coleção NFT de imagens. As imagens em si pouco importam e você pode criar elas do zero (usando alguma IA de repente) ou pegá-las na Internet, já que é apenas para fins de estudo. Usaremos a ferramenta Remix para codificação do smart contract Solidity, então já pode ir abrindo a ferramenta e criando um novo contrato com o nome de **MyNFTCollection.sol**.

Assim como fizemos em nosso último contrato (FaucetERC20.sol), vamos usar nesse projeto uma interface, só que dessa vez não usaremos apenas para fins de integração, mas para facilitar nossa implementação, guiando nosso desenvolvimento mesmo. Para isso precisaremos utilizar um novo conceito nos contratos chamado de **herança**. Herança diz respeito a um contrato herdar códigos e regras de outro contrato ou interface. Na especificação da ERC-721 os autores optaram por documentar o padrão dentro do código da uma interface, o que facilita muito a implementação desse tipo de contrato como veremos a seguir.

Abaixo, a interface da ERC-721 tal qual disponível na documentação da ERC, apenas com os comentários removidos. Copie na íntegra da documentação oficial (ou dos fontes do livro) e cole no topo do seu arquivo MyNFTCollection.sol, apenas abaixo da diretiva **pragma**.

Código 6.1

```
interface ERC721 {
  event Transfer(address indexed _from, address indexed
_to, uint256 indexed _tokenId);

  event Approval(address indexed _owner, address
indexed _approved, uint256 indexed _tokenId);

  event ApprovalForAll(address indexed _owner, address
indexed _operator, bool _approved);

  function balanceOf(address _owner) external view
returns (uint256);
```

```solidity
    function ownerOf(uint256 _tokenId) external view
returns (address);

    function safeTransferFrom(address _from, address _to,
uint256 _tokenId, bytes calldata
data) external payable;

    function safeTransferFrom(address _from, address _to,
uint256 _tokenId) external payable;

    function transferFrom(address _from, address _to,
uint256 _tokenId) external payable;

    function approve(address _approved, uint256 _tokenId)
external payable;

    function setApprovalForAll(address _operator, bool
_approved) external;

    function getApproved(uint256 _tokenId) external view
returns (address);

    function isApprovedForAll(address _owner, address
_operator) external view returns (bool);
}
```

Eu fiz um pequeno ajuste na segunda forma de declarar o **safeTransferFrom**, pois em Solidity moderno (o padrão é antigo) nós temos de especificar o *data location* de parâmetros do tipo bytes, sendo que optei por *calldata* neste caso. O próprio Remix vai te sugerir isso se você não fizer, pois não conseguiria compilar. Para usarmos essa interface com o recurso de herança que mencionei antes, devemos usar a palavra reservada **is** do Solidity, logo após o nome do contrato, como abaixo.

Código 6.2

```
contract MyNFTCollection is ERC721 {
```

Isso diz que MyNFTCollection herda os eventos e funções de ERC721. Como ERC721 possui apenas assinaturas de funções, a MyNFTCollection vai ter de implementar todas elas obrigatoriamente ou dará erro de compilação. Essa abordagem é extremamente útil para sabermos que implementamos conforme o padrão espera.

Agora vamos implementar no MyNFTCollection as funções da interface que estamos herdando, uma a uma, a começar pela balanceOf, que necessitará de um mapping para guardar a relação entre owner address e número de NFTs que possui, como abaixo.

Código 6.3

```
mapping(address => uint) private _balanceOf; //owner =>
number of tokens

function balanceOf(address owner) external view returns
(uint) {
    require(owner != address(0), "owner is zero
address");
    return _balanceOf[owner];
}
```

O código não traz nada de novo em relação ao que já vimos, mas é importante ressaltar que conforme a documentação do padrão exige, temos de disparar um erro no caso do endereço do owner estar zerado. Agora vamos avançar para a próxima que é a ownerOf.

Código 6.4

```
mapping(uint => address) private _ownerOf;
```

```
function ownerOf(uint id) external view returns
(address) {
  address owner = _ownerOf[id];
  require(owner != address(0), "token does not
exists");
  return owner;
}
```

Aqui temos novamente a necessidade de criar outro mapping, para mapearmos para cada token id, qual o owner dele. Essa informação é usada na função ownerOf, que irá disparar um erro se o token pesquisado não tiver dono ou não existir (isso é exigido no padrão). Caso contrário, a ownerOf retornará o endereço do dono do token em questão.

Próxima parada: funções de transferência de NFT. No entanto, para podermos criar tais funções nós precisamos cobrir alguns requisitos antes para que o código fique mais adequado. O primeiro requisito é criarmos uma função para verificar se uma transferência pode ser feita. Isso porque somente quem pode transferir tokens não-fungíveis de uma coleção é o seu dono ou alguém aprovado pelo mesmo.

Código 6.5

```
mapping(uint => address) private _approvals;
mapping(address => mapping(address => bool)) public
isApprovedForAll;

function _isApprovedOrOwner(
  address owner,
  address spender,
  uint id
) private view returns (bool) {
  return (spender == owner ||
    isApprovedForAll[owner][spender] ||
    spender == _approvals[id]);
```

}

Aqui começamos declarando dois novos mappings: um para registrar para cada token id a carteira que foi autorizada a transferi-lo (autorização única) e outro para mapear as aprovações globais, onde uma carteira pode autorizar que outra carteira tenha controle sobre todos seus NFTs (autorização geral). Repare como usei novamente aquele conceito de mappings aninhados (mapping dentro de mapping) para conseguir criar uma relação com diferentes níveis entre owners e spenders.

Com a ajuda desses mappings, a função privada *_isApprovedOrOwner* recebe o owner do token, o pretenso operator/spender (que vai tentar transferi-lo) e o id do token. Com essas três informações nós verificamos se o spender é o owner ou se ele possui autorização (única ou geral). Essa função não é obrigatória do padrão, mas ajudará na construção da função genérica de transferência que vamos criar a seguir.

Código 6.6

```
function _transferFrom(address from, address to, uint
id) private {
  require(from == _ownerOf[id], "from is not owner");
  require(to != address(0), "transfer to zero
address");

  require(_isApprovedOrOwner(from, msg.sender, id),
"not authorized");

  _balanceOf[from]--;
  _balanceOf[to]++;
  _ownerOf[id] = to;

  delete _approvals[id];

  emit Transfer(from, to, id);
```

```
    emit Approval(from, address(0), id);
}
```

Esta não é a função de transferência final, definida pelo padrão, mas uma intermediária que usaremos de maneira inteligente, como ficará claro logo mais. Ela espera o dono antigo do token (*from*), o novo dono (*to*) e o id do token a ser transferido. Com essas três informações nós começamos usando a ideia de Checks-Effects-Interactions, primeiro verificando se o *from* é o owner daquele token em questão, se o *to* é um endereço válido e se o msg.sender (quem está chamando a função) é um spender com autorização para essa transferência.

Caso passe em todas verificações, nós deduzimos um token do saldo do *from*, incrementamos um no saldo do *to* e trocamos a propriedade daquele id para o novo dono (*to*). Por fim, excluímos a aprovação única que possa existir para aquele token que foi transferido, já que é o novo dono que deve decidir sobre as permissões dele de agora em diante. Não se preocupe caso não exista uma permissão cadastrada, não dará erro.

E como últimas interações nós emitimos os dois eventos que o padrão prevê, um para avisar que foi feita uma transferência de propriedade nessa coleção e outro para indicar que foi feita uma mudança de aprovação no token (uma remoção de aprovação para ser mais específico).

Com estas duas funções que codificamos até o momento, agora temos subsídios para de fato implementar a transferFrom da ERC-721.

Código 6.7

```
function transferFrom(address from, address to, uint
id) external payable {
    _transferFrom(from, to, id);
}
```

Aqui temos a transferFrom implementada, que na verdade apenas chama a nossa outra _transferFrom privada. Isso pode parecer inútil, mas é necessário para que possamos reutilizar o código de transferência nas outras duas funções de transferência que temos de fazer: as duas variações de safeTransferFrom. Mas antes de falar dela, note que essa é uma função **payable**, pois poderia ser exigido um pagamento para que uma transferência acontecesse, algo que não implementamos aqui pois acredito que tem formas melhores de fazê-lo (conforme veremos mais tarde).

Agora vamos falar de transferências seguras, que são feitas com as duas variações da safeTransferFrom. Mas o que é uma transferência segura? A ideia é que o seu código teste se o recipiente é ou não um smart contract. Se ele for um contrato, ele deve implementar uma interface específica chamada ERC721TokenReceiver, para evitar que NFTs sejam enviadas por engano para contratos que não sabem lidar com elas.

Essa interface está disponível e documentada na mesma página do padrão e define apenas uma função, a onERC721Received, que deve ser chamada no contrato de destino quando a transferência acontecer, para ele ser avisado e poder tomar as providências cabíveis.

Copie a referida interface e cole junto ao seu arquivo MyNFTCollection.sol, logo abaixo da interface ERC721. Se preferir, você pode digitá-la conforme abaixo ou pegando nos fontes do livro, sendo que fiz apenas um pequeno ajuste de colocar o *data location* como *calldata* no último parâmetro, uma exigência de Solidity moderno.

Código 6.8

```
interface ERC721TokenReceiver {
  function onERC721Received(address _operator, address
_from, uint256 _tokenId, bytes calldata _data) external
returns(bytes4);
}
```

Agora que temos a interface disponível, podemos implementar a nossa função safeTransferFrom, que tanto usa a transferFrom que já tínhamos como realiza a verificação de segurança necessária.

Código 6.9

```
function safeTransferFrom(address from, address to,
uint id) external payable {
  _transferFrom(from, to, id);

  require(
      to.code.length == 0 ||
          ERC721TokenReceiver(to).onERC721Received(
              msg.sender,
              from,
              id,
              ""
          ) ==

ERC721TokenReceiver.onERC721Received.selector,
      "unsafe recipient"
  );
}
```

A verificação consiste em, primeiro, testar se o *to* é uma carteira comum, o que fazemos através da propriedade *code* do mesmo (que contém o código binário do endereço). Se a quantidade de bits for zero quer dizer que é uma EOA (carteira comum) e não precisamos verificar mais nada. Agora se tiver bits na propriedade code, quer dizer que é um smart contract e neste caso precisamos verificar se ele está apto a receber o token.

Essa segunda verificação é feita ainda no mesmo require com uma lógica OR, onde usando a interface para converter o to de um endereço para uma instância de contrato, nós chamamos a função onERC721Received que só existe em contratos que atendem ao padrão ERC721TokenReceived para receber NFTs. Se a chamada existir, ela vai retornar um código que indica que está tudo ok. Caso contrário, um erro será disparado e a transferência será desfeita.

Implementar a segunda safeTransferFrom é muito simples, já que a única coisa que muda é um parâmetro opcional a mais, com dados customizados para a transferência, a fim de enviar alguma informação para o contrato de destino.

Código 6.10

```solidity
function safeTransferFrom(address from, address to,
uint id, bytes calldata data) external payable {
  _transferFrom(from, to, id);

  require(
      to.code.length == 0 ||
          ERC721TokenReceiver(to).onERC721Received(
              msg.sender,
              from,
              id,
              data
          ) ==

ERC721TokenReceiver.onERC721Received.selector,
      "unsafe recipient"
  );
}
```

Repare como a lógica é a mesma, apenas com um parâmetro a mais, o que dispensa maiores explicações.

Para finalizar, precisamos implementar as funções que delegam permissão para terceiros sobre tokens e também a função que consulta permissão.

Código 6.11

```
function setApprovalForAll(address operator, bool
approved) external {
  isApprovedForAll[msg.sender][operator] = approved;
  emit ApprovalForAll(msg.sender, operator, approved);
}
```

Primeiro, a **setApprovalForAll**, onde o dono de um ou mais tokens pode delegar autorização de transferência de TODOS os tokens da sua coleção para um terceiro. Isso é feito ajustando o booleano no mapping **isApprovedForAll**, que também serve como função pública de acesso a essa informação. Repare também a emissão do evento específico, conforme definido no padrão.

Agora falando da função **approve**, onde o owner autoriza que um spender/operator possa transferir um token específico da sua coleção.

Código 6.12

```
function approve(address spender, uint id) external
payable {
  address owner = _ownerOf[id];
  require(
      msg.sender == owner ||
isApprovedForAll[owner][msg.sender],
      "not authorized"
  );

  _approvals[id] = spender;
  emit Approval(owner, spender, id);
}
```

Essa função approve também é payable, embora não usaremos este recurso. Após as verificações, a transferência é dada junto ao mapping _approvals e o evento apropriado é disparado.

E por fim, a função **getApproved**, que consulta no mapping de aprovações únicas quem é o endereço que possui aprovação para transferência do mesmo.

Código 6.13

```
function getApproved(uint id) external view returns
(address) {
  require(_ownerOf[id] != address(0), "token does not
exists");
  return _approvals[id];
}
```

Com essas funções nós implementamos toda a interface ERC721 em nossa MyNFTCollection, mas ainda falta um detalhe para estar 100% aderente ao padrão: atender outro padrão, a ERC-165: Standard Interface Detection.

https://eips.ethereum.org/EIPS/eip-165

Talvez você tenha topado com ela na documentação da ERC-721, que descreve logo no início que requer essa outra, mas mesmo que não tenha visto, não se preocupe, ela é bem simples.

O primeiro passo é entender para quê ela serve. Basicamente imagine um mundo cheio de smart contracts que se integram entre si mas também se integram com softwares que rodam fora da blockchain, como aplicativos de carteira cripto, softwares desktop de trading e outros. Como que um software de carteira sabe se está lidando com um contrato de token ERC-20 válido? Ou como que um marketplace de NFTs sabe que está lidando com contratos ERC-721 válidos? Afinal, se você tentar chamar uma função que não existe em um contrato ou mesmo usar ele erroneamente achando que atende a um padrão e ele não atende, pode ter sérios problemas e até perder seus tokens!

Pensando em como padronizar a resposta dos smart contracts a essa pergunta é que foi criada a ERC-165, que define uma função padrão para detecção de interfaces, como vemos abaixo.

Código 6.14

```
interface ERC165 {
  function supportsInterface(bytes4 interfaceID)
external view returns (bool);
}
```

Essa função recebe um id de interface, padronizado na documentação de cada ERC e retorna um booleano indicando se o contrato em questão atende ou não àquele padrão.

Essa interface deve ser herdada também pelo contrato de NFT que você vier a criar, como abaixo, o que demonstra a capacidade de herança múltipla da linguagem Solidity, bastando usar uma vírgula entre as diferentes interfaces ou contratos que queremos herdar.

Código 6.15

```
contract MyNFTCollection is ERC721, ERC165 {
  function supportsInterface(
      bytes4 interfaceId
  ) external pure returns (bool) {
      return
          interfaceId == 0x80ac58cd || //ERC721
          interfaceId == 0x01ffc9a7; //ERC165
  }
}
```

Aqui eu já implementei também a função **supportsInterface** como manda a ERC-165, incluindo nela os dois códigos de interface que nossa MyNFTCollection implementa: o 0x80ac58cd que é o código padrão da ERC-721 e o 0x01ffc9a7 que é o código padrão para a ERC-165, indicando que nosso contrato suporta ambas, caso seja questionado por outro sistema ou contrato.

Agora sim, nosso contrato está compliance com todas as exigências da ERC-721!

Mas espere, você deve estar sentindo falta de alguma coisa...ou melhor, de algumas coisas, que discutiremos a seguir.

Estendendo o Padrão ERC-721

Ao longo dos seus estudos dos padrões ERC para desenvolvimento de contratos Solidity você vai perceber mais cedo ou mais tarde que eles são todos minimalistas, isto é, eles descrevem sempre o mínimo de funções necessárias para que um determinado contrato funcione em determinado contexto, considerando o cenário mais amplo possível. Assim, qualquer funcionalidade que possa ter variações a depender das regras de negócio do projeto de tokens fica a critério do desenvolvedor definir, desde que mantendo o padrão mínimo sempre lá.

Por exemplo, nosso contrato não emite NFTs hoje, certo? O padrão não nos diz como deve ser a função que emite NFTs, isso **você** tem de definir. Qualquer um poderá emitir? Somente o owner? Será gratuito ou pago? Poderá emitir mais de uma ao mesmo tempo e/ou por pessoa? E os ids, qual será a política de geração?

Essas regras de negócio todas você deve definir no seu projeto, da forma que achar melhor, desde que não firam o que é definido no padrão. Assim, para fins didáticos, vou sugerir uma função adicional para nosso contrato MyNFTCollection, chamada **mint**. Minting é como chamamos o processo de emissão de NFTs, cuja tradução literal seria "cunhagem". Assim, a função mint será a responsável por emitir um novo token não-fungível para um usuário que o desejar, desde que ele pague por isso (inventei agora que vai ter uma cobrança).

Código 6.16

```
uint private _lastId = 0;

function mint() public payable {
```

```
require(msg.value >= 0.001 ether, "Insufficient
payment");
 _lastId++;
 _balanceOf[msg.sender]++;
 _ownerOf[_lastId] = msg.sender;
 emit Transfer(address(0), msg.sender, _lastId);
}
```

A função mint, quando chamada, espera que o requisitante transfira junto dela uma quantia mínima de 0.001 da moeda nativa da rede, ou recusará a emissão. Acredito que seja a primeira vez que usamos a propriedade value do objeto global msg, e ela serve para descobrir a quantidade de moeda (em wei) que foi enviada junto da transação e que ficará armazenada no contrato. Isso ficará mais claro durante os testes.

Caso passe na validação de pagamento, repare como comecei definindo uma variável de estado _lastId para armazenar o id do último NFT emitido. Incremento esta variável, incremento o saldo de tokens para o msg.sender e digo que ele agora é o dono do token com o id gerado. Por fim, emitimos um evento de transferência, para avisar que o msg.sender recebeu um novo token a quem quer que possa interessar.

Com essa função, agora começamos a ter uma coleção minimamente funcional e que pode ser testada pelo Remix. Compile, faça o deploy no Remix VM (certifique-se de escolher o contrato certo pois o Remix se perderá devido às interfaces) e use as diferentes carteiras para fazer alguns mints. Apenas atente-se ao fato de que sendo uma função payable, você deve preencher o campo value da aba Deploy & Run Transactions antes de apertar o botão vermelho de mint.

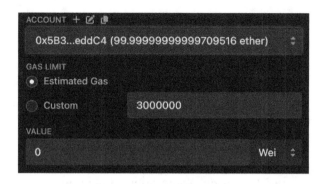

O preço eu defini como 0.001 ether o que dá 1000000000000000 wei (são 15 zeros), mas você pode ajustar no código conforme quiser. Para se certificar que os mints funcionaram, use as funções de balanceOf e ownerOf e não esqueça também de testar as funções de transferência entre as diferentes carteiras.

A função acima te dá uma ideia de como mintar um NFT, mas não ajuda muito quando o assunto é o quê estamos montando, certo? O que afinal esses ids dos tokens não-fungíveis estão representando? Se eu quiser registrar uma foto, onde salvo essa foto? Se eu quiser registrar um ativo do mundo real (RWA), como faço? Nesses casos, embora tecnicamente seja possível salvar os bytes do arquivo digitalizado em uma variável de bytes no próprio smart contract, o mais comum é salvarmos apenas a URL do arquivo em questão, que estará armazenado em outro local, para economizar nas transações. Essa abordagem é tão comum que é prevista na especificação 721 também, mas como um opcional, que eles chamam de **Metadata Extension**, definida pela interface abaixo (copie e cole no seu arquivo MyNFTCollection.sol, junto das demais interfaces).

Código 6.17

```
interface ERC721Metadata {
  function name() external view returns (string memory
_name);
  function symbol() external view returns (string
memory _symbol);
```

```
function tokenURI(uint256 _tokenId) external view
returns (string memory);
}

contract MyNFTCollection is ERC721, ERC165,
ERC721Metadata {
```

A interface ERC721Metadata (que já herdei também no contrato, como deve ter notado na última linha) define que um contrato de NFTs deve possuir funções para retornar o nome da coleção, seu símbolo e uma função que espera o id do token e devolve a URL pública do mesmo na Internet. Mas calma, essa URL não é do arquivo da NFT em si (imagem, PDF, etc), mas sim do arquivo de metadados da NFT, onde devemos cadastrar todos os detalhes da mesma.

Na própria ERC-721 é fornecido o **ERC721 Metadata JSON Schema**, ou seja, o padrão JSON para definição dos metadados, que deve ter no mínimo essa estrutura (pode colocar mais campos à vontade).

Código 6.18

```
"name": "Minha NFT 001",
"description": "A simple image of my collection",
"image": "https://www.luiztools.com.br/cara.jpg"
```

Se as suas NFTs forem imagens, essa estrutura acima será mais do que o suficiente, agora se forem outros tipos de mídias, pode ser necessário ter propriedades adicionais como *audio*, *video* e *file*, mas sempre apontando para uma URL pública onde o mesmo pode ser baixado/acessado.

Você deve ter um arquivo JSON desses para cada NFT da sua coleção e a recomendação é que estejam todos em uma mesma pasta e com o nome do arquivo sendo o id do token com a extensão ".json". Exemplo: 1.json, 2.json, etc. Em um projeto profissional você deve hospedar esses arquivos (JSON e mídias/documentos) em um recurso altamente disponível como nuvens públicas (AWS, Azure, etc) ou ainda em redes descentralizadas, como a rede IPFS (Interplanetary File System ou Sistema de Arquivos Interplanetário). Como essa última opção tem mais a ver com a natureza descentralizada da web3, vamos seguir por ela. Então vamos dar uma pausa na programação do nosso contrato para dar uma olhada em outro recurso muito presente em arquiteturas de projetos web3 que é o armazenamento descentralizado via IPFS.

O desafio do armazenamento Web3

Para entender mais sobre os porquês do armazenamento descentralizado você precisa conhecer ou relembrar primeiro alguns desafios da web3.

O primeiro desafio é a rede se manter em pé, ativa e funcionando, para que as aplicações e dados permaneçam existindo. Recompensas são pagas a todo aquele que se dispor a ajudar a manter a rede no ar, através do pagamento de taxas cobradas nas transações. Assim, centenas de milhares de pessoas e empresas empregam seu poder computacional para manter as redes ativas, sendo pagos pelos próprios usuários da rede por isso. Você já sabe disso.

O segundo desafio é em decorrência da solução para o primeiro: as taxas cobradas pelas transações são proporcionais a alguns fatores, como congestionamento da rede, complexidade/esforço computacional de processar a transação e até mesmo valor de mercado do token usado nas taxas. Assim, manter sua aplicação simples e pequena, com poucos arquivos e dados, é vital para que os usuários não sejam demasiadamente onerados ao utilizá-la, o que poderia gerar afastamento das pessoas. Também já falamos sobre isso.

O terceiro desafio é em decorrência da solução do segundo: e quando precisamos armazenar grandes quantidades de dados ou muitos arquivos, não tem jeito da aplicação rodar sobre a blockchain sem pagar taxas exorbitantes? Ou melhor, a pergunta deveria ser: como fazemos no mundo web3 para armazenar arquivos em grande quantidade e tamanho?

A primeira ideia, advinda do mundo web2, seria: armazenamos o(s) arquivo(s) em um serviço de disco virtual, como Google Drive, DropBox ou mesmo soluções corporativas como AWS S3 e guardamos na blockchain apenas a URL ou nome do arquivo ou ainda qualquer outro identificador. No entanto, esta abordagem sofre de novos e antigos problemas.

Um problema antigo é criar novamente a dependência de uma *big tech*, tornando sua aplicação web2 ao invés de web3. Se a big tech decidir que não quer hospedar seu arquivo, ela vai tirá-lo do ar, seja por questões legais, falta de pagamento, limite de armazenamento, não importa. Se subir um arquivo no Google Drive, por exemplo, ele não é mais seu de verdade, é do Google agora.

O problema novo é que se esse arquivo for copiado e reutilizado na Internet, como vão saber qual é o original e correto? Ou ainda se adulterarem essa cópia ou mesmo o original, como você saberá se esse arquivo ainda é o certo?

Vamos pegar como exemplo uma coleção NFT: os tokens não fungíveis uma vez *mintados* na blockchain se tornam propriedades digitais de alguém, certo? Mas se os NFTs possuírem arquivos associados, sejam metadados JSON ou mídias, como armazenar esses arquivos de maneira descentralizada e segura, como a própria blockchain?

É aí que a rede IPFS brilha.

IPFS: Interplanetary File System

IPFS é a sigla para Sistema de Arquivos Interplanetário (em Inglês) e basicamente é uma rede descentralizada de compartilhamento de arquivos que teoricamente funciona inclusive entre planetas diferentes, motivo do seu nome. Ou seja, é uma rede P2P (Peer to Peer ou Ponto a Ponto) onde eu posso hospedar arquivos na minha máquina e compartilhar com qualquer outra pessoa da rede, sem a necessidade de um servidor central, seguindo a filosofia de protocolos anteriores como Torrent, eMule e Napster, que talvez você tenha usado ou ouvido falar.

Com apenas um computador e uma conexão com a Internet, temos autonomia na infraestrutura e propriedade sobre os arquivos, diferente de quando estamos usando serviços de big techs, onde ficamos à mercê das regras e servidores delas. Além disso, uma vez que o arquivo se espalhe pela rede, com mais pessoas fazendo download dele, basta que um nó ativo mantenha uma cópia e ele sempre estará disponível a todos.

Ah, quer dizer que IPFS é que nem blockchain então?

Sim e não. IPFS guarda algumas semelhanças, mas NÃO é uma blockchain.

Da blockchain o IPFS tem em comum a descentralização, ou seja, nós entram e saem da rede, mantendo-a sempre viva e ativa, mas sem um servidor central e também temos a validação baseada em hashing. Uma vez que você suba um arquivo para a rede, ele ganha um identificador único que nada mais é do que o hash do seu conteúdo, que será usado tanto para acessar quanto para verificar a originalidade do mesmo. Esse hash pode ser registrado na blockchain, fazendo uma associação permanente entre um NFT, por exemplo, e o arquivo em questão. Não existem dois arquivos com mesmo hash, o arquivo não depende de um servidor central para circular pela rede (e nem servidores de big techs) e se no futuro ele precisar ser alterado, um novo upload será necessário o que gerará um novo hash, impedindo falsificações.

Perfeito!

Ou quase, já que o uso do protocolo IPFS ainda traz alguns desafios para garantir que os arquivos não se percam com o passar do tempo e que possam ser baixados e/ou visualizados nos navegadores (que ainda não suportam nativamente o protocolo). Para solucionar o primeiro problema você pode subir um nó IPFS na sua máquina e mantê-lo sempre ativo, tal qual fazíamos com os webservers na época da web 1.0 (tem tutoriais inclusive no meu canal), enquanto que o segundo problema é necessário subir um gateway que sirva os arquivos através de HTTP, um pouco mais complexo. Agora, caso você não queira dedicar uma máquina para isso, por qualquer que seja o motivo, a solução é terceirizar: existe uma série de empresas de armazenamento descentralizado/web3 baseadas em IPFS como Pinata, Web3.Storage, Infura e outras. Usaremos como exemplo aqui no livro o plano gratuito da empresa Pinata, que você pode criar seu cadastro no site oficial da empresa.

https://pinata.cloud/

Uma vez com a sua conta criada, você terá acesso à tela de arquivos, como abaixo.

Você poderia subir aqui um a um os seus arquivos, mas vou recomendar uma abordagem diferente que vai facilitar muito a sua vida. Primeiro, vá no seu computador e crie uma pasta com o nome da sua coleção NFT e terminado com o sufixo "_images", por exemplo, no meu caso ela vai se chamar MyNFTCollection_images. Decida qual vai ser o tamanho da sua coleção, por exemplo, 10 unidades, e coloque as imagens dentro dessa pasta, seguindo o padrão 1.jpg, 2.jpg, etc. É importante que todas tenham a mesma extensão e seu nome seja apenas os números, como abaixo.

Name	Size	Kind
🖼 1.jpg	231 KB	JPEG image
🖼 2.jpg	231 KB	JPEG image
🖼 3.jpg	393 KB	JPEG image
🖼 4.jpg	224 KB	JPEG image
🖼 5.jpg	165 KB	JPEG image
🖼 6.jpg	121 KB	JPEG image
🖼 7.jpg	235 KB	JPEG image
🖼 8.jpg	217 KB	JPEG image
🖼 9.jpg	223 KB	JPEG image
🖼 10.jpg	231 KB	JPEG image

Com a pasta de imagens pronta, suba ela no Pinata através do botão "Add" do lado direito, seguido da opção "Folder Upload" que serve para subir uma pasta inteira. Ele vai pedir para confirmar o nome. Quando terminar, clique no ícone da sua pasta e vai abrir outra aba com um endereço público servido pelo IPFS Gateway da Pinata, como abaixo (seu endereço será diferente do meu).

Essa URL é da sua pasta na rede IPFS, por exemplo, a minha é https://maroon-relaxed-rattlesnake-748.mypinata.cloud/ipfs/QmdAp Gm9H3HLiUm3YWMCafkVqVwmuXE5Y8V3DqjMyk8nqF/ onde o hash da pasta é a última seção da URL apenas (inicia em Qm e termina em qF). Se você colocar o nome do arquivo após a última barra, você consegue o endereço do arquivo na rede IPFS, por exemplo, a minha primeira imagem fica em https://maroon-relaxed-rattlesnake-748.mypinata.cloud/ipfs/QmdAp Gm9H3HLiUm3YWMCafkVqVwmuXE5Y8V3DqjMyk8nqF/1.jpg. É fácil de você deduzir o endereço das imagens desta forma, então podemos partir para a próxima etapa que é a criação dos metadados.

Crie outra pasta na sua máquina, desta vez com o nome da sua coleção seguido do sufixo "_metadata". Dentro dela coloque o mesmo número de arquivos JSON que você tem de imagens, com os nomes 1.json, 2.json, etc. Em cada um deles, cole a estrutura que ensinei no código 6.18 (seção Estendendo o Padrão ERC-721, neste mesmo capítulo) e modifique-a de acordo com o NFT em questão. Exemplo abaixo, do arquivo 1.json.

Código 6.19

```
"name": "Shiba 001",
"description": "Shiba sleeping.",
"tokenId": 1,
"image":
"ipfs://QmdApGm9H3HLiUm3YWMCafkVqVwmuXE5Y8V3DqjMyk8nqF/
1.jpg"
```

Repare que adicionei uma propriedade tokenId, útil para identificação e também que o caminho da imagem eu não usei o endereço HTTPS, estou utilizando aqui o protocolo IPFS para não ficar preso a um gateway específico. O caminho de uma pasta neste protocolo é apenas seu hash, como acima, onde adicionei o /1.jpg no final para indicar que quero a imagem 1.jpg dentro dessa pasta.

Sua pasta de metadados deve se parecer com a minha.

Name	Size	Kind
1.json	190 bytes	JSON [
2.json	192 bytes	JSON [
3.json	189 bytes	JSON [
4.json	187 bytes	JSON [
5.json	187 bytes	JSON [
6.json	192 bytes	JSON [
7.json	186 bytes	JSON [
8.json	196 bytes	JSON [
9.json	195 bytes	JSON [
10.json	202 bytes	JSON [

Agora volte no Pinata e faça o mesmo processo de upload de pasta que fez antes, o que vai te gerar outro endereço público, mas desta vez da pasta de metadados, o meu é https://maroon-relaxed-rattlesnake-748.mypinata.cloud/ipfs/QmboN 71a5h7R3GDPp9GQJXSqdrHE2ohUttKaKbD34ga4Dm/, logo, se eu adiciono o sufixo 1.json eu tenho acesso ao primeiro arquivo de metadados e assim por diante. Teste no navegador para ver se está tudo ok antes de avançar.

Com todos nossos arquivos prontos, é hora de voltar para nosso contrato MyNFTCollection.sol e terminar de implementar as funções exigidas pela interface **ERC721Metadata**, que são três, todas bem simples na verdade, o maior trabalho já fizemos.

Código 6.20

```
contract MyNFTCollection is ERC721, ERC165,
ERC721Metadata {
```

```solidity
string constant private _name = "My NFT Collection";

function name() external view returns (string
memory) {
    return _name;
}

string constant private _symbol = "MNC";

function symbol() external view returns (string
memory) {
    return _symbol;
}
```

No código acima eu criei duas constantes, uma que guarda o nome da coleção e outra o símbolo, para que possamos retorná-las nas respectivas funções. Isso resolve duas das três funções que precisamos implementar.

A próxima é a **tokenURI** que, dado um token id, deve retornar a URL pública para acesso aos metadados daquele token. Nós já temos essas URLs, certo? Elas devem seguir sempre o padrão "ipfs://{hash ipfs}/<id>.json", então só precisamos montar esta lógica na nossa função.

Para isso precisaremos primeiro converter o tokenId que virá por parâmetro como número para string, o que infelizmente não é algo tão simples de se fazer em Solidity. Felizmente o pessoal da OpenZeppelin, sim aquela mesma empresa que usamos a interface ERC20 no capítulo passado, tem uma biblioteca com funções utilitárias para strings muito boa, que vamos importar no topo do nosso arquivo, logo depois da instrução pragma.

Código 6.21

```solidity
import "@openzeppelin/contracts/utils/Strings.sol";
```

Com essa importação, podemos implementar a nossa função **tokenURI**.

Código 6.22

```
function tokenURI(uint256 _tokenId) external view
returns (string memory){
  string memory id = Strings.toString(_tokenId);
  return
string.concat("ipfs://QmboN71a5h7R3GDPp9GQJXSqdrHE2ohUt
tKaKbD34ga4Dm/", id, ".json");
}
```

Primeiro eu converto de uint256 para string usando a função Strings.toString da Strings.sol que importamos no passo anterior, guardando o resultado em uma string memory local.

Depois, basta retornar a concatenação das três partes usando a função nativa **string.concat** com a URL da pasta de metadados, variável id e extensão do arquivo. Assim, com uma única função de duas linhas, eu consigo sempre retornar a URL certa para os metadados da NFT que está sendo consultada (teste no Remix). Opcionalmente você pode adicionar validações na função de mint e também nessa para evitar estourar as 10 unidades (neste meu exemplo).

Para encerrar mais esta rodada de implementação, convém atualizarmos a função **supportsInterface** para que ela sinalize também que suporta a ERC721Metadata (código 0x5b5e139f), como abaixo.

Código 6.23

```
function supportsInterface(bytes4 interfaceId) external
pure returns (bool) {
  return
      interfaceId == 0x80ac58cd || //ERC721
      interfaceId == 0x01ffc9a7 || //ERC165
```

```
interfaceId == 0x5b5e139f; //ERC721Metadata
}
```

Agora sim, compile novamente, faça novo deploy e refaça os seus testes. Desta vez, cada vez que um usuário mintar um novo NFT, ele terá seus próprios metadados, imagem, etc, como são as coleções profissionais de NFTs!

Dapp de Minting

Agora que já aprendemos como criar não apenas o smart contract de uma coleção NFT mas também como vincular os tokens gerados a seus metadados e mídias/arquivos, que tal finalizarmos os nossos estudos desse módulo com uma aplicação web3 (dapp) de minting dessa coleção? Ou seja, uma página onde interessados em adquirir uma unidade possam conectar sua carteira MetaMask e fazer a compra de uma unidade facilmente.

Não vou questionar aqui os motivos pelos quais alguém compraria um NFT seu, essas questões de mercado variam enormemente conforme do que se trata a coleção, quem é o criador, se tem benefícios extras, se faz parte de algum ecossistema ou comunidade maior, etc. Aqui, para nós, o que importa é a parte técnica neste momento, certo?

Para este projeto usaremos tudo o que já construímos até o momento na seção anterior, mas você precisará fazer o deploy do smart contract na Sepolia Testnet antes de avançar, seguindo instruções que já fizemos em outros projetos. Antes desse deploy recomendo três coisas.

Primeiro, crie uma função de saque, para que possa colher o lucro das vendas de NFTs, abaixo um exemplo, já considerando a captura do owner no constructor, para que não seja feito o saque por outra pessoa.

Código 6.24

```
contract MyNFTCollection is ERC721, ERC165,
ERC721Metadata {

  address immutable private _owner;

  constructor(){
      _owner = msg.sender;
  }

  function withdraw() public {
      require(msg.sender == _owner, "Invalid
withdraw");
      payable(_owner).transfer(address(this).balance);
  }
```

Essa função de saque transforma o endereço do owner em um objeto payable, o que permite que façamos transferências do contrato para ele. Para saber o valor da transferência eu consulto o saldo (*balance*) do endereço atual (*this*) do contrato.

A segunda coisa que recomendo é que baixe o custo de mint antes do deploy para algo bem barato a fim de não onerar muito os seus recursos de teste. Opcionalmente você pode até colocar essa informação do preço em uma variável e criar uma função administrativa (que somente o owner do contrato consegue chamar) para fazer essa alteração posteriormente.

E por último, também recomendo fazer a verificação do contrato, lembrando de usar o recurso de *flattening* do Remix, que ensinei na seção "Faucet para o Token", subseção "Contrato do Faucet" no capítulo anterior. Faça ao menos o mint de uma unidade para alguma carteira sua a fim de testar todo o processo antes de partir para o frontend. Olhe os detalhes da transação de mint no Sepolia EtherScan abaixo, repare como ele sacou que é um contrato ERC-721 e dá informações sobre a coleção, token, etc.

⚡ Transaction Action:	▸ Call **Mint** Function by 0xE4ffEEd8...e38BF2880 on 🗋 0x75a5c4b8...F2Ec6fbDD ⬀
ⓘ From:	0xE4ffEEd88111e1DFCc3a852d9334C65e38BF2880 ⎘
ⓘ Interacted With (To):	🗋 0x75a5c4b84b2b43d28481fF7f329EB15F2Ec6fbDD ⎘ ✅
ⓘ ERC-721 Tokens Transferred:	ERC-721 Token ID [1] 🔵 My NFT Colle...(MNC) From 0x00000000...000000000 **To** 0xE4ffEEd8...e38BF2880
ⓘ Value:	♦ 0.001 ETH

E se você clicar no ícone de NFT, ele vai te levar para uma página com todos os detalhes deste NFT, como esta abaixo. Isso por si só já indica que fizemos corretamente nosso trabalho.

Uma vez que faça esse teste inicial você já pode ver também as suas NFTs mintadas na sua carteira MetaMask, aba NFTs, o que comprova que implementamos o padrão ERC-721 corretamente, como na imagem abaixo, onde você consegue ver o nome da coleção e a NFT dela que eu possuo. Clicando na mesma é possível ver a imagem em tamanho grande e você pode fazer a transferência dela pela MetaMask mesmo.

My NFT Collection (1)   ⌄

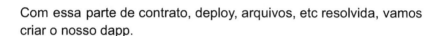

Com essa parte de contrato, deploy, arquivos, etc resolvida, vamos criar o nosso dapp.

Frontend de Minting

Para nosso frontend seguiremos utilizando a mesma stack dos demais projetos, com a combinação React + Ethers. Dessa forma crie um novo projeto chamado "frontend-minting" usando as mesmas instruções do projeto de Faucet (Capítulo 4, seção Faucet para o Token, subseção Frontend do Faucet), incluindo a etapa de customização com Bootstrap. Abaixo como deve ficar o trecho principal do seu **index.html** após os ajustes (para o arquivo completo, consulte os fontes do livro no GitHub).

Código 6.25

```
<title>My NFT Collection</title>
<link
href="https://cdn.jsdelivr.net/npm/bootstrap@5.3.8/dist
/css/bootstrap.min.css" rel="stylesheet"
integrity="sha384-sRI14kxILFvY47J16cr9ZwB07vP4J8+LH7qKQ
nuqkuIAvNWLzeN8tE5YBujZqJLB" crossorigin="anonymous">
<script
src="https://cdn.jsdelivr.net/npm/bootstrap@5.3.8/dist/
js/bootstrap.bundle.min.js"
integrity="sha384-FKyoEForCGlyvwx9Hj09JcYn3nv7wiPVlz7YY
wJrWVcXK/BmnVDxM+D2scQbITxI"
crossorigin="anonymous"></script>
<link href="minting.css" rel="stylesheet" />
```

Repare como neste arquivo estou referenciando um minting.css, você deve criá-lo em **public/minting.css** com o mesmo conteúdo do faucet.css do projeto anterior, código 5.18.

Você vai precisar também ir no block explorer, na aba contract e copiar tanto o endereço do seu contrato na Sepolia quanto o ABI do mesmo para colocar em um arquivo **abi.json** na pasta src. Já o endereço coloque em uma constante no topo do App.jsx, conforme vou mostrar a seguir.

Código 6.26

```
import { useState } from 'react';
import { ethers } from 'ethers';
import ABI from './abi.json';

function App() {
 const CONTRACT_ADDRESS =
"0x29192156887812feead48c668d403b7074e6e039";

 const [message, setMessage] = useState("");
 const [image, setImage] = useState("");
```

Aqui temos o topo do App.jsx sem grandes novidades. Fazemos as importações necessárias, definimos o endereço do contrato em uma constante (ajuste para o seu endereço) e criamos dois states, um para as mensagens para o usuário e outro para o endereço da imagem do NFT depois de emitido, para mostrar ao usuário na tela.

A página que vamos construir será bem simples, conforme imagem abaixo. Ela informa o usuário de que ele terá de pagar e que deve clicar no único botão para ter seu NFT com uma foto do meu Shiba.

Para construir essa tela, adicione o seguinte código JSX no return da função App(). Você vai reparar que a imensa maior parte dele é igual ao do projeto anterior, com apenas algumas mudanças em textos.

Código 6.27

```
<div className="cover-container d-flex w-100 h-100 p-3
mx-auto flex-column">
  <header className="mb-auto">
    <div>
      <h3 className="float-md-start mb-0">My NFT
Collection</h3>
      <nav className="nav nav-masthead
justify-content-center float-md-end">
        <a className="nav-link fw-bold py-1 px-0 active"
aria-current="page" href="#">Home</a>
        <a className="nav-link fw-bold py-1 px-0"
href="#">About</a>
      </nav>
    </div>
  </header>

  <main className="px-3 mt-5">
    <h1>Mint your NFT</h1>
    <p className="lead">Pay ETH 0.001 and earn a Shiba
figure just connecting your MetaMask below.</p>
```

```
<p className="lead">
  <a href="#" onClick={btnMintClick} className="btn
btn-lg btn-secondary fw-bold border-white bg-white
mt-5">
    <img
src="https://luiztools.com.br/img/metamask.svg"
alt="MetaMask logo" width="48" />
    Mint with MetaMask
  </a>
</p>
<p className="lead">
  {message}
</p>
{
  image
    ? <img src={image} width={270} />
    : <></>
}
</main>
</div>
```

A novidade aqui é mais ao final, onde abri chaves para colocar uma lógica JavaScript dentro que verifica se o state **image** tem algo dentro. Se ele tiver, eu mando renderizar uma tag img (de imagem), caso contrário eu mando renderizar uma tag vazia (chamada React Fragment). Esse state só vai ter algo dentro depois que o usuário mintar um NFT e pegarmos o endereço da imagem que ele recebeu. Até lá, quando você abrir a página, ela vai parecer igual à imagem que mostrei anteriormente.

O próximo passo é implementarmos a função que colocamos o nome no evento onClick do botão de mint. Essa função se chama btnMintClick e deve ser colocada logo abaixo dos states.

Código 6.28

```
async function btnMintClick() {
```

204

```
if (!window.ethereum) return setMessage("No MetaMask
found!");

const provider = new
ethers.BrowserProvider(window.ethereum);
const accounts = await
provider.send("eth_requestAccounts");
if (!accounts || !accounts.length) return
setMessage("Wallet not found/allowed!");

try {
  //lógica da transação aqui
}
catch (err) {
  setMessage(err.message);
}
}
```

Aqui eu tenho uma lógica que não traz grandes novidades pois serve para verificar se a MetaMask está instalada, solicita sua permissão, etc. Deixei um comentário dentro do try/catch, onde vamos evoluir o código e é ali onde realmente teremos alguma novidade, com o código a seguir.

Código 6.29

```
const signer = await provider.getSigner();
const contract = new ethers.Contract(CONTRACT_ADDRESS,
ABI, signer);
const tx = await contract.mint({ value:
ethers.parseEther("0.001") });
setMessage("Minting your NFT...wait...");
//calma que tem mais...
```

Neste código nós pegamos o signer do provider, depois inicializamos o contract e chamamos a função **mint**, que é pública e existe em nosso contrato. Essa função é payable e para que ela funcione é necessário que o usuário pague o valor estipulado para compra do NFT. No meu caso ele custa ETH 0.001 então eu já vou passar esse preço diretamente na chamada do mint e é aqui que vale uma explicação adicional.

Todas as funções que são transações possuem no mínimo um parâmetro que é um objeto de configuração. Se sua função possui parâmetros definidos no contrato, esse objeto de configuração sempre estará após o último. No meu caso como a mint não possui parâmetros, o único que ela vai ter é este automático, que é um objeto com três parâmetros:

- **from**: a carteira que está enviando os fundos (automático);
- **to**: o destino dos fundos (automático neste caso);
- **value**: a quantidade de moeda nativa, em wei

Como o value é em wei, eu usei a ethers.parseEther para converter a escala de ether para wei. Esse código vai disparar a MetaMask para ela pedir confirmação do usuário, mas ainda temos mais algumas coisas a fazer depois disso, então vamos seguir programando na linha seguinte.

Como eu quero exibir na tela a imagem do token que for mintado, precisamos obter o seu token id logo após o mint for concluído. Mas como pegar essa informação?

Você deve recordar vagamente que estudamos no padrão que alguns eventos são disparados em algumas ocasiões, certo? Esses eventos são, na prática, registrados junto aos logs do recibo da transação. No caso do mint de um token, acontece um evento de transferência da "carteira zero" para a sua, sendo que o id do token transferido é o terceiro parâmetro do evento, veja abaixo a linha exata na função de mint.

```
emit Transfer(address(0), msg.sender, _lastId);
```

Para sabermos o id do token mintado basta pegarmos os logs do recibo de transação após a mesma ser completamente validada, como abaixo.

Código 6.30

```
const receipt = await tx.wait();
const tokenId =
ethers.toBigInt(receipt.logs[0].topics[3]);
setMessage(`Congrats, you minted your NFT (below). Id:
${tokenId}\n Tx: ${tx.hash}`);
//tem mais um pouco ainda...
```

Depois que esperarmos a transação de mint terminar de ser validada, eu pego seu recibo e dentro dele pego o primeiro **log**. Será registrado um log para cada evento, como eu tenho apenas um nesta função, pego o primeiro (0). Dentro do log são registradas cada uma das informações do evento em um array chamado **topics**, sendo que na posição inicial (0) vai o endereço do contrato, logo, o terceiro parâmetro do evento (tokenId) vai estar na posição 3.

Como as informações numéricas do evento ficam registradas em hexadecimal, eu uso a função **ethers.toBigInt** para converter de hexa para decimal novamente, guardando na variável **tokenId** a respectiva informação, que depois eu uso na nova mensagem que montamos com um template string.

Mas calma, falta mais um pouco de código ainda. Isso porque com esse id eu quero ir no contrato pegar a URL de metadados do token para, com ela, pegar a URL da imagem e exibi-la na tela, o que faço no código a seguir.

Código 6.31

```
const gatewayUrl =
"https://maroon-relaxed-rattlesnake-748.mypinata.cloud/
ipfs/";
```

```
const tokenUri = await contract.tokenURI(tokenId);
const response = await
fetch(tokenUri.replace("ipfs://", gatewayUrl));
const data = await response.json();
setImage(data.image.replace("ipfs://", gatewayUrl));
```

Aqui eu comecei definindo a URL do meu gateway na Pinata, que você deve mudar para o seu ou não irá funcionar. Como em nosso contrato nós estamos registrando as URLs dos arquivos somente com o hash IPFS e os navegadores ainda não conseguem acessar a rede IPFS nativamente, precisaremos dessa informação para montar a URL completa. Repare como o gatewayUrl termina com /ipfs/, isso é importante.

Na sequência, fazemos uma chamada ao contrato para pegar a tokenURI do tokenId que acabamos de mintar. Se quiser poupar uma chamada na blockchain, poderia já deixar a informação da URL toda no código, com a URL completa da pasta de imagens e apenas colocando o {id}.jpg no final já que criamos convenções do id estar no nome da imagem e todas imagens estarem na mesma pasta. No entanto, a abordagem acima é mais profissional por ser mais resiliente.

Eu substituo o protocolo ipfs:// pelo gatewayUrl (para ter uma URL compatível com HTTP) e faço uma chamada HTTP simples usando a função **fetch**, nativa do JavaScript. Essa função baixa o conteúdo que existe naquela URL (o arquivo de metadados) em formato binário, o que converto para JSON com a chamada seguinte e pego dele apenas a propriedade image. Por fim, apenas monto a URL HTTP da imagem também, a fim de que ela possa ser renderizada no navegador, como mostra a imagem abaixo.

E com isso finalizamos mais este projeto web3!

Referências

A cada capítulo, listarei referências onde você pode se aprofundar nos assuntos citados.

O Guia Jurídico da Tokenização
Livro do meu aluno, professor, advogado e programador, Fernando Lopes, sobre aspectos jurídicos da tokenização.
https://lopesezorzo.com/o-guia-juridico/

Bored Ape Yacht Club
Talvez a coleção NFT mais famosa no mundo mainstream por causa das celebridades que compraram unidades.
https://boredapeyachtclub.com/

Crypto Punks
Outra coleção NFT muito famosa, mas mais underground.
https://cryptopunks.app/

Axie Infinity
Mais famoso crypto game competitivo da atualidade.
https://axieinfinity.com/

OpenSea

Maior marketplace de NFTs do mundo.
https://opensea.io/

ERC-721: Non-Fungible Tokens Standard
Documento oficial descrevendo o padrão mais famoso para NFTs.
https://eips.ethereum.org/EIPS/eip-721

ERC-165: Standard Interface Detection
documento oficial descrevendo o padrão para identificação de interfaces de contratos.
https://eips.ethereum.org/EIPS/eip-165

O que é IPFS?
Vídeo no meu canal explicando sobre e ensinando a subir um nó.
https://www.youtube.com/watch?v=yhbnSMTyGDk

Pinata
Site de uma empresa de armazenamento IPFS.
https://pinata.cloud/

Deploy MyNFTCollection.sol
Endereço da minha coleção com deploy feito na Sepolia.
https://sepolia.etherscan.io/address/0x29192156887812feead48c668d403b7074e6e039

Os fontes que você viu neste capítulo estão disponíveis para baixar neste link: https://www.luiztools.com.br/livro-web3-fontes/

Quer fazer um curso online de programação web3 com o autor deste livro? Acesse https://www.luiztools.com.br/curso-web23

7 Finanças Descentralizadas

Economia é muito importante para ser deixada aos economistas.
— Abhijit Banerjee

As primeiras criptomoedas surgiram, a exemplo do Bitcoin, como um meio de substituir as moedas fiduciárias (*fiat*) que quase quebraram a economia mundial em 2008. Mas não foi apenas culpa da gestão dos governos sobre o dólar e outras moedas governamentais, mas também culpa da irresponsabilidade e ganância dos bancos e instituições financeiras. A resposta dos programadores a esse "castelo de cartas" construído com as fiats foi o surgimento do conceito de DeFi, ou Decentralized Finance (finanças descentralizadas), onde temos serviços financeiros rodando de forma autônoma na blockchain usando criptomoedas como dinheiro e smart contracts como bancos.

Com estes serviços da Web3, você pode por exemplo tomar um empréstimo, aplicar em um fundo de investimento, comprar bens digitais e físicos, jogar jogos, vender sua arte online, trocar moedas e muito mais, tudo através dos chamados protocolos DeFi, bastando ter uma carteira cripto com saldo nela. Ah, e isso tudo sem qualquer fronteira, barreira, longos cadastros e outras burocracias inerentes ao sistema financeiro tradicional, ao mesmo tempo que de forma segura e barata.

Pois é, estamos no início de uma completa revolução nos serviços financeiros e para que ela seja viável tecnicamente precisamos de programadores capazes de construir tais protocolos.

Você topa o desafio?

Protocolos Financeiros

O primeiro ponto a entender sobre protocolos financeiros (DeFi ou não) é que TODOS eles fazem algum "malabarismo" com seu dinheiro para que no final, tenham uma quantia maior do que quando pegaram ele originalmente. Peguemos como exemplo o protocolo financeiro mais rudimentar de *banking*: bancos pegam dinheiro emprestado de investidores. Esse investidor pode ser o governo, pode ser empresas privadas (incluindo outros bancos) ou pode ser até mesmo eu e você (pessoas físicas). Ou seja, eles contraem uma dívida com alguém, a um juro X, vamos supor 1% a.m. (ao mês), que é o quanto eles vão te pagar por ter pegado seu dinheiro emprestado.

Mas por que eles pegam dinheiro emprestado?

Esse dinheiro que eles pegaram emprestado, eles emprestam novamente para outras pessoas, governos e empresas, a um juro Y (exemplo, 2% a.m.), sendo que o lucro dos bancos está na diferença entre X (juro baixo) e Y (juro alto), o chamado *spread*. Se seu dinheiro estava parado em uma conta-corrente não-remunerada então, melhor ainda, pois eles irão usá-lo e não vão precisar te pagar nada por isso, já que a lei permite que mantenham apenas uma reserva pequena de todo o dinheiro "parado". Se é um banco que cobra taxa de serviço por manter sua conta aberta, a lucratividade vai ser maior ainda pois você estará literalmente pagando para que eles emprestem seu dinheiro a terceiros. Enfim, você entendeu a ideia e se foi novidade para você, talvez até tenha ficado com raiva agora...ou com medo (não pesquise sobre Índice de Basiléia, por favor, só vai piorar).

Essa dinâmica de captação *versus* empréstimo é um exemplo de protocolo financeiro real. Claro, simplifiquei bastante e quem dera os bancos operassem apenas dessa forma, pois assim não teríamos crises financeiras globais. O que acontece é que eles não páram nesta dinâmica simplista: eles compram e vendem essas dívidas em forma de títulos, negociam seguros em cima delas, reinvestem, assumem mais risco em busca de mais lucro e etc, gerando as famosas bolhas financeiras que quando menos esperamos, explodem. Alguém aí já ouviu falar de Lehman Brothers? Sillicon Valley Bank? Bamerindus? Ainda assim, os bancos foram uma grande invenção e são um mal necessário. Ou ao menos eram, até a invenção da blockchain.

Antes dos bancos, a dinâmica entre credores e devedores funcionava de maneira não regulamentada, o que gerava juros piores que os atuais e com cobrança na forma mais violenta que você possa imaginar, muitas vezes envolvendo até morte. Basicamente como ainda funciona a agiotagem moderna, que sabemos que ainda acontece bastante. Os bancos foram a forma que a civilização encontrou de normatizar protocolos financeiros necessários para seu desenvolvimento, delegando ao banco esse caráter de intermediador de confiança (*trustful*) para que provedores de liquidez (os investidores) e tomadores de crédito consigam se relacionar sem a necessidade de confiarem um no outro, ou mesmo sem se sequer se conhecerem.

No entanto, com o advento dos contratos inteligentes, uma vez que as regras de negociação estejam codificadas no mesmo e não exista a menor chance de serem alteradas por nenhuma das partes (a blockchain é imutável), ou seja, você tem a garantia de sua execução quando as condições de término forem alcançadas, você concorda que não há mais a necessidade de um intermediário para garantir a confiança? Isso é o que chamamos de relação *trustless*. E além disso, o risco e o custo se tornam muito menores, permitindo taxas muito melhores para ambos os lados.

Se cada carteira cripto funciona como uma conta-corrente e cada smart contract pode ser codificado para funcionar como um banco, a blockchain tem tudo para mudar a realidade dos serviços financeiros para sempre, já que eles não mais precisam estar centralizados nos bancos mas ao invés disso podem ser, finalmente, descentralizados.

Entendidos esses pontos e voltando ao âmbito da programação (desculpe, posso ter me empolgado com o "economês"), como podemos então codificar estes protocolos existentes no setor bancário através de smart contracts?

Protocolo de Saving

Para começarmos de maneira simples, vamos pensar em um protocolo que serve apenas para "guardar dinheiro" (*saving* ou poupança), não sendo ainda considerado um protocolo de investimento. Você já deve ter ouvido histórias ou até você mesmo pode ter guardado dinheiro embaixo do colchão, em caixas de sapato ou os famigerados cofrinhos em forma de porco, certo? Essa é uma modalidade de poupança, mas não de investimento, mas já servirá para ilustrar a principal mecânica envolvida: depósito e saque.

Via de regra, todo smart contract possui sua própria carteira na blockchain, o que permite que eles recebam e transfiram criptomoedas uns aos outros usando recursos como funções payable, por exemplo. Desta forma, você poderia facilmente criar um smart contract para guardar e sacar dinheiro, olha o exemplo abaixo de um smart contract de Carteira.

Código 7.1

```solidity
pragma solidity ^0.8.28;

contract Carteira {
  mapping(address => uint256) public balances;

  function deposit() external payable {
      balances[msg.sender] += msg.value;
  }

  function withdraw(uint256 amount) external {
      require(balances[msg.sender] >= amount,
"Insufficient balance");
      balances[msg.sender] -= amount;
      payable(msg.sender).transfer(amount);
  }
}
```

O exemplo acima é funcional, você pode criar um arquivo com ele no Remix e testá-lo para ver que ele permite que diferentes pessoas enviem dinheiro para ficar guardado nele (função payable **deposit**), registra corretamente o saldo de todos depósitos e depois a pessoa pode chamar a função de saque (**withdraw**) para sacar parte ou o total dessa quantia. No entanto, qual o problema fundamental deste contrato?

A única criptomoeda real em uma blockchain é a nativa da rede: Ether na Ethereum, Bitcoin na BTC, POL na Polygon, etc. Se eu fizer deploy deste contrato na blockchain Sepolia, por exemplo, esse contrato acima vai poder receber e enviar apenas SepoliaETH, que é a moeda de todas as contas da referida rede. E embora seja possível sim criar um protocolo somente em cima da moeda nativa, o mais comum é que os protocolos operem usando tokens ERC-20, que é o que faremos no exemplo a seguir.

Vamos repensar então nosso protocolo de guardar dinheiro, partindo do pressuposto que usaremos um token ERC-20 nos depósitos e transferências. É comum inclusive que os protocolos tenham seu próprio token ERC-20 para usar nas negociações, a fim de que não precisem lidar com diferentes tokens e com isso também terem mais uma forma de se capitalizarem, já que terão sua própria moeda à venda no mercado. Então vou supor aqui que você possui uma criptomoeda sua ou ao menos escolheu uma existente que irá usar no seu protocolo. Guarde o endereço do contrato ERC-20 dela na blockchain contigo, anotado em algum lugar.

Agora, vamos alterar o contrato do nosso protocolo, onde vamos receber o endereço do contrato da moeda no construtor, ou seja, durante o deploy. Com esse endereço em mãos, vamos guardar em uma variável de estado como sendo um objeto de token ERC-20, um tipo que teremos acesso importando uma interface popular do OpenZeppelin que já usamos antes.

Código 7.2

```
import
"@openzeppelin/contracts/token/ERC20/IERC20.sol";


contract Carteira {
  IERC20 public immutable token;
  mapping(address => uint256) public balances;


  constructor(address tokenAddress){
     token = IERC20(tokenAddress);
  }
```

Assim, a variável token é um IERC20, ou seja, um objeto compatível com o padrão ERC20 com todas as funções do padrão. Esta variável de token ERC20, apesar de funcionar com qualquer token, só funcionará com UM token, aquele definido no deploy/constructor. A partir de então, todas as demais funções do contrato vão manipular somente o token em questão.

Assim, se quisermos fazer uma função de depósito, abaixo temos um exemplo.

```
function deposit(uint amount) external {
  token.transferFrom(msg.sender, address(this),
amount);
  balances[msg.sender] += amount;
}
```

Mas Luiz, a função de depósito não deveria ser **payable***?*

Não, pois funções payable servem somente para enviar fundos da moeda <u>nativa</u> da rede. Neste caso, eu quero enviar um outro token ERC-20, logo, o payable não se aplica aqui. Enquanto usuário, para que eu possa fazer depósito de um token ERC-20, tenho duas alternativas:

1. envio a quantia diretamente para o endereço do protocolo no contrato do token (via função **transfer** do ERC-20);
2. aprovo que o protocolo faça o saque da quantia na minha conta no contrato do token (via função **transferFrom**).

Como deve ter reparado na implementação, eu optei pela segunda opção. Por que?

Porque a primeira opção, de enviar a quantia diretamente para o protocolo, faz com que nosso contrato de Carteira não tenha qualquer reação sobre esse depósito. A Carteira sequer saberia, pois tudo aconteceria no contrato ERC-20 e isso obviamente inviabiliza construir um protocolo já que não poderíamos, por exemplo, atualizar o mapping de balances, certo?

Com a segunda opção (usando **transferFrom**), fica um pouco mais complexo já que o usuário terá de autorizar previamente, via função **approve** do contrato ERC-20, que o endereço do protocolo possa movimentar seus fundos. Mas uma vez feito isso ele pode chamar a função **deposit** do contrato e o protocolo se encarregará do resto. No meu caso eu apenas atualizo o mapping de balances, mas eu poderia fazer muito mais coisas a depender do protocolo que estivesse criando.

Mas e quando o usuário quiser o dinheiro dele de volta?

Realizar o saque não é muito mais complexo do que fazer um depósito, principalmente porque não envolve todos aqueles conceitos de transferência delegada do ERC-20. Basta o protocolo enviar o dinheiro para a carteira do dono original, mas não sem antes deduzir o saldo, no modelo Checks-Effects-Interactions que já discutimos.

Código 7.4

```
function withdraw(uint amount) external {
  require(balances[msg.sender] >= amount, "Insufficient balance");

  balances[msg.sender] -= amount;

  token.transfer(msg.sender, amount);
}
```

Repare também a verificação da existência de fundos antes de fazer a transferência, a fim de evitar saques maiores do que o usuário tem direito.

Com isso, temos um protocolo de "guardar dinheiro embaixo do colchão" funcional e que serve para múltiplos poupadores de um mesmo token ERC-20 definido por você. Opcionalmente você poderia modificar este protocolo para permitir que ele suporte múltiplos tokens simultaneamente, por exemplo criando um mapping de address do usuário para address do token para balance e pedindo o address do token nas funções de depósito e saque. Isso dificulta um pouco mais, mas é perfeitamente possível de fazer se assim o quiser.

Entendidos esses mecanismos mais básicos, vamos avançar para algo mais interessante, evoluindo nosso protocolo para algo mais complexo e útil.

Liquidity Mining

Liquidez é a capacidade de um ativo ser convertido em dinheiro de forma rápida e sem perda significativa de valor. É um conceito importante no mercado financeiro e em estratégias de investimento. Todo protocolo DeFi, simples ou complexo, enfrenta um desafio muito grande que é o de como atrair provedores de liquidez (*liquidity providers*), ou seja, investidores que queiram depositar seu dinheiro no protocolo para que ele tenha liquidez. Afinal, se o protocolo não tiver capital investido, ele não servirá para nada.

Para fazer essa atração é obrigatório ter incentivos como compartilhamento de lucros, pagamento de dividendos, etc. Uma dessas técnicas muito populares em contratos inteligentes é a chamada *Liquidity Mining* ou Mineração de Liquidez. Funciona assim: investidores, chamados de *liquidity providers*, depositam seu capital em um *liquidity pool* ("piscina de liquidez") que será usado pela empresa por trás do protocolo para alguma finalidade, que não vem ao caso (se capitalizar, emprestar para terceiros, reinvestir, etc).

Os depositantes fazem isso com a promessa de que receberão recompensas na forma de tokens emitidos pelo protocolo, em quantia proporcional ao período e montante depositados. Esses tokens obviamente devem ter algum atrativo, seja para serem trocados (*swap*) por outros, negociados em corretoras (*exchanges*), serem usados para *staking* (um tipo de investimento) ou ainda garantirem poder de voto (tokens de governança). Ao término do período combinado, os liquidity providers recebem de volta os seus tokens originalmente depositados também, junto dessas recompensas.

Isso tudo vai ficar mais claro se programarmos um protocolo de liquidity mining na prática, não é mesmo?

Contrato de Liquidity Token

Para começar, precisamos de um liquidity token, um token que será usado pelo protocolo para recompensar os investidores. Esse deve ser um token ERC-20 com uma função de **mint**, possível de ser utilizada apenas pelo nosso protocolo para emissão das recompensas e a fim de evitar a emissão indevida de moeda (o que causaria uma inflação descontrolada).

Antes de criarmos o token em si, vamos criar sua interface pois ela será útil mais tarde. Crie um arquivo ILPToken.sol no Remix com o conteúdo abaixo. Essa segregação via interface é importante para um código bem estruturado e aberto para extensão futura.

Código 7.5

```
// SPDX-License-Identifier: MIT
pragma solidity ^0.8.28;
```

```
import
"@openzeppelin/contracts/token/ERC20/IERC20.sol";

interface ILPToken is IERC20 {
  function mint(address receiver, uint amount) external;
}
```

Repare como importei a interface IERC20 da OpenZeppelin que já havíamos usado em outros projetos e fiz com que a nossa interface ILPToken herdasse dela com **is**. Isso permite a "combinação" de interfaces, onde qualquer contrato que implementar ILPToken terá de seguir as regras dele <u>mais</u> as regras de IERC20.

No ILPToken temos como única regra adicional: a existência de uma função mint que espera o endereço do receptor e a quantia de moeda a ser emitida. Diferente de outras moedas, o liquidity token que vamos criar vai começar com *supply* zerado e somente emitiremos moeda quando a gente for pagar recompensas. Agora temos de programar o token em si, respeitando essa interface.

Para não termos de programar um token ERC-20 completo do zero e também para lhe ensinar um novo "truque", usaremos novamente da biblioteca OpenZeppelin para nos ajudar nessa tarefa. No entanto, ao invés de simplesmente importar uma interface "vazia", isto é, um esqueleto de contrato, vamos importar desta vez um token ERC-20 pronto, bem como uma funcionalidade de segurança muito comum chamada **Ownable**. Também vamos importar a interface ILPToken.sol que criamos e que se encontra na mesma pasta de contratos, o que nos obrigará a ter uma função **mint**. Não se preocupe, explicarei tudo a seguir, logo após esse código inicial do arquivo LiquidityToken.sol no Remix.

Código 7.6

```
// SPDX-License-Identifier: MIT
pragma solidity ^0.8.28;

import "@openzeppelin/contracts/token/ERC20/ERC20.sol";
import "@openzeppelin/contracts/access/Ownable.sol";
import "./ILPToken.sol";
```

```
contract LiquidityToken is ILPToken, ERC20, Ownable {


}
```

Como você vai perceber agora, a biblioteca de contratos da OpenZeppelin vai muito além de apenas fornecer as interfaces: ela fornece implementações completas dos padrões mais comuns do mercado como ERC-20, ERC-721 e outras funcionalidades. No código acima, por exemplo, nós estamos dizendo que LiquidityToken deve respeitar as regras de ILPToken e que também recebe todas funções existentes nos contratos ERC20 e Ownable da OpenZeppelin. Mas do que se tratam estes contratos?

O primeiro é um token ERC-20 pronto, bastando customizarmos no corpo do nosso contrato os elementos que quisermos que sejam diferentes (faremos isso longo mais). Já a segunda herança, **Ownable**, é uma implementação do recurso de usuário "_owner" que fizemos no projeto MyNFTCollection no capítulo passado, lembra? Onde no constructor pegávamos o endereço do owner e depois usávamos ele para garantir que uma função importante somente pudesse ser chamada pelo owner. O Ownable da OpenZeppelin entrega tudo isso pronto pra gente e muito mais, como ficará mais claro em breve, quando usarmos seus recursos.

Note que esses recursos prontos não diminuem a importância de entendermos como codificar tais padrões manualmente, como fizemos anteriormente, já que customizações são necessárias frequentemente para atender a características específicas de projetos, como neste nosso caso, bem como saber o quê usar e quando.

Mas seguindo no desenvolvimento de nosso novo token, as primeiras e mais simples customizações são de nome e símbolo do token, que fazemos logo no constructor com o código abaixo.

Código 7.7

```
address public liquidityMining;


constructor() ERC20("LiquidityToken", "LPT")
Ownable(msg.sender) {

}
```

Como no contrato ERC20.sol da OpenZeppelin eles deixaram um constructor esperando por *name* e *symbol*, podemos chamar esse constructor a partir do nosso, apenas passando as informações que queremos para estas duas variáveis. Ou seja, nosso constructor vai executar primeiro o constructor do contrato que estamos herdando, para só depois executar a si próprio, assim como acontece em outras linguagens com herança como C# e Java.

Não apenas isso, repare que após o constructor do ERC20 eu chamo o constructor do contrato Ownable. Ele exige que eu passe quem vai ser o owner do contrato, o que eu faço dizendo que é o msg.sender (quem chamou o constructor, ou seja, quem fez o deploy). Essa informação será guardada internamente em uma variável _owner que não estamos vendo, mas que fará parte do nosso contrato final depois de compilado. Por fim, repare que adicionei uma variável liquidityMining no topo, que servirá para guardar o endereço do nosso protocolo a fim de sabermos quem poderá emitir moedas do LiquidityToken. Olhe abaixo como usarei esse recurso.

Código 7.8

```
function setLiquidityMining(address contractAddress)
public onlyOwner {
  liquidityMining = contractAddress;
}
```

Aqui temos uma função que à primeira vista é bem simples: recebe um endereço de contrato e salva ele em uma variável de estado. No entanto, repare que após a keyword public foi usado um modificador de função personalizado, o **onlyOwner**. Esse modificador foi herdado do contrato **Ownable** e seu funcionamento é bem simples: antes da função ser executada, uma função de nome **onlyOwner** será executada que serve exclusivamente para validar se a função **setLiquidityMining** pode ou não ser chamada. Ou seja, na prática, esse modificador funciona igual a um require comparando msg.sender com uma variável _owner (definida no constructor), mas já está pronto, basta usar.

Você pode conferir esse código com seus próprios olhos no GitHub desse contrato,que deixei na seção de referências deste capítulo.

Uma vez que você importe a Ownable e chame seu constructor, você pode usar o onlyOwner em todas funções que quiser controlar o acesso administrativo. Mais pra frente vou te mostrar como você pode criar seus próprios modificadores de função personalizados, mas agora você já sabe para que eles servem e como funcionam.

Agora falando da customização central, em que queremos que nosso token possa ser "mintado" por outro contrato, como conseguiremos isso? Fazendo três passos:

- primeiro, no deploy (constructor) eu armazeno quem é o owner do contrato de token (**Ownable** faz isso);
- segundo, depois que o contrato do protocolo Defi (que ainda não fizemos) tiver sido provisionado na blockchain, o owner deve chamar a função **setLiquidityMining** que serve para definir o endereço do contrato autorizado;
- e por último, temos a função de **mint** (abaixo), que faz a emissão de moeda para o endereço escolhido.

Código 7.9

```
function mint(address receiver, uint amount) external{
  require(msg.sender == liquidityMining,
"Unauthorized");
  _mint(receiver, amount);
}
```

Para o mint, a única função nova aqui, repare que ela chama uma função **_mint** que não está presente em nosso contrato. Na verdade ela existe no contrato ERC20.sol da OpenZeppelin, por isso herdamos ela e podemos chamá-la onde bem entendermos. Se você for no GitHub da OpenZeppelin para ver o contrato que estamos usando no detalhe você encontrará o seguinte código para essa função **_mint** (deixei o link na seção de referências).

```
function _mint(address account, uint256 value) internal
{
  if (account == address(0)) {
    revert ERC20InvalidReceiver(address(0));
  }
```

```
    _update(address(0), account, value);
}
```

Repare que ela espera a conta para a qual vamos emitir moeda e o montante de moeda e que internamente ela chama algumas funções que não vêm ao caso. O que quero te mostrar aqui é o uso do modificador de visibilidade **internal**. Ele garante que contratos que herdem de ERC20 possam chamar essa função _mint, mas que outras entidades não possam, garantindo que a nossa regra de mint seja resguardada. Afinal, uma moeda onde qualquer pessoa pudesse emitir novas unidades seria completamente sem valor.

Mas voltando ao nosso LiquidityToken, agora que temos ele pronto (recomendo inclusive que teste no Remix para ver que funciona como um ERC-20 normal), podemos fazer seu deploy na blockchain para que possa ser usado mais tarde pelo nosso protocolo. Pode seguir as instruções normais de deploy na Remix VM e tomar nota do endereço e contrato dele. Lembre-se: este é nosso token de recompensa, não é o token que os usuários irão investir no protocolo.

Para o token que os usuários vão investir você pode usar a LuizCoin que você fez deploy no capítulo 3 e que você deve fazer novo deploy agora na Remix VM (não exclua o deploy do LiquidityToken, deixe ele aí no Remix também). Tome nota do endereço que vai ser gerado para a LuizCoin e apenas transfira um pouco dela para outra carteira que não a sua principal, para simular um investidor terceiro mais à frente. Embora você possa usar qualquer token ERC-20 como moeda a ser investida, é sempre mais fácil quando usamos um token nosso nos testes por termos maior controle e mais fundos para os testes, além de podermos ter os deploys todos juntos na Remix VM para os testes como abaixo (nesta imagem eu já fiz deploy do LiquidityMining que vamos criar a seguir).

Desta forma, todos contratos existem ao mesmo momento na Remix VM e podem interagir uns com os outros conforme programarmos, podemos intercalar os testes neles, etc.

Contrato de Liquidity Mining

Agora que temos o nosso novo contrato de token fungível com funcionalidade de mint e também nosso token fungível anterior, que é um ERC-20 genérico, podemos implementar o contrato do nosso protocolo de Liquidity Mining. Começaremos essa implementação criando no Remix o arquivo LiquidityMining.sol e definindo seus imports e estrutura básica, como abaixo.

Código 7.10

```solidity
// SPDX-License-Identifier: MIT
pragma solidity ^0.8.28;

import
"@openzeppelin/contracts/token/ERC20/IERC20.sol";
import "./ILPToken.sol";

contract LiquidityMining {
  IERC20 public token;
  ILPToken public reward;

  constructor(address tokenAddress, address
rewardAddress) {
      token = IERC20(tokenAddress);
      reward = ILPToken(rewardAddress);
  }
```

```
}
```

Os imports dizem respeito às interfaces dos dois tokens fungíveis com os quais nosso protocolo vai interagir: o ERC-20 padrão (LuizCoin) e o de recompensa (LiquidityToken). Logo no topo do contrato eu já declaro variáveis destes mesmos tipos que importamos e inicializo as mesmas no constructor do protocolo. Preste atenção a esse constructor pois no deploy você precisará passar dois endereços: o do token padrão e do token de recompensa. Repare também que já armazeno eles como objetos dos respectivos tipos, para que possamos chamar facilmente as funções deles mais tarde.

Agora vamos declarar dois mappings logo abaixo das variáveis anteriores.

Código 7.11

```
mapping(address => uint) public balances;
mapping(address => uint) public checkpoints;
```

O primeiro mapping indexa endereços de usuários do protocolo com seu respectivo saldo. Como diferentes investidores vão colocar suas moedas sob nossa custódia, precisamos registrar quanto é de cada um para permitir futuramente seu saque.

Já o segundo mapping é para indexar os endereços dos usuários do protocolo e a data na qual eles depositaram fundos no mesmo. Isso será útil mais tarde para calcular as recompensas a serem pagas a cada usuário, já que elas dependem do tempo em que o capital permaneceu investido. A fórmula completa para pagamento no nosso protocolo é:

Recompensas = **S**aldo * **T**empo * **R**entabilidade

Essa não é uma fórmula absoluta, você pode criar a variação que quiser ou precisar no seu protocolo, é apenas um exemplo. O **saldo** nós temos no mapping balances, o **tempo** nós calcularemos pegando a diferença do tempo atual em relação ao mapping de checkpoints. Já para saber a rentabilidade nós precisamos de mais duas informações que vamos armazenar em mais duas variáveis.

Código 7.12

```
uint public rewardFactor = 100;
uint public periodFactor = 30 * 24 * 60 * 60;
```

A primeira variável rewardFactor, guarda o percentual de lucratividade do nosso pool em uma escala de 10.000. Isso quer dizer que um número de 10.000 representa 100% de lucratividade, enquanto que 100 (nosso caso), representa uma lucratividade de 1%. Pode parecer um pouco confuso, mas essa escala permite simularmos até duas casas decimais mesmo o Solidity não possuindo suporte a números decimais, sendo uma prática comum em protocolos DeFi.

Mas 1% de quanto em quanto tempo? Para isso precisamos entender a segunda variável nova: periodFactor. Nela, eu defini a quantidade de tempo em segundos que aplicaremos o rewardFactor em cima do montante investido. No exemplo acima eu fatorei o período de 30 dias em segundos, o que na prática fará com que nosso protocolo renda 1% a cada 30 dias corridos. Obviamente você pode ajustar como quiser esses valores, são regras financeiras que devem fazer sentido ao seu negócio e que aqui apenas coloquei valores fáceis de entender e calcular.

Por ordem lógica, vamos fazer a primeira função como sendo a de depósito.

Código 7.13

```
function deposit(uint amount) external {
  require(amount > 0, "Invalid amount");
  require(balances[msg.sender] == 0, "Double deposit
error");

  token.transferFrom(msg.sender, address(this),
amount);
  balances[msg.sender] = amount;
  checkpoints[msg.sender] = block.timestamp;
}
```

Um ponto importante de frisar antes mesmo de codificar a **deposit** é que para que nosso protocolo funcione o usuário deve ter chamado **approve** no contrato do token ERC-20 a ser depositado antes de fazê-lo, autorizando nosso protocolo a mover seus fundos. Apesar de parecer estranho se você for novo nesse mundo Defi, esse comportamento é padrão nos protocolos pois eles precisam fazer o saque de moedas da sua carteira para a deles para que possam executar as demais etapas do algoritmo. Não adianta tentar transferir moedas diretamente pra eles, você apenas perderia seus fundos.

Mas falando do código em si, nós começamos validando se a quantia que o usuário está depositando é superior a zero e também se o saldo dele é zerado em nosso protocolo, pois não podemos receber múltiplos depósitos no mesmo pool ou isso quebraria os cálculos de recompensas baseados em tempo que faremos mais tarde. Pense em nosso pool como sendo uma oferta de CDB (Certificado de Depósito Bancário) que você somente pode comprar uma única vez. E novamente: essa é uma regra para esse protocolo de exemplo, você pode criar regras mais complexas mais tarde.

Após as validações, nós fazemos o saque dos fundos do usuário em nome dele (**transferFrom**), atualizamos o nosso controle de saldo e nosso controle de tempo, usando o block.timestamp para o registro desse último. Com isso temos a primeira funcionalidade do protocolo implementada e você já pode realizar o deploy na Remix VM e os testes de depósito, até para ir se acostumando com o fluxo, pois acredito que seja a primeira vez que terá de interagir com três contratos no mesmo teste.

Segue o fluxo completo de um teste simples considerando que 1 ether inteiro é o número 1 seguido de 18 zeros:

1. como conta 1, faça o deploy da LuizCoin, tome nota do endereço deste contrato;
2. como conta 1, transfira 1 LuizCoin inteira para a conta 2 e verifique o saldo de LuizCoin dela;
3. como conta 1, faça o deploy da LiquidityToken, tome nota do endereço deste contrato;
4. como conta 1, faça o deploy do LiquidityMining informando o endereço da LuizCoin e da LiquidityToken, tome nota do endereço deste novo contrato;
5. como conta 1, no contrato LiquidityToken chame a função setLiquidityMining passando o endereço do contrato LiquidityMining;

6. como conta 2, no contrato LuizCoin chame a função approve informando o endereço do contrato LiquidityMining e a quantia de 1 ether inteiro;
7. como conta 2, no contrato LiquidityMining chame a função deposit informando a quantia de 1 ether inteiro;
8. verifique o saldo de LuizCoin da conta 2 e também do LiquidityMining para ver se estão corretos (saiu 1 ether do primeiro e foi pro segundo);

Se tudo deu certo, seu depósito está pronto e podemos avançar para a implementação do saque.

Saque e Rendimentos

Já que é no saque que precisaremos pagar a rentabilidade devida no período, é importante primeiro decompormos e implementarmos algumas partes do algoritmo em separado. Vamos começar fazendo a função que calcula a rentabilidade conforme fórmula apresentada antes.

Código 7.14

```
function _calculateRewards(uint balance) private view
returns (uint) {
  uint timeFactor = (block.timestamp -
checkpoints[msg.sender]) / periodFactor;
  if(timeFactor < 1) return 0;

  return balance * timeFactor * rewardFactor / 10000;
}
```

Essa função espera que você informe o saldo-base para o cálculo e retorna um **uint** com a quantidade de tokens de recompensa que deve ser dada para este investidor (na escala de wei). Para isso, começamos calculando o fator de tempo (**timeFactor**) a ser aplicado na fórmula, ou seja, quantos "blocos de tempo" se passaram desde que o valor foi depositado, conforme fórmula abaixo.

FatorTempo = (InstanteAtual - InstanteDepósito) / TamanhoBloco

O instante atual nós pegamos com o block.timestamp, enquanto que o de depósito fica salvo no mapping **checkpoints**, ficando fácil de pegar quanto tempo passou apenas com uma subtração, o que nos trará a diferença de segundos entre os dois instantes. Dividindo isso pelo tamanho do bloco de tempo em segundos nós temos o fator de multiplicação da recompensa, sendo que se esse fator for menor que 1, quer dizer que o investidor está sacando antes de fechar ao menos a primeira janela de recompensa, logo não irá receber nada.

Dois pontos aqui merecem notas adicionais pois podem ter te causado estranheza. Primeiro, alternativamente você pode bloquear tentativas de saque antes de um período mínimo (o primeiro mês, por exemplo), desde que acordado previamente na comunicação aos investidores. Essa é uma postura comum no mercado e serve para permitir que os fundos tenham alguma previsibilidade de caixa e também possam se planejar para os pagamentos a partir de uma data x.

Outro ponto que você pode ter estranhado é que sim, estou usando juros simples aqui e essa prática é comum, chamada de **APR** ou Annual Percentage Rate, onde os juros incidem apenas sobre o capital investido e não são afetados pelo rendimento. Outra opção seria trabalhar com **APY**, o Annual Percentage Yield, onde aí sim usamos juros compostos.

Independente das suas decisões quanto a esses pontos, uma vez tendo essa informação calculada podemos facilmente multiplicar o capital informado pelo fator de tempo, depois pelo fator de recompensa (lucratividade por período) e dividir o total por 10000, o que nos dará quantos weis do token de recompensa deve ser pago. Esse truque de usar a escala de 10000 no fator de recompensa e depois dividir por 10000 no cálculo de recompensa é o que permite usarmos até duas casas decimais nos cálculos de nosso protocolo mesmo que o Solidity não suporte números com ponto flutuante. Caso necessite em algum momento de três ou mais casas decimais, basta ir aumentando um zero a mais para cada casa decimal adicional. Por exemplo, para três casas decimais use escala 100000, para quatro casas use 1000000 e assim por diante.

Não acredita? Faça o seguinte exercício com a ajuda de papel, caneta e uma calculadora:

- considere rewardFactor como 100 (1% na escala 10k) e periodFactor como 2592000 (30 dias em segundos);
- usuário depositou 1000 wei no instante 1731279312;

- usuário sacou os 1000 wei no instante 1737759312 (dois meses e meio depois);

Assim, o cálculo de tokens de recompensa a serem dados é:

Recompensas = **S**aldo * **T**empo * **R**entabilidade

Onde, FatorTempo = (InstanteAtual - InstanteDepósito) / TamanhoBloco

Traduzindo (**F**atorTempo é sempre uint, então ignore decimais),

Recompensas = 1000 * uint((1737759312 - 1731279312) / 2592000) * 100

Que vira, **Re**compensas = 1000 * 2 * 100 = 200000

Dividindo pela escala 10k, temos um resultado final de 20 weis que devem ser dados como recompensa pelos 1000 investidos por 2 meses inteiros (2%). Viu como funciona?

Para diminuir as perdas de rentabilidade ao investidor nos períodos com frações menores que 30 dias você poderia pagar a diferença *pro rata die*, ou "proporcional aos dias", como pagar 0.33% a cada 10 dias ou ainda 0.03% por dia por exemplo. Mas isso é uma decisão de negócio sua, não é incomum rendimentos serem pagos apenas no aniversário (ou eu deveria chamar "mêsversário"?), como feito na caderneta de poupança.

Mas voltando ao código, repare que a _calculateRewards é uma função privada. Isso porque ela será usada por outras duas funções de nosso contrato mas não deve ser chamada "sozinha". Caso o usuário queira saber quanto ele teria de lucro se retirasse seu dinheiro agora, ele deverá chamar outra função que vamos fazer a seguir.

Código 7.15

```
function calculateRewards() public view returns (uint)
{
    return _calculateRewards(balances[msg.sender]);
}

function poolBalance() external view returns (uint) {
```

```
    return token.balanceOf(address(this));
}
```

Aqui temos duas funções na verdade. A primeira é uma função pública para que os usuários possam chamar e ver o quanto de recompensas receberiam de LiquidityToken se sacassem o total depositado agora. Para esse cálculo, pegamos o balance total do requisitante (msg.sender) nesse momento e aplicamos na função que criamos antes.

Já a segunda função é para que qualquer pessoa possa acompanhar o total de saldo depositado no pool do nosso protocolo. Essa informação é importante pois demonstra a popularidade e grau de confiança do mercado no protocolo, o que costuma atrair ainda mais investidores. Para isso nós consultamos o contrato do token ERC-20 que estamos aceitando (LuizCoin no meu caso) para pegar o saldo em nome do endereço do contrato de LiquidityMining. Futuramente se esse dinheiro for movimentado, poderíamos usar uma variável para contabilizar o valor total bloqueado (TVL ou Total Value Locked) ao invés de usar o balance nativo.

Agora, antes que possamos fazer a função de saque, temos mais uma tarefa: precisamos implementar a função que paga os rendimentos de um investidor.

Código 7.16

```
function rewardPayment(uint balance, address to)
private {
  uint rewardAmount = _calculateRewards(balance);
  reward.mint(to, rewardAmount);
  checkpoints[to] = block.timestamp + 1;
}
```

A função **rewardPayment** também é privada pois será usada pela de saque. Ela espera o saldo a ser usado como base de cálculo da recompensa e quem irá receber a mesma. Com a primeira informação ela calcula a quantidade de recompensas (**rewardAmount**) usando a função que criamos antes e, para fazer esse pagamento, chama a função de mint do contrato de

LiquidityToken, emitindo x tokens para o endereço de destino e atualizando seu checkpoint com o instante de 1 segundo no futuro.

Vale ressaltar aqui dois pontos importantes: o primeiro é que o mint só vai funcionar se o contrato LiquidityMining estiver autorizado previamente no contrato LiquidityToken. O segundo ponto é que a atribuição de novo timestamp ao checkpoint do usuário existe aqui para permitir saques parciais. Assim, um usuário que tenha por exemplo 1000 depositado, pode tirar agora 500, receber as recompensas no período até aqui pelos 1000 e deixar os 500 restantes para sacar no futuro, quando as novas recompensas serão calculadas com base na diferença de tempo do primeiro saque para o segundo e em cima do saldo restante. De outra maneira não seria necessária essa atribuição no checkpoints e ela seria feita de novo apenas em um novo depósito futuro.

Agora sim, temos tudo que precisamos para implementar nossa função de saque, como abaixo, que espera a quantia (**amount**) que o usuário deseja sacar.

Código 7.17

```
function withdraw(uint amount) external {
    require(amount > 0, "Invalid amount");
    require(balances[msg.sender] >= amount, "Insufficient balance");

    uint originalBalance = balances[msg.sender];
    balances[msg.sender] -= amount;
    rewardPayment(originalBalance, msg.sender);
    token.transfer(msg.sender, amount);
}
```

Primeiro fazemos as validações, como verificar se o amount é superior a zero e se o usuário possui saldo suficiente para o saque. Depois, guardamos a informação do saldo atual, pois precisaremos dela ao final do algoritmo. A lógica seguinte é a de subtrair do saldo do investidor a quantia sacada, chamar a função que realiza o pagamento da recompensa em cima do valor total que ele tinha na conta e fazer a transferência de saque de fato. Nessa exata ordem para garantir o padrão Checks-Effects-Interactions.

Agora que temos todas as funções implementadas é hora de fazer os testes finais no Remix. Para esses testes finais recomendo que defina o **periodFactor** para algo mais curto como 30 segundos ou 1 minuto, a fim de conseguir ver os rendimento acontecendo sem ter de esperar 30 dias, hehe.

Para não se confundir, recomendo também que após o ajuste citado acima e antes dos testes, exclua TODOS os deploys que estiverem na sua Remix VM e que repita o passo a passo da página 222 até refazer o teste de depósito. Somente depois do depósito realizado, siga com os passos abaixo:

1. espere algum tempo e consulte com calculateRewards para ver se já tem recompensa para a conta 2;
2. quando tiver recompensas, com a conta 2 faça um saque de metade do saldo total;
3. consulte o novo checkpoint da conta 2;
4. consulte o novo saldo da conta 2 no LiquidityMining, ele deve estar em metade do que tinha antes;
5. consulte o novo saldo da conta 2 no LiquidityToken, ele deve estar com o total de recompensas recebido;
6. consulte o total supply do LiquidityToken, ele deve estar no mesmo valor do que foi mintado recentemente;
7. consulte o novo saldo da conta 2 no LuizCoin, ele deve estar com o valor que sacou a mais;
8. aguarde mais algum tempo até ter novas recompensas e repita o processo zerando sua posição no pool;

Este é o caso do cenário mais comum e com sucesso. Sinta-se encorajado a fazer mais testes, inclusive envolvendo múltiplos investidores, tentativas de fraude, cenários em que as permissões corretas não foram dadas, etc. Em contratos de protocolos financeiros todo cuidado é pouco para garantir que esteja não apenas funcional mas também seguro para você e para os usuários. Falaremos mais sobre qualidade, profissionalismo e segurança no capítulo final de Boas Práticas.

Pensando nisso, trago a seguir mais algumas dicas para enriquecer nosso contrato.

Modificadores de Função Personalizados

Existem situações em nossos contratos em que temos validações iguais acontecendo em funções diferentes. Por exemplo, um controle de acesso em algumas funções administrativas. Nestes casos você tem três caminhos possíveis:

- repetir todo o código nas diferentes funções que precisam;
- criar uma função com a lógica que se repete e chamá-la nas funções que precisam da mesma;
- criar um modificador personalizado e usar ele nas funções que precisam;

Enquanto a primeira abordagem é a péssima (código repetido raramente é algo aceitável), a última é a mais elegante pois entrega a mesma coisa que a segunda, mas usando recursos disponíveis na linguagem Solidity para tornar seu código mais legível. Nós inclusive já usamos um modificador personalizado na seção anterior, o **onlyOwner**, herdado do contrato **Ownable** da OpenZeppelin. Vamos relembrar como ele funciona implementando controle de acesso em duas novas funções que adicionaremos no contrato LiquidityMining.

Primeiro, importe o contrato e faça a herança.

Código 7.18

```
import "@openzeppelin/contracts/access/Ownable.sol";


contract LiquidityMining is Ownable {
```

Depois, chame o construtor dele, para que o endereço do owner seja capturado no deploy.

Código 7.19

```
constructor(address tokenAddress, address
rewardAddress) Ownable(msg.sender) {
  token = IERC20(tokenAddress);
  reward = ILPToken(rewardAddress);
}
```

E por fim, vamos implementar duas funções novas que somente podem ser chamadas pelo owner do contrato, pois impactam diretamente nas regras de negócio do mesmo.

Código 7.20

```
function setRewardFactor(uint newRewardFactor) external
onlyOwner {
  rewardFactor = newRewardFactor;
}


function setPeriodFactor(uint newPeriodFactor) external
onlyOwner {
  periodFactor = newPeriodFactor;
}
```

Repare como ambas usam o modificador de função onlyOwner, que garante que elas somente poderão ser chamadas pelo mesmo endereço que fez o deploy do contrato. Isso sem precisar ficar repetindo a validação em cada uma das funções.

Mas e se tivermos outras regras que devam ser aplicadas em várias funções? Por exemplo, não é justo que o administrador do contrato mude a rentabilidade do mesmo depois que investidores depositaram moedas, você não acha? Acredito que se já tem dinheiro no pool, é como dizem: não podemos mudar as regras do jogo com o jogo acontecendo. Assim, você poderia rapidamente pensar em um require como abaixo, que poderia ser adicionado nas duas funções, certo?

```
require(token.balanceOf(address(this)) == 0, "Pool
blocked");
```

Mas como citado anteriormente, a solução ideal nestes casos é usar um custom function modifier, ou modificador de função personalizado, o que podemos fazer facilmente com a sintaxe abaixo, dentro do escopo do próprio contrato, próximo das funções.

Código 7.21

```
modifier isBlocked(){
  require(token.balanceOf(address(this)) == 0, "Pool
blocked");
  _;
```

```
}
```

Repare que um function modifier não é muito diferente de uma função comum, exceto que ele começa com a palavra reservada **modifier** ao invés de **function**. Dentro dele, você pode colocar todas as validações que deseja, mas na última linha ele deve terminar com "_;" como no exemplo acima.

Mais tarde, com o function modifier criado, você pode utilizá-lo da mesma maneira que fizemos com o onlyOwner, veja abaixo.

Código 7.22

```
function setRewardFactor(uint newRewardFactor) external
onlyOwner isBlocked {
   rewardFactor = newRewardFactor;
}


function setPeriodFactor(uint newPeriodFactor) external
onlyOwner isBlocked {
   periodFactor = newPeriodFactor;
}
```

Assim, além da validação do controle de acesso a essas funções, temos uma segunda validação acontecendo antes da execução da função em si, que é a verificação se o pool de liquidez está ou não bloqueado para mudanças, tornando nosso protocolo mais gerenciável mas sem perder a segurança. Seria possível inclusive passar parâmetros para o function modifier, abordagem essa que usaremos na prática no próximo capítulo, em um cenário onde fará mais sentido.

Antes de seguir avançando em nossos estudos de programação DeFi, vamos entender mais um pouco sobre projetos desse tipo, algumas características que os compõem e classes de tokens que farão toda a diferença em nossos estudos.

Tokenomics

Tokenomics é o estudo dos aspectos econômicos de uma criptomoeda ou projeto blockchain, principalmente o design e distribuição de seus tokens digitais. É uma combinação das palavras "token" e "economics".

Por exemplo, dúvidas comuns da "tokeconomia" (em uma tradução livre) de um projeto podem incluir:

- como será feita a oferta inicial de moeda (ICO ou *Initial Coin Offering*)?
- faremos airdrop para usuários selecionados?
- terá prazo mínimo para venda (*timelock*)?
- o token será listado em alguma corretora?
- o token terá *supply* máximo?
- a emissão se dará de uma vez só ou ao longo do tempo?
- ele será inflacionário ou deflacionário?

A resposta a essas e outras dúvidas têm um impacto direto não apenas no impulso inicial de um projeto quando vai para produção mas também nos seus resultados de longo prazo. Muitas decisões erradas podem não apenas arruinar um projeto no seu lançamento mas torná-lo obsoleto rápido demais ou inviável financeiramente, causando efeitos de bolhas ou de pirâmides por não se sustentarem sem a adição contínua de novos recursos.

Pegando como exemplos práticos duas moedas famosas e bem sucedidas com tokenomics muito diferentes temos o Bitcoin (BTC) e o Ether (ETH), as duas maiores criptoeconomias do mundo.

No caso do BTC, Satoshi Nakamoto acreditava na tese de que ou ele seria fortemente adotado e seu valor iria ser estratosférico ou ele simplesmente iria sumir muito rápido. Como sabemos, a tese dele vem se mostrando correta desde 2009 até os dias atuais, com recordes em cima de recordes a cada ciclo. Alguns elementos do tokenomics do BTC incluem:

- sem ICO, Satoshi minerou o bloco genesis, fez algumas transferências e aí tudo começou;
- aumento da base monetária (*coinbase*) a cada bloco minerado em um valor x até um limite máximo de ~21M moedas;
- recompensa inicial em 50 BTC por bloco;
- redução da recompensa pela metade a cada ~4 anos (*halving*);
- moeda pode ser fracionada em até 8 casas decimais, apelidadas de "satoshis";

- mineração baseada em Prova de Trabalho (PoW ou Proof of Work), o "mais rápido" leva a recompensa;
- dificuldade de mineração do bloco ajustada automaticamente conforme o poder de mineração da rede, visando manter o tempo de bloco em ~10 minutos;
- pagamento dos mineradores com as taxas de transação + recompensas;
- sem donos, sem fins lucrativos, gestão descentralizada, etc;

Em seu tokenomics Nakamoto previa que o efeito deflacionário dos *halvings*, bem como o supply máximo do BTC, seria tão grande que, no futuro, mesmo que não houvesse mais recompensas em virtude do fim de emissão de novas moedas, as taxas de transação seriam o suficiente para manter a mineração como atividade lucrativa e portanto a rede se manteria em pé funcionando.

Agora se olharmos o tokenomics do ETH, Vitalik Buterin quis ir por uma caminho diferente e esse caminho segue mudando.Vitalik e sua equipe possuem um roadmap de evolução do projeto que invariavelmente acabam impactando no tokenomics do mesmo. Ainda assim, alguns elementos que podemos citar e que estão em vigor na data que escrevo este livro são:

- ICO com 72M ETH emitidos inicialmente e distribuídos entre os investidores e fundadores iniciais para financiar o projeto;
- suporte a smart contracts para permitir criação de aplicações e novos mercados, o que deve gerar mais demanda por transações do que apenas transferências P2P como no caso do BTC;
- "mineração" baseada em Proof of Stake (PoS ou Prova de Participação), quanto mais tokens, mais participação você tem nas recompensas;
- validadores precisam ter pelo menos 32 ETH em stake para poderem fazer *stake*;
- recompensas variam conforme o total de ETH em stake no momento, para controle de emissão;
- pagamento dos validadores pelas taxas de transação + recompensas;
- sem *supply* máximo de moeda;
- funcionalidade de queima (*burn*) de tokens para diminuir a inflação com o passar do tempo e se tornar deflacionária;
- moeda pode ser fracionada em até 18 casas decimais (chamadas de *wei*);
- mantido pela fundação Ethereum;

Importante reforçar que esses pontos são parte do tokenomics atual do Ether, na data que escrevo este livro e que ele já mudou bastante em relação ao passado. Mudanças expressivas incluem a troca de PoW para PoS (que permitiu diminuir custo de mineração e também tamanho de recompensas), a inclusão do mecanismo de *burn* (que queima parte dos tokens emitidos de tempos em tempos para criar deflação) e outras, mas que também a tornaram ainda mais diferente da primeira moeda citada, embora ambas sejam bem sucedidas.

Em projetos posteriores ao Ether, como a Cardano de Charles Hoskinson (ADA, primeira moeda de terceira geração), outros elementos foram incluídos no tokenomics para, por exemplo, já nascer com PoS (facilitando a mineração) e também mecanismos de tesouro (*Cardano Treasury*) para garantir a sustentabilidade da equipe de desenvolvimento ao longo do tempo sem investimentos extras, onde um pequeno percentual das taxas vai pra empresa.

Trago estes exemplos para mostrar justamente que não há um tokenomics perfeito ou que atenda a todos os cenários. O importante é ele permitir a viabilidade e o sucesso financeiros do projeto de maneira perene, preocupações que não tínhamos tido até então em nossos projetos anteriores e que começamos a tocar no assunto no projeto do protocolo DeFi de Liquidity Mining.

Em nosso projeto, emitimos um token de liquidez para recompensar os investidores, mas qual o valor desse token de liquidez? Afinal, se ele não possuir valor algum, porque valeria a pena imobilizar outras moedas para ganhar um token inútil? E se ele for muito valioso, será que não pode nos prejudicar financeiramente? Para responder a essas dúvidas, embora elas não possuam uma resposta universal, precisamos estudar mais um pouco sobre valor e lastro.

Valor e Lastro

A primeira coisa que você precisa entender sobre economia de tokens é que "valor" é algo subjetivo. Valor é uma percepção de alguém sobre algo. Quanto vale este livro para você? Se comprou ele recentemente e ainda não ganhou dinheiro profissionalmente com web3 o valor dele talvez seja o quanto você pagou. Agora se você já considera que esse livro foi um bom investimento, talvez por já ter lhe poupado muito tempo e dinheiro estudando com outros conteúdos ou ainda por já ter feito alguma grana com web3, você irá valorá-lo, isto é, dar um valor a ele, diferente do que apenas seu preço de capa. E se ele fosse autografado por mim ou de uma edição limitada e especial que você imagina que poderia ser revendido por um valor superior no futuro? Tudo isso afetaria o preço, correto? Isso mostra que valor não é literalmente o preço pago por um produto, embora esse aspecto seja muito influente.

Indo para um exemplo maior, no caso das moedas fiduciárias (emitidas por países), esse valor está diretamente atrelado a, principalmente, duas coisas: economia e confiança. O PIB do país (o quanto ele gera de riquezas anualmente) e a balança comercial (importações x exportações) por exemplo são dois fatores econômicos que impactam diretamente no preço das moedas quando comparadas umas com as outras (câmbio). Já a confiança na gestão política, no sistema judiciário, na capacidade de honrar compromissos financeiros, de cumprir metas orçamentárias e de desenvolvimento se encaixam na segunda categoria e também impactam o valor das moedas *fiat* (fiduciárias). Entre uma moeda de um país desenvolvido e estável como a Suíça ou um país em desenvolvimento e mais instável como os latino-americanos, qual você acha que possui mais valor, mesmo sem conhecer todas as fórmulas e cálculos envolvidos no câmbio?

O mesmo vale para os tokens. O valor de um token não é meramente um cálculo matemático embora a matemática seja sim um componente fundamental da valoração (*valuation*) de um projeto blockchain. Se o seu projeto tem uma promessa forte, isso impactará no valuation. Se os detentores do token tiverem benefícios extras, isso afetará também. Peguemos nosso exemplo de Liquidity Token, o quanto ele vale? Hoje, nada. É meramente um registro digital na blockchain, ninguém aceitaria receber ele como pagamento de nada ou trocar por coisa nenhuma pois ele não tem liquidez, isto é, não conseguimos trocar ele por outro ativo de valor. Como mudar isso? Como mudar essa percepção de valor? Das mesmas formas que citei antes, baseado em fatores econômicos e de confiança.

Como confiança é algo subjetivo e que exige um histórico de relacionamento, na maioria dos casos não poderemos contar com ele a menos que você seja uma personalidade famosa. Teremos de recorrer nesses casos a elementos *trustless*, isto é, que não requeiram confiança, como lastro. Lastro, no contexto econômico, é a garantia implícita de um ativo, o que lhe dá estabilidade, o que permite às pessoas confiarem de que algo realmente vale o que diz e durante muito tempo foi a base de economias soberanas, principalmente o lastro em ouro, a reserva de valor mais famosa de todos os tempos.

Até a Primeira Guerra Mundial, o lastro das moedas fiduciárias era feito seguindo o padrão Libra-Ouro, ou seja, a Libra Esterlina (moeda do Reino Unido) era a moeda padrão do comércio internacional e para cada Libra emitida existia um valor equivalente em ouro guardado em cofres britânicos. Qualquer pessoa podia trocar Libras por ouro e vice-versa a qualquer momento, o lastro garantia isso e por isso a população mundial confiava nesse modelo.

Décadas mais tarde esse padrão foi trocado pelo padrão Dólar-Ouro quando os Estados Unidos assumiram a dianteira como potência mundial após a segunda grande guerra, mas manteve-se a mesma ideia de lastro em ouro até os anos 70, quando unilateralmente os EUA abandonaram o lastro em ouro e o valor dos dólares passou a contar absolutamente apenas na confiança no governo estadunidense. Mas note que para que isso não ruísse com o dólar enquanto padrão mundial, se construiu todo um histórico de bons pagamentos de dívidas, financiamentos a outros países, crescimento econômico, etc até se atingir essa maturidade. Histórico esse que nosso token não possui, lembra?

Desta forma, o jeito mais prático de termos um token que possui um valor real e imediato no mercado é através de lastro em algo que já possua uma percepção de valor pré-estabelecida. Como lastrear em ouro não é algo prático e bem barato, podemos por exemplo lastrear nosso token em outras criptomoedas famosas. Se eu lastrear o supply de Liquidity Token por exemplo em um fundo de 1 ETH e permitir a liquidação de Liquidity Tokens por ETHs usando este fundo eu automaticamente consigo criar esse efeito e calcular facilmente um preço médio para meu token usando a fórmula:

Preço = Lastro / Supply

Assim, se 1 ETH é meu lastro e o meu supply inicial (hipotético) é de 10.000 Liquidity Tokens, cada token vale 0,0001 ETH, o que na cotação atual (R$18,8 mil) daria R$1,88 por token. Como no tokenomics do nosso projeto nós vamos emitindo os Liquidity Tokens conforme os prêmios vão sendo sacados, nós não precisamos partir de um fundo inicial muito grande, apenas o suficiente para gerar a confiança no mercado e a liquidez mínima necessária, expandindo esse fundo de lastro conforme a emissão cresça, a fim de não gerar inflação, o que desvalorizaria o token e consequentemente poderia impactar na sua liquidez e confiança.

Mas na prática, como podemos criar esse mecanismo de lastro em ETH (ou qualquer outra moeda) em nosso Liquidity Token? Através de uma prática chamada *wrapping* e suas derivações que vamos estudar a seguir.

Wrapped, Pegged e Stablecoins

Um "token embrulhado" ou "token empacotado", em uma tradução literal, é um token ERC-20 cujo valor está diretamente relacionado a um lastro em outro token ou criptomoeda guardado na carteira de mesmo endereço do contrato do *wrapped token*. Como exemplo mais famoso temos o token WETH, que é um Wrapped Token do Ether (ETH) original.

Mas para que alguém precisaria de um wrapped token?

Wrapped tokens servem geralmente para que você forneça suporte ao padrão ERC-20 para tokens que originalmente não ofereciam suporte ao mesmo, como no caso citado do ETH. Como o ETH é nativo da rede Ethereum ele não segue qualquer padrão de mercado, até porque os padrões todos foram criados depois dele surgir. Assim, protocolos DeFi tem problemas para negociar ETH nativo uma vez que ele não respeita as mesmas regras dos demais tokens existentes no ecossistema. Para garantir o máximo de compatibilidade e eficiência nos protocolos financeiros, costuma-se utilizar WETH (Wrapped Ether) ao invés de ETH em protocolos DeFi de todos os tipos. O contrato do WETH é muito simples e apenas faz hold de 1 ETH para cada 1 WETH emitido, emissão essa que ocorre através de depósitos, mas que pode ser revertida através de saques, veja abaixo (resumido, você já conhece o resto de um token ERC-20).

```
contract WETH {
    string public name     = "Wrapped Ether";
    string public symbol    = "WETH";

    event  Deposit(address indexed dst, uint wad);
    event  Withdrawal(address indexed src, uint wad);
```

```solidity
function() public payable {
    deposit();
}

function deposit() public payable {
    balanceOf[msg.sender] += msg.value;
    Deposit(msg.sender, msg.value);
}

function withdraw(uint wad) public {
    require(balanceOf[msg.sender] >= wad);
    balanceOf[msg.sender] -= wad;
    msg.sender.transfer(wad);
    Withdrawal(msg.sender, wad);
}

//...
}
```

Mas não apenas isso, os wrapped tokens são a base para interoperabilidade de tokens entre blockchains diferentes também, com os chamados Peggy Tokens. Um Peggy Token ("token fixado") é uma variação de wrapped token que possui o elemento "confiança" na equação, já que o lastro dele se encontra em outra blockchain, não está "empacotado" (wrapped) literalmente. Como exemplo temos o caso do BTCB que é um Peggy Token do Bitcoin na rede da corretora Binance. Lembrando que o BTC de verdade só existe na blockchain original do Bitcoin, todos os demais BTC que você vê à venda nas exchanges geralmente são versões "pegged" dos mesmos, cujo lastro deles está associado a uma quantia de BTC real em uma carteira da corretora na blockchain do Bitcoin (ou assim esperamos né, como disse, depende de confiança).

No caso da Binance, o relatório de Proof of Reserves (Prova de Reservas) deles de novembro de 2024 indica que possuem mais BTC do que o necessário para o lastro de seu BTCB. Veja abaixo, onde diz que o saldo de BTC dos clientes seria de pouco mais de

608k BTC, enquanto que na carteira deles o lastro de BTC está em 650k BTC. Para aumentar ainda mais a confiança, eles fornecem acesso a hashes que permitem a verificação nas blockchains-alvo.

E por fim, o conceito de wrapped e pegged tokens também é a base para a construção de *stablecoins*, outro elemento importantíssimo do mundo DeFi.

Stablecoins

Uma *stablecoin* é uma forma de criptomoeda projetada para manter um valor estável em relação a um ativo subjacente, como uma moeda fiduciária (dólar americano, euro, etc) ou *commodities* (ouro, prata, etc). Ao contrário de outras criptomoedas voláteis, como o Bitcoin, cujos preços podem flutuar significativamente, as stablecoins são projetadas para fornecer estabilidade e segurança de valor.

Do ponto de vista técnico, stablecoins não são nada mais do que Wrapped ou Pegged Tokens, com ou sem lastro (como veremos mais adiante), buscando sempre uma estabilidade em relação um elemento externo à moeda e às vezes, até mesmo externo à blockchain. Como exemplos podemos citar a Tether (USDT), a USD Coin (USDC), a True USD (TUSD) e a DAI, todas pareadas com o dólar americano (1 token = 1 dólar) e a PAX Gold (PAXG), estabilizada com o ouro (1 token = 1 onça de ouro). Note que o pareamento 1:1 não é uma obrigatoriedade, mas sim a estabilidade. Se uma moeda sempre vale R$0,10, ela é equilibrada, mesmo que não seja 1:1 literalmente.

Se a stablecoin optar por ter lastro (o mais comum), ou seja, ter as reservas imobilizadas no ativo equivalente para garantir a liquidez, ela deverá apresentar relatórios periódicos emitidos por alguma firma de auditoria contábil que possua relevância global e profissionalismo para tanto, comprovando a existência do lastro em quantidade igual ou superior ao número de tokens em circulação. Já se a stablecoin optar por não ter lastro (sim, isso é possível, embora menos comum), ela deverá apresentar de forma transparente detalhes técnicos e até mesmo os fontes do projeto, de preferência auditado por uma empresa de segurança em blockchain famosa (como a OpenZeppelin).

As stablecoins são o tipo de Wrapped Token mais comum e têm ganhado popularidade porque combinam as vantagens das criptomoedas, como a facilidade de transferência e a capacidade de transações globais rápidas, com a estabilidade de valor das moedas fiduciárias. Elas podem ser usadas para fins de pagamento, remessas internacionais, negociação em corretoras e até mesmo como uma reserva de valor estável em momentos de alta volatilidade no mercado de criptomoedas.

O que antes exigiria que você fizesse uma remessa usando SWIFT ou outro modelo bancário internacional que poderia levar dias e custar vários dólares, hoje você pode fazer comprando stablecoins em uma corretora, transferindo para a carteira do destinatário ao custo de centavos e em minutos ele poderá trocar de volta para moeda fiduciária do outro lado, gastando mais alguns centavos e sem perder nada de valorização.

Devido a essas enormes vantagens o uso de stablecoins se tornou praticamente a norma entre os traders e investidores que cada vez menos usando moeda fiat nas suas operações. O que pode se tornar um risco também, já que sempre temos de confiar que o emissor da stablecoin mantenha a liquidez da mesma intacta.

Tipos de Stablecoins e Motivação

Existem diferentes tipos de stablecoins. Alguns são emitidos por instituições financeiras ou empresas e são lastreados em reservas do ativo subjacente. Por exemplo, uma stablecoin lastreada em dólar pode ter um dólar em reserva para cada unidade de stablecoin em circulação. Essas stablecoins são chamadas de "lastreadas" ou "garantidas" porque são apoiadas por um ativo subjacente. Outro nome comum para esse tipo de stablecoin é *collaterized* ou *backed*, onde *collateral* é um termo frequentemente usado no sentido de "garantia".

Como exemplo de stablecoins colateralizadas temos a Tether (USDT), criada pela empresa de mesmo nome e com paridade de 1:1 com o dólar americano. Ou seja, para cada 1 USDT emitido a empresa Tether deve manter reservas equivalentes a 1 USD. Essa reserva atualmente é composta de títulos americanos (*Treasury Bills*), investimentos diversos (*Non-US Treasury Bills*) e uma pequena fração em *cash deposits* (em espécie, dólares), o que a torna alvo de muitas críticas dada a proporção apresentada que sinaliza um risco de variação na paridade. O objetivo aqui não é lhe assustar sobre a USDT, mas tire suas próprias conclusões analisando o relatório de auditoria em seu site (setembro de 2024), onde "Cash & Bank Deposits" representa dólares reais, em uma conta bancária (apenas 78,4M de 105,2B dólares).

Asset Category	Amount in USD
1. Cash & Cash Equivalent & Other Short-Term Deposits:	
U.S. Treasury Bills[7]	84,548,020,412
Overnight Reverse Repurchase Agreements[8]	12,542,965,206
Term Reverse Repurchase Agreements[9]	1,566,204,143
Money Market Funds[10]	6,436,961,021
Cash & Bank Deposits[11]	78,413,266
Non-U.S. Treasury Bills[12]	91,310,586
Subtotal	**105,263,874,634**
2. Corporate Bonds[13]	17,547,614
3. Precious Metals[14]	4,962,116,508
4. Bitcoin[15]	4,782,917,086
5. Other Investments[16]	3,723,727,227
6. Secured Loans[17]	6,721,817,210
Total (1+2+3+4+5+6)	**125,472,000,279**

As stablecoins colaterizadas são as mais comuns de todas e também as mais confiáveis por causa desse lastro. A Paxos é outra empresa é famosa no mundo cripto, muito em virtude da stablecoin Paxos Gold, que é lastreada em ouro. Ou seja, para cada 1 token PAXG emitido, a Paxos deve guardar em um cofre 1 onça troy de ouro, o que equivale a aproximadamente 31g. Essa facilidade em investir em ouro trazida pelo token é incrível dado a quantidade de taxas e/ou riscos de segurança que o investimento tradicional em ouro geralmente está associado. Da mesma forma que acontece com as stablecoins colaterizadas em fiat, reportes mensais são exigidos para que se tenha a confiança da existência das reservas da commodity em questão (em setembro de 2024). Note que eles alegam ter um pouco a mais de reservas do que o necessário, o que não é um problema.

Report Date	September 30, 2024
PAXG tokens in circulation	191,522.703
Redemption Assets (in troy ounces of gold)	191,522.753

Outro tipo de stablecoin é chamado de "algorítmica" ou "não lastreada". Essas stablecoins usam algoritmos e mecanismos para manter seu valor estável. Por exemplo, eles podem ajustar automaticamente a oferta de moedas com base na demanda e no preço de mercado para manter um valor-alvo, fazendo mints e burns periódicos. É comum stablecoins algorítmicas que queiram se parear com moedas fiat usarem de oráculos (*oracles*), que são serviços que injetam na blockchain dados do mundo *off-chain* regularmente, como preços. Assim, consultando o preço de um ativo regularmente, uma stablecoin algorítmica pode controlar a expansão e contração monetária para se manter no preço-alvo.

Stablecoins algorítmicas são uma faca de dois gumes: ao mesmo tempo que a não dependência de lastro é uma vantagem aos criadores (mais barato de lançar), a dependência de inúmeros fatores técnicos para manter seu preço estável podem gerar graves desastres como o que aconteceu com a moeda Terra Luna que inclusive acarretou na prisão de seu fundador em 2023. Talvez caminhos híbridos, como o proposto pela stablecoin DAI, que é pareada ao dólar mas lastreada em criptoativos voláteis usando muitos algoritmos, sejam o futuro para este tipo de moeda.

E talvez você esteja pensando agora: por que você iria querer criar uma stablecoin? Você já parou para pensar porque grandes empresas como Tether e Paxos se preocuparam em criar stablecoins? Será que foi apenas para ajudar o mercado cripto a conseguir negociar e enviar dinheiro e outros com mais facilidade pela blockchain? Claro que não! Um fato que poucos sabem é que stablecoins podem ser muito lucrativas.

Para entender como isso pode ser possível é interessante você lembrar como os bancos tradicionais fazem dinheiro: captam dinheiro das pessoas pagando um pequeno rendimento sobre ele (poupança, fundos de investimento, títulos de capitalização, etc) e usam esse dinheiro para emprestar para outras pessoas, ganhando muito com os juros (financiamentos, empréstimos, consórcios, etc).

O fato é que sempre que você acumular muito capital, por qualquer mecanismo lícito, você poderá usar desse capital para gerar mais dinheiro e a stablecoins são exatamente isso: um mecanismo de acúmulo de capital para as empresas. Imagine em um cenário hipotético que você criasse uma stablecoin lastreada em Reais Brasileiros (BRL) e que você emitisse 1 token para cada 1 Real recebido. Até aí nada demais. Mas imagine que esse 1 BRL você guardasse em uma conta remunerada, como a do Nubank (exemplo ingênuo, mas fácil de entender). Ou seja, enquanto as pessoas transacionam usando seu token, você mantém os Reais "verdadeiros" gerando lucro para você (indexado ao CDI) até o dia que elas decidirem sacá-los de volta.

Claro, não estou te incentivando a fazer exatamente isso, é apenas um exemplo hipotético, até porque toda instituição financeira no Brasil precisa atender legislações específicas, então não vá achando que vai criar um banco cripto do dia para a noite no seu quarto pois isso seria considerado crime contra o sistema financeiro nacional, ok? Você precisa ter uma empresa registrada e com autorização do Bacen ou da CVM para isso (dependendo do negócio).

Além desta finalidade de captação de recursos, stablecoins podem ser lucrativas através das suas próprias taxas, como no caso da PAXG. Toda vez que PAXG é emitido é cobrado uma taxa de 0.2%, ou seja, a empresa lucra toda vez que você decide adquirir novos tokens e possivelmente devem ter outras taxas em outros momentos, tornando o negócio ainda mais interessante para eles. Em um mercado como o de ouro onde as taxas para uma empresa de valores manter seu ouro em segurança é altíssima, pagar esses 0.2% ainda não é algo caro.

No nosso caso, temos uma captação de moeda no presente (usamos LuizCoin no exercício, mas poderia ser qualquer uma que já possua valor real) e a necessidade de emitir Liquidity Token apenas no futuro, ou seja, nesse intervalo de tempo podemos usar do dinheiro investido pelos provedores de liquidez para investir em diferentes ativos (assim como a Tether faz) ou para fornecer outros serviços financeiros (como as exchanges fazem), tudo com responsabilidade e transparência é claro. Além disso, mesmo após a emissão do Liquidity Token, uma vez que ele esteja fortemente lastreado em uma outra cripto ou fiat de valor, ele poderia ser usado pelos seus detentores para pagamentos normalmente ou sacados na moeda-alvo, mas neste caso cobrando uma pequena taxa, o que aumentaria ainda mais os lucros e as possibilidades de usar do capital de terceiros para gerar mais rendimento para sua empresa, de maneira análoga ao que os bancos fazem.

Como exercício isso é justamente o que faremos a seguir, para fazer com que nosso Liquidity Token evolua para algo que possui valor.

Contrato de Stablecoin

Vamos criar agora uma segunda versão do nosso contrato LiquidityToken.sol. Você pode fazer um novo arquivo com uma cópia do anterior ou criar sobre ele, como preferir. Nossa ideia é garantir um valor atrelado ao nosso token com base em um lastro ou colateral em Ether, na proporção de 1:100, ou seja, vamos manter 1 ETH de reserva para cada 100 LPT emitidos ou qualquer outra proporção que você julgar adequada, permitindo que os usuários possam trocar livremente LPT por ETH e vice-versa.

Vamos começar nosso LiquidityTokenV2.sol adicionando mais uma importação e referenciando-a nas heranças do contrato, como abaixo.

Código 7.23

```
import "@openzeppelin/contracts/token/ERC20/ERC20.sol";
import "@openzeppelin/contracts/access/Ownable.sol";
import
"@openzeppelin/contracts/token/ERC20/extensions/ERC20Bu
rnable.sol";
import "./ILPToken.sol";


contract LiquidityToken is ILPToken, ERC20,
ERC20Burnable, Ownable {
```

A novidade aqui é a importação do ERC20Burnable.sol e sua herança. Esse contrato da OpenZeppelin serve para nos fornecer mecanismos profissionais e seguros para queima de tokens, o chamado "burn". Como queremos manter uma relação de 100:1 entre o LPT e o ETH com zero inflação um dos mecanismos para isso é a queima de tokens, que veremos em mais detalhes logo mais.

A primeira coisa que temos de pensar agora é em como vamos guardar as reservas de ETH do nosso protocolo. O mais comum nestes casos é usar a abordagem de Wrapped Token que estudamos anteriormente, onde a garantia fica de posse do próprio contrato. Como ETH é a moeda nativa da rede Ethereum, o próprio endereço do contrato pode ser a carteira da reserva, bastando para que ele possa receber os depósitos de garantia uma função especial chamada **receive**, como abaixo.

Código 7.24

```
receive() payable external { }
```

A **receive** é uma função especial que você deve adicionar nos contratos em que queira receber depósitos diretamente no smart contract. O depósito pela receive é feito usando as funcionalidades de transferência nativas da blockchain e pode ser feito somente na moeda nativa da rede (payable). Mesmo que você não codifique nada na função em si (meu caso acima, seu corpo é vazio) ela funcionará como esperado: faça deploy na Remix VM, preencha o campo Value da aba Deploy & Run Transactions e use o botão Transact, que fica lá no final do deploy do contrato para enviar a quantia diretamente para o mesmo.

Para saber se a quantia chegou, basta ver no campo Balance, logo acima dos botões de função do contrato e abaixo do nome do mesmo.

Pronto, com isso já temos o mecanismo para enviar e manter as reservas de ETH que vão garantir a liquidez e preço de nosso token. Para saber se a proporção entre reservas e tokens emitidos está saudável, vamos criar uma função chamada proofOfReserves, como abaixo.

Código 7.25

```
uint public constant weiLpRatio = 100;


function proofOfReserves() public view returns (int) {
  return int(address(this).balance) - int(totalSupply()
* weiLpRatio);
}
```

Esta função subtrai o saldo em ETH do contrato pelo supply atual da moeda multiplicado pela nossa proporção (weiLpRatio). Como definimos que 100 LPT deve valer 1 ETH sempre, o resultado da subtração das reservas sobre o supply * 100 deve ser igual ou superior a zero. Se a prova de reservas cair abaixo de zero quer dizer que o token não conseguiria honrar com 100% dos pedidos em caso de uma corrida de saques, o que indicaria um risco de insolvência do nosso token diminuindo a confiança no mesmo. Desta forma, no tokenomics do protocolo deveria estar incluso que deve haver uma tesouraria para administrar essa reserva conforme a previsibilidade de prêmios para os investidores a cada 30 dias (meu exemplo de rentabilidade é ao mês, lembra?).

Agora resolvidas essas questões, o próximo passo que vou implementar é a funcionalidade de swap (troca) de ETH por LPT. Isso não é uma funcionalidade obrigatória para um token dado como prêmio a investidores, mas entendendo que o token pode ir muito além disso e se tornar de fato uma stablecoin atrelada ao ETH, ter as funcionalidades de troca nas duas vias se faz necessário, com abaixo tendo um exemplo da primeira.

Código 7.26

```
function swapEthToLpt() external payable {
  require(msg.value > 0, "Invalid value");
  _mint(msg.sender, msg.value * weiLpRatio);
}
```

Aqui nós temos uma função payable com a qual um usuário vai transferir ETH para o contrato e receber de volta LPT na proporção de 1:100 (definida na weiLpRatio). É uma função bem parecida com a de mint que criamos anteriormente, no entanto esta função pode ser chamada por qualquer usuário pois ela tem como segurança a emissão baseada na quantia paga. Assim, enquanto que a função mint será usada pelo protocolo de Liquidity Mining, a função swapEthToLpt será usada pelo mercado em geral, por qualquer um que queira ter LPTs em sua carteira por qualquer motivo.

Agora se temos um **swapEthToLpt**, temos de ter um **swapLptToEth**, certo? Principalmente considerando que no início, muitos investidores que vierem a usar nosso protocolo irão querer trocar suas recompensas por ETH imediatamente após recebê-las, já que é uma moeda muito mais confiável do que a nossa. Mais tarde, conforme nosso protocolo amadurecer e ganhar mais confiança, pode ser que isso não seja mais uma realidade, mas ainda assim a funcionalidade de saque sempre será importante e é a que possui alguns elementos novos.

Código 7.27

```
function swapLptToEth(uint amountInLpt) external {
    require(amountInLpt > 0, "Invalid amount");
    require(balanceOf(msg.sender) >= amountInLpt,
"Insufficient balance");
    uint weis = amountInLpt / weiLpRatio;
    _burn(msg.sender, weis * weiLpRatio);
    payable(msg.sender).transfer(weis);
}
```

Essa função espera a quantia de LPT que o usuário quer transformar em ETH e faz duas verificações: a primeira se a quantia é válida e a segunda se o usuário tem essa quantia de LPT em sua carteira. Se passar nas duas validações nós convertemos LPT para ETH usando a proporção adequada e fazemos duas operações: um burn e um transfer. Antes de entrar nos detalhes deles é importante reforçar que no Solidity não temos casas decimais, então se a divisão para weis ocorrer de maneira exata, apenas o valor inteiro será convertido, podendo restar algumas frações de LPT na carteira do usuário. Ou seja, não haverão perdas financeiras, mas podem ficar alguns resquícios de moeda que ele só poderá trocar depois quando acumular mais um pouco. Uma maneira de mitigar ou até eliminar completamente esse risco é no cálculo do pagamento de recompensas sempre pagar em múltiplos de 100 (ou a proporção que você definir no seu tokenomics).

Agora vamos falar do burn.

Burn

Burn é o nome que damos à atividade de diminuir o supply de uma moeda transferindo um montante da mesma para uma carteira inválida, a carteira zero (0x...0). Quando você transfere valores para a carteira zero eles ficam completamente inacessíveis eternamente, o que causa a perda do mesmo para o mercado, como se você tivesse queimado notas de dinheiro, reduzindo a existência de papel moeda em circulação.

A queima de moedas serve para gerar mais escassez e portanto deflacionar o valor da mesma, aumentando a sua percepção de valor e garantindo a sua liquidez dentro das reservas que possuímos. Como vamos emitir LPTs com o passar do tempo para recompensar os investidores, a quantia de LPTs rapidamente iria superar a proporção de 100:1 sobre lastro em ETH e teríamos inflação em nossa moeda. Para que isso não ocorra, além de sempre manter fundos suficientes como colateral da moeda, temos de destruir todas unidades que forem trocadas de volta por ETH, a fim de que eles não fiquem "sobrando".

Olhe novamente o código da função de troca de LPT por ETH.

Código 7.27

```
function swapLptToEth(uint amountInLpt) external {
    require(amountInLpt > 0, "Invalid amount");
    require(balanceOf(msg.sender) >= amountInLpt,
"Insufficient balance");
    uint weis = amountInLpt / weiLpRatio;
    _burn(msg.sender, weis * weiLpRatio);
    payable(msg.sender).transfer(weis);
}
```

A função _burn recebida por herança do contrato ERC20 da OpenZeppelin serve para queimar x tokens da carteira do msg.sender enviando-os para a carteira zero. Isso é necessário pois na linha seguinte nós estaremos enviando a quantia equivalente em ETH (guardadas as proporções) para fora do nosso contrato, assim mantendo o equilíbrio de collateral x supply.

Além disso, a herança do contrato ERC20Burnable me adiciona no contrato algumas funções públicas como burn e burnFrom que me permitem ter esse tipo de queima sobre a base monetária do meu token a qualquer momento, conforme a necessidade. Não é algo que pretende-se utilizar em cenários que não sejam o de swap feito pelo usuário, mas que pode ser necessário dependendo do tokenomics do projeto (se for necessário expansão ou contração monetária em algum momento). Use com sabedoria, tanto o mint quanto o burn, pois podem ser poderosos aliados ou inimigos, a depender do seu uso responsável.

Com isso agora você aprendeu como programar um token que realmente é líquido e possui valor de mercado, sendo 1/100 do valor do ETH. Esse token pode ser usado como recompensa em um protocolo DeFi ou como solução standalone, que funcione por si só como uma moeda de troca ou de governança.

Após testar exaustivamente via Remix, você pode fazer deploy dele na rede Sepolia, refazendo os mesmos testes que tivemos anteriormente com o protocolo de LiquidityMining, mas agora também testando as funcionalidades novas de transferência de ETH para ele, prova de reservas, swap de ETH para LPT e vice-versa, sempre verificando balance, supply e reservas no processo. Você notará que esses deploys serão mais caros que o normal em virtude da quantidade de código mas também dos imports utilizados, fora a necessidade de adicionar fundos de reserva no contrato do LiquidityToken para garantir sua liquidez, então faça tudo com cuidado.

Opcionalmente você pode criar um frontend web3 (dapp) para este projeto também, usando tudo que aprendemos nos projetos anteriores. Não há novidades aqui em termos de desenvolvimento web3: basta você pegar os ABIs e endereços de contratos, fazer a comunicação com a MetaMask, chamadas de calls e sends...e é claro bolar páginas que expliquem o funcionamento do investimento e permitam tanto o depósito quanto o resgate, além de consulta de recompensas devidas. Opcionalmente também pode fazer uma página de swap para nossa stablecoin, a fim de permitir a compra e venda da mesma utilizando ETH. Aliás, esse é um excelente exercício para fixar o que foi aprendido em projetos anteriores!

Referências

A cada capítulo, listarei referências onde você pode se aprofundar nos assuntos citados.

IERC20 da Openzeppelin
Interface que segue o padrão ERC-20.
https://github.com/OpenZeppelin/openzeppelin-contracts/blob/master/contracts/token/ERC20/IERC20.sol

ERC20 da OpenZeppelin
Implementação abstrata do padrão ERC-20 para facilitar a construção de novos tokens.
https://github.com/OpenZeppelin/openzeppelin-contracts/blob/master/contracts/token/ERC20/ERC20.sol

Ownable da OpenZeppelin
Implementação abstrata para controle administrativo em funções de contratos.
https://github.com/OpenZeppelin/openzeppelin-contracts/blob/master/contracts/access/Ownable.sol

Wrapped Ether (WETH)
Contrato de Wrapped Token famoso, pareado 1:1 com o ETH, para você olhar os fontes e funcionamento.
https://etherscan.io/token/0xc02aaa39b223fe8d0a0e5c4f27ead9083c756cc2

Binance-Peg BTC Token (BTCB)
Contrato de Peggy Token famoso da Binance, pareado 1:1 com o BTC, para você olhar os fontes e funcionamento.
https://bscscan.com/token/0x7130d2a12b9bcbfae4f2634d864a1ee1ce3ead9c

Binance Proof of Reserves
Páginas com as provas de que a corretora Binance possui lastro para os saldos dos clientes, suas criptos, etc.
https://www.binance.com/en/proof-of-reserves

Auditoria do USDT
Relatórios de auditoria financeira da stablecoin Tether, para conferência do lastro.
https://tether.to/en/transparency/?tab=reports

Auditoria do PAXG
Relatórios de auditoria das reservas de ouro da Paxos, para conferência do lastro.
https://paxos.com/paxg-transparency/

Caso Terra Luna
Entenda mais sobre a polêmica da stablecoin algorítmica que foi à falência.
https://portaldobitcoin.uol.com.br/tudo-sobre/luna/

Os fontes que você viu neste capítulo estão disponíveis para baixar neste link: https://www.luiztools.com.br/livro-web3-fontes/

Quer fazer um curso online de programação web3 com o autor deste livro? Acesse https://www.luiztools.com.br/curso-web23

8 Segurança de Smart Contracts

A tecnologia blockchain pode mudar o mundo
mais do que as pessoas imaginam.
- Jack Ma

Imagine que você é dono de um caixa eletrônico, aqueles ATMs de banco, sabe? Você deve supor que se deixá-lo em um lugar público, com câmeras e muita gente passando, ou em um lugar privado, mas com guardas e seguranças ao redor, será melhor do que deixá-lo sozinho em uma viela qualquer da cidade, certo?

Porque se você optar pela segunda opção, será muito mais difícil mantê-lo seguro, certo? Frequentemente vai ter alguém tentando arrombá-lo, já que ninguém está vendo e tem muito dinheiro dentro dele.

O mesmo acontece com os protocolos DeFi. Sempre que você faz deploy do smart contract de um novo protocolo DeFi na blockchain e ele passa a receber fundos dos usuários, ele se torna uma presa tão fácil quanto um caixa eletrônico carregado "dando sopa" em um beco escuro de uma grande cidade à noite. Vão tentar te atacar, isso é certo.

Já abordamos de maneira superficial este tópico, mas que tal um mergulho mais profundo, tanto para relembrar quanto para ver muitas coisas novas que tornarão seus smart contract mais seguros?

Abordarei neste capítulo os vetores de ataques e brechas de segurança mais comuns no mundo blockchain. Não abordarei neste capítulo segurança do frontend das aplicações web3 porque ela não difere em nada da segurança de aplicações web tradicionais. Junto dos conceitos específicos de segurança em smart contracts também aprenderemos mais aspectos ligados à programação com Solidity.

Private States

Quando começamos a estudar modificadores de visibilidade (também chamados de modificadores de acesso) no capítulo 2 aprendemos que variáveis de estado devem ser mantidas privadas quando não queremos que o mundo exterior acesse as mesmas, lembra?

Mas se eu te dissesse que isso é uma farsa? Ou melhor, que é uma meia verdade? Isso porque o uso da palavra reservada **private** não torna a informação contida na variável realmente privada. Ela estará oculta sim, mas apenas de outros smart contracts e usuários de block explorer, porque NADA está realmente seguro dos proprietários de nós da blockchain.

Se você subir um nó de blockchain na sua máquina, um full node, ou seja, que contenha uma cópia completa de todo histórico da blockchain, você pode fazer todo tipo de malabarismo com os dados do mesmo, incluindo analisar os bytes do storage dos contratos onde todas informações são armazenadas, incluindo as privadas.

Esse tipo de investigação pode ser feito utilizando ferramentas de mercado como Slither e outras, o que torna completamente inútil o uso de **private** quando o assunto é segurança da informação. Isso não quer dizer que você não deva usar private e demais modificadores de visibilidade, apenas que não deve confiar neles para guardar informações sensíveis. Aliás, aqui vai um recado geral: jamais armazene qualquer dado sensível em uma blockchain pública (Ethereum, etc), pois ele será capturado por alguém, a não ser que ele esteja criptografado e a chave esteja fora da blockchain.

Note que isso não quer dizer que a blockchain em si seja insegura porque está exposta para os donos dos nós, muito pelo contrário, um hacker que manipule seu nó de blockchain, mexendo em dados de variáveis privadas estaria automaticamente invalidando o estado global do mesmo e essa nova versão modificada jamais seria aceita pelo protocolo de consenso da rede, como vimos no capítulo 1, mesmo que apenas 1 bit fosse alterado. Mas se ele apenas ler os dados e usar disso para algum outro ataque ou ação antiética, ninguém nem ficaria sabendo...

Overflow e Underflow

Toda variável possui um tamanho, certo? Vimos no capítulo 2 que um int8 é um número de 8-bit por exemplo, enquanto que um bytes32 é um array de 32 bytes. Mas o que acontece quando tentamos guardar um valor maior do que a capacidade de representação máximo da variável? Ou quando tentamos guardar um número menor que seu mínimo, como um negativo em uma variável uint?

Se você tentar fazer isso da maneira "comum", por uma ferramenta de edição de código como o Remix, você terá um aviso em tempo de <u>desenvolvimento</u> e um erro em tempo de <u>compilação</u> de que isso não é possível, o que pode tranquilizar muitos desenvolvedores. Mas e se esse estado inválido acontecer somente em tempo de <u>execução</u>, por causa de um input de usuário ou operação matemática que resulte no valor errado?

Overflow é o nome dado ao efeito de estourar o limite da área de memória de uma variável de qualquer tipo, como tentar acessar o bit 256 de uma sequência que vai apenas de 0 a 255 por exemplo. Já underflow é o contrário, quando o estouro é abaixo do limite inferior de um espaço de memória. Esse tipo de invasão de memória é muito utilizado por atacantes utilizando recursos de baixo nível e muitas linguagens possuem proteções nativas ou ao menos estouram erros quando isso acontece. Mas nem todas.

No caso do Solidity, desde a versão 0.8.0 já temos proteção a operações matemáticas inseguras que possam causar overflow e underflow, mas contratos que usam versões anteriores não contam com essa proteção e por isso é importante entendermos como essa brecha é explorada. Antes da versão 0.8.0 o mecanismo de representação de valor era circular, para evitar justamente o overflow/underflow para outras áreas de memória, ou seja, se uma determinada variável tinha 8 bytes e você tentasse acessar uma nono, ao invés de invadir a área de memória de uma próxima variável a EVM te jogaria para o primeiro byte novamente, como se ele estivesse conectado ao oitavo, formando um círculo.

Se você tinha uma variável uint8 iniciada em zero por exemplo e fizesse um decremento nela, você teria como resultado o número 255 (a última representação possível para um uint8). Ou então se você tivesse o número 255 e fizesse um incremento, você teria como resultado zero.

Sem lançar erros e sem permitir o acesso a outras variáveis indevidamente. No entanto, esse mecanismo que deveria servir para proteger as variáveis numéricas da linguagem começou a ser utilizado justamente para atacar contratos. Por exemplo, que aconteceria se você tivesse uma variável *balance* (saldo) zerada e alguém mandasse um depósito de -1 wei para sua própria conta? Eu lhe respondo: o saldo da pessoa passava a ser o valor máximo permitido para aquele número. Ou então se eu tinha uma variável *debts* (dívidas) para guardar quanto alguém estava devendo ao contrato, mas a dívida ultrapassasse o limite máximo da variável em 1 através de um incremento, ela se tornaria zero novamente.

E esses são apenas alguns dos criativos usos possíveis para essa brecha, pois sempre que o overflow ou underflow numérico usando de incrementos e decrementos nas extremidades proporcionasse algum tipo de vantagem, ele seria usado dessa forma. Como dito, isso não é mais um risco em versões mais modernas de Solidity e na época (bem pouco tempo atrás na verdade), era comum ver contratos utilizando a biblioteca **SafeMath** da OpenZeppelin que servia justamente para fazer operações matemáticas seguras, isto é, que não permitissem overflow e underflow, disparando erros nesses casos.

Além do uso de bibliotecas, a recomendação é sempre checar e nunca confiar (*Don't trust, verify!*) em parâmetros de funções pois todo parâmetro é um vetor para um potencial ataque. Uso adequado de tipos que permitem ou não negativos, bem como verificações simples como se o número é maior que zero também resolvem boa parte desses problemas citados, inclusive nas versões antigas da linguagem. Atualmente, caso você queira permitir uma operação matemática potencialmente insegura em seu código Solidity, você deve implementar um bloco com a keyword **unchecked**, que serve justamente para desativar esse novo comportamento, como no exemplo abaixo, onde quero desativar esse comportamento seguro no incremento do "i".

Código 8.1

```
uint256 length = array.length;
for(uint256 i = 0; i < length;) {
  doSomething(array[i]);
  unchecked{ i++; }
}
```

E se você estiver pensando o porquê alguém iria querer desativar um mecanismo de segurança, eu lhe respondo: performance. Uma vez que o comportamento de matemática segura adiciona verificações adicionais nos bytecodes compilados do seu contrato, isso gera invariavelmente uma aumento nas taxas de transação do mesmo. Nada absurdo, mas programadores obcecados por aumento de performance eventualmente usam **unchecked** em blocos de código que eles tem 100% de certeza que são seguros mesmo com o mecanismo desativado, a fim de economizar. Assunto este que será melhor abordado no próximo capítulo.

Controles de Acesso

Muitas vezes quando criamos nossos contratos Solidity nós precisamos incluir funções administrativas, para uso do administrador ou dono (owner) do contrato. Às vezes é uma função de mint do NFT, às vezes é uma função para atualizar alguma informação no contrato ou ainda uma função de sacar o saldo do contrato para outra conta. Não importa, o fato é que mesmo funções públicas muitas vezes não são para uso do público em geral, mas apenas para uma ou mais pessoas definidas pelo dono do contrato.

Existem duas formas comuns de fazer esse tipo de controle: uma primeira bem simples e eficaz quando o acesso só possui dois perfis (comum e administrador) e outra com maior granularidade, permitindo *roles* (funções ou papéis).

Primeiro vamos determinar um contrato de exemplo sobre o qual vamos aplicar os dois cenários de implementação. Abaixo uma sugestão.

Código 8.2

```
contract RawContract {
  string internal message = "Hello World!";

  function getMessage() public view returns (string
memory) {

      return message;
  }
```

```
function setMessage(string calldata newMessage)
external {

    message = newMessage;

  }

}
```

Imagine que você tem o contrato acima e que enquanto a função getMessage é de acesso geral, a função setMessage você quer ter mais controle sobre quem pode acessá-la. Veremos dois padrões para este tipo de controle.

Ownable

Um dos padrões mais populares no mundo Solidity é o Ownable, que inclusive já usamos aqui no livro antes. O padrão Ownable determina que um contrato possui um dono, que esse dono possui acesso a funções especiais e também que a propriedade do contrato pode ser transferida. Claro que você pode pegar apenas o que lhe convém do contrato, mas em linhas gerais ele permitiria tudo isso.

Você pode usar do padrão Ownable com uma implementação bem simples como fizemos no início do livro, pegando o owner no constructor e fazendo um require em cima dele na função administrativa. Ou então utilizando a implementação pronta fornecida pela OpenZeppelin, que usamos mais recentemente. Mas aproveitarei para lhe mostrar uma terceira forma e também para introduzir um novo conceito que é o de *abstract contract* (contrato abstrato).

Um contrato abstrato é um meio termo entre uma interface e um contrato e se você já estudou Orientação à Objetos ele funciona igual a *abstract class*. Um contrato abstrato não pode ser provisionado na blockchain pois não é um contrato real, mas ele serve como base para um contrato, fornecendo variáveis e funções comuns além de obriga-lo a implementar certas funções que ele tem apenas a assinatura, como uma interface faria. Nosso abstract contract Ownable definirá os poderes de nosso smart contract com permissão de acesso.

Código 8.3

```
abstract contract Ownable {
  address private _owner;


  constructor() {
      _owner = msg.sender;
  }


  function transferOwnership(address newOwner) public
onlyOwner {
      _owner = newOwner;
  }


  modifier onlyOwner() {
      require(_owner == msg.sender, "You do not have
permission");

      _;

  }

}
```

Aqui definimos uma variável de endereço privada que definimos no constructor do contrato, ou seja, quando for feito o deploy dele será pego o endereço de quem fez e esta pessoa será o primeiro owner do mesmo (já fizemos isso antes). Caso você não queira que esse owner mude nunca, você pode tornar o _owner **immutable** e não implementar a função transferOwnership, mas isso nem sempre é uma boa ideia.

Além da variável _owner e da sua atribuição no deploy, nosso contrato abstrato define um function modifier chamado **onlyOwner**, que determina a regra de um novo modificador que poderemos usar em nossas funções. Essa regra é bem simples: funções com o modificador onlyOwner somente podem ser invocadas pelo owner do contrato.

E por fim, definimos uma função **transferOwnership** que serve para que o owner atual ceda a propriedade do contrato para um novo owner.

Agora que temos a nossa base pronta, podemos aplicar em nosso contrato RawContract.sol da seguinte forma.

Código 8.4

```
contract RawContract is Ownable {

  string internal message = "Hello World!";

  function getMessage() public view returns (string
memory) {

      return message;

  }

  function setMessage(string calldata newMessage)
external onlyOwner {

      message = newMessage;

  }

}
```

A keyword 'is' diz que RawContract herda todas as características de Ownable. Com isso, agora o construtor de Ownable estará presente na versão final deployada de RawContract, bem como demais funções e variáveis de estado, sem precisarmos repetir todo aquele código. Repare como apliquei então o modificador onlyOwner na função setMessage, fazendo com que agora ela só possa ser chamada pelo owner do contrato.

Com esse padrão você consegue facilmente determinar donos para contratos e aplicar regras em funções, como já havíamos visto antes. Mas e se eu precisar de mais de um papel que não somente o de administrador?

Roles

Outro padrão muito popular é o Access Control ou Controle de Acesso, também chamado de Roles. Com ele, definimos alguns "papéis" (cargos) em nosso contrato e quem possui cada papel, além de definir maneiras de validar a permissão de acesso a determinadas funções facilmente. A biblioteca OpenZeppelin possui uma implementação desta abordagem, mas será mais didático eu lhe mostrar na prática do completo zero.

Assim como vários outros *design patterns* (padrões de projeto), aqui nós usamos contratos abstratos também para definir a estrutura-base dos contratos com controle de acesso. Dá pra fazer bem mais complicado do que vou mostrar (e fica mais completo também), mas a base é essa abaixo, sendo que explicarei na sequência.

Código 8.5

```
abstract contract AcessControl {
  enum Role {
      NONE,
      OWNER,
      MANAGER,
      CUSTOMER
  }


  mapping(address => Role) private _roles;


  constructor(){
      _roles[msg.sender] = Role.OWNER;
  }


  modifier onlyRole(Role role) {
      require(_roles[msg.sender] == role, "You do not
have permission");
      _;
  }


  function setRole(Role role, address account) public
onlyRole(Role.OWNER) {
      if (_roles[account] != role) {
          _roles[account] = role;
      }
```

```
        }
    }
```

A grande novidade desta implementação é o uso da keyword
enum. Esta keyword é usada para declarar um enumerador, uma
estrutura sintática que funciona como se fosse um conjunto de
constantes, cada uma com um nome. Ou seja, ao invés de ter um
enum Role eu poderia ter várias constantes declaradas, uma
abaixo da outra com os mesmos nomes dos elementos do enum.
Essas constantes do enum recebem na verdade um número inteiro
cada, mas em tempo de desenvolvimento, conseguimos programar
usando os nomes delas, tornando o desenvolvimento bem mais
fácil de entender, afinal, saber que uma account tem a role
OWNER é muito mais descritivo do que saber que a role dele é
47489, certo?

Comecei definindo em um enumerador todas as roles que vou
permitir no meu contrato, sendo que por default todo mundo tem a
primeira (NONE). Em algumas implementações isso seria um array
ou um mapping de roles para que possam ser criadas novas roles
com o passar do tempo.

Outro uso para o enum é como um novo tipo de dado. Repare que
eu defini um mapping onde para cada carteira (address) nós
descobrimos a role da pessoa, lembrando que o default é NONE (o
primeiro item do enum sempre tem valor 0). Nesta minha
implementação do AccessControl cada wallet pode ter apenas uma
role, mas eEm outras variações mais complexas o mapeamento
pode ser feito de role para members (um array de wallet), o que
permite que cada wallet possa ter várias roles ao mesmo tempo.

Com isto nós podemos criar o construtor que definirá a role de
owner para a wallet que fez o deploy do contrato automaticamente.
Esta role de owner é importantíssima pois mais adiante no contrato
você verá uma função **setRole** que somente pode ser chamada
pelo owner do contrato. Essa função adiciona uma role a um
endereço de carteira se ele já não estiver nela.

E por último, definimos o modifier **onlyRole** que permite atribuir a
exigência de roles específicas às funções, como fizemos com a
setRole. Comparando esse abstract contract com o anterior
(Ownable) você verá muitas semelhanças, como se ele fosse uma
evolução, mas note que aqui criamos um function modifier que
espera um parâmetro, algo inédito até o momento no livro e

perfeitamente possível já que o funcionamento dos function modifiers é muito parecido com o de funções comuns.

Agora temos um contrato que implementa esse contrato abstrato.

Código 8.6

```
contract RawContract is AcessControl {
  string internal message = "Hello World!";

  function getMessage() public view returns (string
memory) {
      return message;
  }

  function setMessage(string calldata newMessage)
external onlyRole(Role.MANAGER) {
      message = newMessage;
  }
}
```

Aqui nós começamos herdando de AccessControl com a keyword 'is' e em seguida definimos agora que setMessage somente pode ser chamada por endereços com a role de Manager. Desta forma, quando for testar, primeiro você deve usar o owner para atribuir a role de manager a algum endereço e depois podemos usar este endereço para chamar a setMessage. Opcionalmente você pode colocar um *bypass* na function modifier onlyRole para que o owner sempre possa chamar qualquer função, mesmo que ele não tenha a role específica ou qualquer outra lógica que você julgar conveniente, como uma hierarquia de roles (uma role mais alta pode chamar funções que exijam roles mais baixas).

Qualquer outra implementação de controle de acesso em Solidity vai derivar destas duas acima, então é importantíssimo dominá-las. Na seção de referências deste capítulo, deixarei um link para a implementação da OpenZeppelin, que é bastante utilizada no mercado.

Reentrancy Attack

Dentre os ataques possíveis que os protocolos DeFi podem ser alvos, tem um que é muito comum. Muito comum de ser feito, muito comum de deixar a brecha que ele explora e, felizmente, muito simples de evitar também. Infelizmente, eventualmente alguém não evita e casos como esses acontecem:

- The DAO Attack em 2016: $60M roubados;
- Lendf.me em 2020: $25M;
- Ataque na BurgerSwap em 2021: $7.2M roubados;
- XSurge em 2021: $4M;
- Cream Finance em 2021: $18.8M;
- Siren Protocol em 2021: $3.5M;

Entre tantos outros que acontecem todos os anos, deixarei os ataques acima na seção de referências deste capítulo, caso queira saber mais sobre eles.

O nome desse ataque comum é Reentrancy Attack. E antes que eu possa ensiná-lo como se proteger do mesmo, eu preciso lhe ensinar como esse ataque é feito, para fins didáticos. Peço que não use conhecimento para o mal. Imagine que você tem um contrato de protocolo DeFi como abaixo, que permite depósitos e saques de moedas. Olhe e pense se ele parece ou não ok, em especial a função de saque, que é o alvo dos hackers.

Código 8.7

```
contract Carteira {
  mapping(address => uint) public balances;

  constructor() {}

  function deposit() external payable {
      balances[msg.sender] += msg.value;
  }

  function withdraw(uint amount) external {
      require(balances[msg.sender] >= amount,
"Insufficient funds");
      payable(msg.sender).transfer(amount);
```

```
        balances[msg.sender] -= amount;
    }
}
```

Antes de lhe dizer o que tem de errado com essa função, caso não tenha conseguido supor por si só, eu preciso lhe explicar como o ataque é feito. Primeiro, é importante relembrar que na blockchain tanto as carteiras cripto quanto os smart contracts possuem endereços capazes de enviar e receber criptomoedas. Assim, eu posso interagir com o protocolo acima tanto usando uma carteira cripto quanto usando um outro smart contract qualquer, que é o que o hacker irá fazer.

Um hacker querendo fazer um Ataque de Reentrada, vai criar um smart contract semelhante ao abaixo.

Código 8.8

```
interface IReentrancy {
    function deposit() external payable;

    function withdraw(uint amount) external;
}

contract ReentrancyAttack {
    IReentrancy private immutable target;


    constructor(address targetAddress) {
        target = IReentrancy(targetAddress);
    }

    function attack() external payable {
        target.deposit{value: msg.value}();
        target.withdraw(msg.value);
    }
```

```
receive() external payable {
    if (address(target).balance >= msg.value)
target.withdraw(msg.value);
    }
}
```

Existem variações mais sofisticadas, mas como meu intuito não é entregar ferramenta de bandido para vocês, o exemplo acima já serve. O hacker vai fazer deploy deste contrato na blockchain, passando o endereço do protocolo que vai ser vítima do ataque. Claro que antes o hacker estuda o contrato do protocolo vítima para ver se ele é suscetível ao ataque, caso contrário só perderá dinheiro no ataque e até mesmo inviabilizaria o mesmo, já que precisamos montar a interface IReentrancy de maneira que funcione com o contrato alvo (repare que a assinatura das funções é igual a do contrato Carteira.sol).

O que esse contrato faz após o deploy? O hacker chama a função attack, mandando junto dela um depósito inicial que será transferido para o protocolo. Esse investimento inicial muitas vezes os hackers obtêm através de Flash Loans, o que caracteriza muitas vezes na mídia como um Flash Loan Attack. Um Flash Loan nada mais é do que um protocolo de empréstimo sem garantias, onde o empréstimo deve ser pago na mesma transação em que foi solicitado. Então o atacante pega o empréstimo, faz o ataque, e já paga o empréstimo tudo na mesma transação e código, com parte do dinheiro recebido do ataque. Até aqui nada demais, Flash Loans não são crime e nem mesmo fazer depósitos em contratos de terceiros. O problema é o que vem a seguir.

O código chama na sequência a função de saque do protocolo, na mesma quantidade que acabou de depositar. Se você olhar a referida função no contrato Carteira.sol verá que ela valida o saldo, faz a transferência e depois atualiza o saldo, certo? No entanto, quando ela fizer a transferência ela estará transferindo para o smart contract do atacante e não para uma conta comum. Toda vez que um smart contract recebe um depósito ele dispara uma função nativa do Solidity chamada **receive**, que por padrão não faz nada, apenas recebe o saldo mesmo.

No entanto, você pode implementar um código na sua receive para reagir a esses depósitos e aí que entra a "reentrada": dentro da receive o hacker coloca código para chamar um novo saque.

Isso impede que o fluxo da transação chegue na etapa de atualizar saldo no contrato Carteira.sol, então ele vai reentrar na função **withdraw** e fazer um novo teste e uma nova transferência. Como o saldo ainda não foi atualizado, esse segundo saque também será permitido...

Após a segunda transferência, o contrato receberá os fundos, irá disparar o receive novamente e aí já viu, vai ficar em *loop* até secar a fonte e depois bastará o hacker transferir o montante final para outra conta e fugir. Está feito o estrago.

Existem duas maneiras principais de se proteger de Ataques de Reentrada:

- através do padrão **Checks-Effects-Interactions**;
- através do padrão **Reentrancy Guard**;

O primeiro ponto é o ideal e pode ser usado em conjunto do segundo, sendo que até já foi usado inúmeras vezes ao longo do livro. No entanto, nem sempre é trivial de entender como implementá-lo, por isso vamos relembrá-lo agora.

Checks, Effects & Interactions

Funções que interagem com endereços externos ao contrato são sempre um risco à segurança do mesmo. Isso porque estes endereços podem ser outros contratos, que tenham uma lógica maliciosa e você não tem como controlar o que essa lógica pode fazer. É semelhante a emprestar seu carro a um desconhecido, entende? Não importa se é uma transferência simples ou uma chamada de função do contrato externo, se tem interação externa, Checks-Effects-Interactions é uma boa pedida.

O racional do design pattern Checks/Effects/Interactions é sempre implementar suas funções que interajam com endereços externos da seguinte maneira:

1. **Checks**: comece pelas validações;
2. **Effects**: implemente as alterações em variáveis locais
3. **Interactions**: somente no final faça transferências e chamadas a contratos externos;

Em nosso exemplo anterior, é simples de resolver a brecha pois é um protocolo muito simples, mas vale o exercício já que muitas vezes é esse o racional que você deve utilizar. Repare a diferença sutil, porém poderosa, na função de saque:

Código 8.9

```
function withdraw2(uint amount) external {
  require(balances[msg.sender] >= amount, "Insufficient balance");
  balances[msg.sender] -= amount;
  payable(msg.sender).transfer(amount);
}
```

Esta função tem três linhas e cada linha atende, em ordem, ao Checks (require), Effects (a dedução de saldo) e Interactions (transfer). Desta forma, após a primeira entrada na função, o atacante vai ter seu saldo deduzido ANTES de fazer a transferência. Assim, ao disparar o **receive** no contrato atacante e tentar fazer novo saque, o require que valida a existência de saldo vai acusar que não tem mais, e vai recusar a transação como um todo, inviabilizando ataques de reentrada.

A outra forma de resolver é implementando o padrão Reentrancy Guard, que vamos ver a seguir, mas ele tem um custo em gás mais alto que tem de valer a pena, especialmente se for um código mais complexo e difícil de identificar todas as brechas que podem ser exploradas em um Reentrancy Attack.

Reentrancy Guard

Um bloqueio de reentrada (reentrancy guard) é basicamente uma implementação que impede de, em uma mesma transação, a mesma função ser chamada duas vezes. Isso bloqueia completamente ataques de reentrada, mas também adiciona mais processamento, armazenamento e consequentemente custo de gás no seu contrato, então tem de valer a pena, ok?

O conceito principal é o uso de semáforos ou *flags* para controlar a entrada na função, como abaixo, em uma implementação simplista. Um semáforo é uma variável, geralmente booleana, que permite ou não a passagem por um trecho de código, assim como os semáforos de trânsito fazem na vida real.

Código 8.10

```
bool private isProcessing = false;

function withdraw3(uint amount) external {
  require(!isProcessing, "Reentry blocked");
  isProcessing = true;

  require(balances[msg.sender] >= amount, "Insufficient
funds");
  balances[msg.sender] -= amount;
  payable(msg.sender).transfer(amount);

  isProcessing = false;
}
```

Na implementação acima, temos um semáforo (isProcessing) indicando se a função já está sendo processada ou não, com o default sendo false. Quando a função de saque é chamada, ela somente executa se já não estiver em execução, disparando erro caso contrário. Se ela não estava processando, ela altera o semáforo (o que impedirá novas reentradas), faz o seu processamento e depois libera a entrada à função novamente, encerrando a transação. Note que como na blockchain não existe paralelismo/concorrência, esse tipo de semáforo não impede que outros usuários consigam usar o contrato também.

Caso você não se sinta confortável com essa reentrada ou esteja buscando ainda mais profissional e largamente usado no mercado, pode usar a implementação de Reentrancy Guard da OpenZeppelin, de mesmo nome, cujo uso é bem simples e exemplifico abaixo.

Código 8.11

```
import
"@openzeppelin/contracts/security/ReentrancyGuard.sol"

function withdraw4(uint amount) external nonReentrant {
```

```
require(balances[msg.sender] >= amount, "Insufficient
funds");
  balances[msg.sender] -= amount;
  payable(msg.sender).transfer(amount);
}
```

O import você deve adicionar no topo do contrato e ele lhe permitirá usar o function modifier **nonReentrant** nas funções que desejar ter o bloqueio de reentrada. Como dito antes, isso adiciona custos adicionais em gás, por isso não é recomendado sair adicionando em funções que não estão expostas a ataques de reentrada.

Deixarei na seção de referências a documentação desta implementação da OpenZeppelin.

Gas Griefing Attack

Dentre os ataques possíveis que os protocolos DeFi podem a ser alvo, quero falar agora de outro deles chamado Gas Griefing Attack (Luto por Gás). Ele não é tão comum quanto os Reentrancy Attacks, mas igualmente perigoso para alguns tipos de protocolos como os de leilões, entre outros.

A base para entender um Gas Griefing é justamente entender como funciona o gás nas transações Ethereum, algo que foi detalhadamente explicado no final do capítulo 3 deste livro e que você deve dar uma olhada caso precise relembrar. Então precisarei lhe ensinar como esse ataque é feito, para fins didáticos, antes de poder lhe ensinar como se proteger dele. Peço que não use esse conhecimento para o mal.

Imagine que você tem um contrato de protocolo DeFi de leilões, como abaixo, que permite dar lances em produtos (NFTs, por exemplo). Olhe e pense se ele parece ou não ok, em especial a função de **bid** (lance), que será o alvo dos hackers.

Código 8.12

```
contract Auction {
  address public highestBidder;
  uint256 public highestBid;
```

```solidity
uint256 public auctionEnd;

constructor(){
    auctionEnd = block.timestamp + (7 * 24 * 60 *
60);//7 days in the future
}

function bid() external payable {
    require(msg.value > highestBid, "Bid is not high
enough");
    require(block.timestamp <= auctionEnd, "Auction
finished");

    //refund the previous highest bidder
    if (highestBidder != address(0)) {
        (bool success, ) = highestBidder.call{value:
highestBid}("");
        require(success, "refund failed");
    }

    highestBidder = msg.sender;
    highestBid = msg.value;
    }
}
```

Explicação rápida: a função **bid** recebe um lance e verifica se ele é o mais alto. Se for, ela armazena os dados do bidder e da bid. Se mais tarde alguém der um lance ainda mais alto, o bidder anterior receberá de volta o valor do seu lance e o novo bidder tomará o seu lugar. Quando o prazo da auction terminar, novos lances não podem mais ser realizados.

Talvez a única novidade para você aqui seja a função call, que é nativa do Solidity e presente em todos contratos. Ela permite que você envie comandos "raw" (crús) diretamente a outro endereço, sendo que como em qualquer comando você pode enviar uma quantia de moedas junto, definidas no objeto com a propriedade value passado antes dos parênteses. Como apenas quero enviar as moedas, o parâmetro string da call está vazio. Como retorno, temos um objeto com uma propriedade success que diz se deu tudo certo ou não, o que nos permite verificar o status da devolução do bid, já que se não fizesse isso estaríamos expostos a outros ataques possivelmente mais graves e frequentes.

Antes de lhe dizer qual é o risco dessa função, caso não tenha conseguido supor por si só, eu preciso lhe explicar como o ataque é feito. Primeiro, é importante relembrar que na blockchain tanto as carteiras cripto quanto os smart contracts possuem endereços capazes de enviar e receber criptomoedas. Assim, eu posso interagir com o protocolo acima tanto usando uma carteira cripto quanto usando um outro smart contract qualquer, que é o que o hacker irá fazer.

Um hacker querendo fazer um Ataque de Luto por Gás (Gas Griefing Attack), vai criar um smart contract semelhante ao abaixo.

Código 8.13

```
interface IAuction {
  function bid() external payable;
}


contract GasGriefingAttack {
  function attack(address _auction) external payable {
    IAuction(_auction).bid{value: msg.value}();
  }

  receive() external payable {
    keccak256("just wasting some gas...");
    keccak256("just wasting some gas...");
    keccak256("just wasting some gas...");
    keccak256("just wasting some gas...");
    keccak256("just wasting some gas...");
    //etc...
  }
}
```

Existem variações mais sofisticadas, mas como meu intuito não é entregar ferramenta de bandido para vocês, o exemplo acima já serve. O hacker vai fazer deploy deste contrato na blockchain, passando o endereço do protocolo que vai ser vítima do ataque. Claro que antes o hacker estuda o contrato do protocolo vítima para ver se ele é suscetível ao ataque, caso contrário só perderá dinheiro no ataque e até mesmo inviabilizaria o mesmo, já que precisamos montar a interface IAuction de maneira que funcione com o contrato alvo (repare que a assinatura da função é igual a do contrato Auction.sol).

O que esse contrato faz após o deploy? O hacker chama a função attack, mandando junto dela um lance que deve ser maior do que o atual maior lance da auction, para poder superá-lo e se tornar o vencedor. Esse valor será transferido para o protocolo, então quanto mais cedo o atacante entrar na auction, melhor (pra ele).

O problema é o que vem a seguir: uma vez que o lance do atacante se torne o maior, se ninguém mais der lances maiores, ele será o vencedor, correto? Mas e se esse contrato do atacante impedir que novos lances sejam dados?

Vamos supor que outro participante do leilão dê um lance maior. O require de highestBid vai verificar isso e portanto vai iniciar a transferência do valor depositado pelo atacante anteriormente, de volta para a carteira dele. No entanto, quando ele fizer a transferência estará transferindo para o smart contract do atacante e não para uma conta comum. Toda vez que um smart contract recebe um depósito ele dispara uma função nativa chamada **receive**, que por padrão não faz nada, apenas recebe o saldo mesmo.

No entanto, você pode implementar código na sua receive para reagir a esses depósitos e aí que entra a "morte por gás": dentro da receive o hacker coloca código para gastar muito gás, sem fazer nada de útil. Isso vai fazer com que essa transferência atinja o *gas limit* por bloco (30M atualmente) e consequentemente a transação falhe, sendo revertida automaticamente pela EVM. Ou seja, nada de devolver o dinheiro do atacante e nem de registrar o novo bidder como vencedor.

Está feito o estrago, é só esperar a auction terminar pois o atacante será o vencedor e receberá o seu prêmio.

Como se proteger?

Infelizmente até o momento não existe uma solução definitiva para este tipo de ataque (tecnicamente falando), exigindo que a própria EVM seja atualizada em versões futuras para preveni-lo. Ainda assim, existem algumas soluções de contorno, sendo a principal delas repensar a sua lógica de negócio do contrato.

No exemplo hipotético acima, você realmente tem de devolver os bids vencidos antes da auction terminar? Porque se você puder deixar a devolução apenas após entregar o prêmio ao vencedor, isso garante a justiça do leilão e mesmo que durante a devolução dos valores (em funções separadas, para que o leilão possa ser encerrado em etapas, garantindo a independência das atividades) dê erro, uma função para devolução manual poderia ser acionada.

Outra possibilidade, ainda pensando em rever fluxo de negócio é a devolução ser via saque (withdraw) do próprio "perdedor". Ou seja, fica de responsabilidade de quem perdeu o leilão pegar a sua grana de volta quando quiser, com o contrato mantendo registro dessa dívida e bloqueando os fundos do mesmo. Apenas tem de cuidar para que essa funcionalidade de saque não seja suscetível a Reentrancy Attacks como vimos anteriormente.

Outra forma de evitar estes e outros ataques que usam as funções **receive** e **fallback** para executar código personalizado é não usar o token nativo da rede (ETH no caso da Ethereum), mas sim algum token ERC-20, de repente algum próprio. Assim as transferências de fundos acontecerão no contrato do token, o que custará mais gás do que usar o token nativo, mas menos suscetível a essas brechas.

Outra coisa a se pensar é por mais que seja tentadora a ideia da sua empresa operar como uma DAO (Organização Autônoma Descentralizada), 100% automatizada e descentralizada através de smart contracts, é importante que você tenha monitoramentos ativos dos seus contratos para garantir que não tem ninguém agindo de má fé, como no caso de Gas Griefing Attacks.

O vencedor de um leilão não é mais substituído por novos lances há muito tempo? Suspeito!

O primeiro lance é o vencedor de um leilão que deveria ser disputadíssimo? Suspeito.

Processos manuais, que permitam um ok antes de liberar o prêmio por exemplo, já são o suficiente para inibir esse tipo de ataque já que o atacante sabe que a sua atividade vai despertar atenção quando inspecionada. E eu sei que isso soa contraprodutivo e até mesmo centralizador demais, não sendo congruente com a proposta da web3, mas estamos falando da proteção do seu negócio em situações extremas (só nos leilões mais importantes, de repente).

Mas Luiz, não há absolutamente nada que possamos fazer tecnicamente como proteção?

Sim, há, dependendo de como o ataque está sendo efetuado.

Se ele está sendo efetuado com o intuito de exaurir os fundos dos usuários (o gás não é devolvido em caso de erro da transação), a solução mais comum é a proposta pela ConsenSys (empresa criadora da MetaMask aliás) e documentada no SWC Registry (incluí na lista de referências), onde eles dão duas opções:

- uma é somente usuários pré-autorizados poderem receber as chamadas externas (a devolução da bid, no exemplo anterior);
- outra é o usuário definir quanto de gás ele quer gastar na transação para evitar cair em armadilhas como aquela.

Como essa segunda opção não é nada prática, existem variações dessa proposta onde o próprio desenvolvedor do smart contract faz esses cálculos e coloca no código para evitar abusos. Algumas ferramentas que vou apresentar no capítulo de boas práticas podem ajudar nesse ponto.

Agora se o ataque está sendo usado como um DoS (*Denial of Service* ou Negação de Serviço), uma solução no caso do nosso contrato de exemplo é usar a função **send** ao invés de **call**, que por si só já tem um gas limit nativo suficiente para que o envio ocorra, assim como a função **transfer**. No entanto, send é o melhor dos dois mundos já que assim como a call, não dá erro se a transferência falhar, mas sim devolve um booleano que lhe permite decidir o que fazer, podendo por exemplo salvar estas transferências para novo processamento mais tarde. Veja no exemplo abaixo.

Código 8.14

```
contract Auction {
  address public highestBidder;
  uint256 public highestBid;
  uint256 public auctionEnd;

  constructor(){
      auctionEnd = block.timestamp + (7 * 24 * 60 *
60);//7 days in the future
  }

  function bid() external payable {
      require(msg.value > highestBid, "Bid is not high
enough");
      require(block.timestamp <= auctionEnd, "Auction
finished");

      //refund the previous highest bidder
      if (highestBidder != address(0)) {
          bool success =
payable(highestBidder).send(highestBid);
          //save the failed ones and treat them later,
to don't block the business flow
      }

      highestBidder = msg.sender;
      highestBid = msg.value;
  }
}
```

E com isso espero ter te ajudado a entender mais sobre este
famoso ataque e de como se proteger dele.

Referências

A cada capítulo, listarei referências onde você pode se aprofundar nos assuntos citados.

O Risco do Private em Smart Contracts
Vídeo no canal LuizTools sobre o risco dos private states.
https://www.youtube.com/watch?v=5isyH1taZDs

Slither
Framework usado por atacantes para obter acesso a variáveis privadas.
https://github.com/crytic/slither

Access Control | OpenZeppelin
Implementação de controle de acesso da OpenZeppelin.
https://docs.openzeppelin.com/contracts/5.x/access-control

Reentrancy Attacks famosos
Abaixo estão os links de notícias relatando algumas ocorrências de reentrancy attacks famosos, citados na seção sobre este tipo de hacking.
https://www.gemini.com/pt-br/cryptopedia/the-dao-hack-makerdao#section-origins-of-the-dao
https://quillhashteam.medium.com/burgerswap-flash-loan-attack-analysis-888b1911daef
https://www.zdnet.com/article/hackers-steal-25-million-worth-of-cryptocurrency-from-uniswap-and-lendf-me/
https://beosin.medium.com/a-sweet-blow-fb0a5e08657d
https://www.coindesk.com/business/2021/10/27/cream-finance-exploited-in-flash-loan-attack-worth-over-100m/
https://www.halborn.com/blog/post/explained-the-siren-protocol-hack-september-2021

Tutorial Reentrancy Attack
Vídeo no canal LuizTools ensinando sobre esse ataque.
https://www.youtube.com/watch?v=mICfzcn5_Mw

Reentrancy Guard | OpenZeppelin

Implementação de bloqueio de reentrada da OpenZeppelin.
https://docs.openzeppelin.com/contracts/5.x/api/utils#ReentrancyG
uard

Tutorial Gas Griefing Attack
Vídeo no canal LuizTools ensinando sobre esse ataque.
https://www.youtube.com/watch?v=ewGW68O2XR0

Proteção contra Gas Griefing
Propostas da ConsenSys para se proteger de Gas Griefing Attack.
https://swcregistry.io/docs/SWC-126/

Outra proposta de proteção para Gas Griefing citada no livro.
https://www.getsecureworld.com/blog/smart-contract-gas-griefing-at
tack-the-hidden-danger/

Os fontes que você viu neste capítulo estão disponíveis para baixar
neste link: https://www.luiztools.com.br/livro-web3-fontes/

---

*Quer fazer um curso online de programação web3 com o autor
deste livro? Acesse https://www.luiztools.com.br/curso-web23*

9 Boas Práticas

Eu não sou um ótimo programador;
eu sou apenas um bom programador com ótimos hábitos.
- Kent Beck

Quando estamos começando com uma nova tecnologia sempre tudo é muito confuso, complexo e, por que não dizer, assustador?

Trabalho desde 2006 com programação e antes disso eu já programava de maneira não profissional, desde um técnico em eletrônica que fiz em 2004 que incluía programação de microcontroladores para a indústria. Nesse ínterim tive de trocar sucessivas vezes de tecnologias, seja por questões acadêmicas, seja por questões de mercado: Assembly, C/C++, Lisp, Prolog, Visual Basic, Java, .NET, Android, Node.js e, agora, blockchain.

E a cada troca eu volto a ser um calouro, tendo de aprender não apenas sintaxe, semântica, todo o "ferramental" relacionado à tecnologia, mas o mais difícil de tudo: boas práticas!

Como saber se o código que estou escrevendo está dentro dos padrões de mercado?

Como tirar o máximo proveito da linguagem através do uso das melhores ferramentas e extensões?

Como é a arquitetura ou o mindset correto para os tipos de projetos que são criados com esta tecnologia?

Como ...

E tudo fica pior quando estamos falando de uma tecnologia que tem pouco mais de uma década de vida e até poucos anos atrás era coisa de devs malucos em eventos. São muitas as dúvidas sobre blockchain e, mesmo com o todo-poderoso Google e até mesmo o ChatGPT em nossas mãos, parece que essas respostas estão desconectadas e jogadas cada uma em um canto obscuro da Internet, fazendo com que dê um trabalho enorme encontrá-las.

Não trago aqui verdades universais ou respostas para todas as perguntas que você vai ter sobre desenvolvimento web3 e blockchain, mas trago um apanhado da experiência adquirida nos últimos anos estudando e desenvolvendo projetos neste mercado para formar um capítulo-guia de boas práticas de programação.

Devo salientar que como segurança de smart contracts era um tópico tão grande e importante nesse contexto, que deixei todas as dicas de segurança no respectivo capítulo, ok?

HardHat Toolkit

O HardHat é um toolkit, uma suíte de ferramentas para ajudar na criação de smart contracts e que vai acelerar bastante a nossa produtividade nesse tipo de desenvolvimento. Basicamente ele te tornará mais produtivo de algumas formas:

- lhe permitindo escrever testes unitários automatizados para seus contratos;
- lhe permitindo fazer deploy e verificação de contratos de maneira automatizada;
- lhe permitindo criar scripts de automação para tarefas diversas;
- fornecendo ferramentas diversas através de plugins que se integram ao toolkit, como o HH Ignition, HH Network e outros;

Ele é desenvolvido em Node.js e por isso que precisamos ter o Node instalado antes dele, coisa que já fizemos lá atrás, no capítulo 4.

Para instalar o HardHat vamos usar o NPM, o gerenciador de pacotes do Node. Primeiro crie uma pasta para o seu projeto, vou chamar de **hello-solidity-hardhat** e depois inicialize ela com o NPM e instale o HardHat utilizando o terminal de linha de comando do seu sistema operacional (**cmd** no Windows, **bash** no Linux, etc), como abaixo.

Código 9.1

```
npm init -y
npm install -D hardhat
```

Este comando vai baixar e instalar todos os arquivos do HardHat no seu projeto, o que pode demorar um bocado, então não se assuste. Quando terminar, você poderá criar o seu primeiro projeto HardHat. Para isso, rode o comando abaixo para inicializar o configurador de projeto HardHat.

Código 9.2

```
npx hardhat --init
```

Isso irá iniciar um assistente de configuração que irá te fazer algumas perguntas. A primeira é sobre versão, escolha a 3. Depois siga com os valores default até ele perguntar o tipo de projeto, usaremos TypeScript + Ethers e siga novamente com os valores default até o final.

Como resultado você terá a estrutura do seu projeto criada automaticamente, como abaixo.

Nesta imagem eu estou utilizando a ferramenta Visual Studio Code, que também instalamos no capítulo 4. Ainda falando da ferramenta, recomendo a instalação do excelente plugin Solidity criado pela Nomic Foundation para ela (é a mesma fundação que desenvolve o HardHat), que ajuda bastante no desenvolvimento de projetos com esse toolkit.

Mas voltando ao projeto, essa estrutura inicial apresentada é de um projeto de contrato chamado Counter e você encontrará os contratos dele na pasta contracts. Nada importante pra gente, pode ignorar.

Como vamos criar o nosso contrato do zero e ele vai ser bem simples, recomendo excluir todo o conteúdo da pasta contracts, deixando a mesma vazia, bem como o conteúdo da pasta test, escreveremos nossos próprios testes mais à frente.

Agora, na pasta de contracts, vamos criar o nosso arquivo HelloWorld.sol, que vai ser o nosso arquivo de contrato, com o conteúdo abaixo.

Código 9.3

```solidity
// SPDX-License-Identifier: MIT
pragma solidity 0.8.28;


contract HelloWorld {
  string public message = "Hello World!";

    function helloWorld() public view returns (string
memory) {
      return message;
  }
}
```

O contrato acima é apenas um exemplo, em cima dele vamos testar as funcionalidades principais do HardHat: testes e deploy. Mais tarde você pode se apropriar desses conhecimentos e usar o toolkit em projetos mais profissionais e completos.

Um ponto de atenção: certifique-se de a mesma versão de Solidity que você está usando no seu contrato esteja configurada no arquivo hardhat.config.ts ou então você terá problemas de compilação.

Testando com HardHat

Testes são uma parte crucial do desenvolvimento de qualquer software mas Solidity coloca isso em outro patamar. Isso porque como seu contrato ficará visível na blockchain e na maioria das vezes ele envolverá dinheiro, é crucial que ele esteja em pleno funcionamento e que seja seguro. Não apenas isso, as transações na blockchain são imutáveis, então não temos margem para corrigir pequenas coisinhas depois, como é comum no mundo web.

Dito isso, vá até a sua pasta de test e crie um arquivo HelloWorld.test.ts nela, embora este nome seja apenas uma recomendação, pode ser o nome que quiser.

Dentro deste arquivo vamos escrever os testes unitários do nosso contrato, para isso o HardHat vai nos fornecer uma série de ferramentas que vai deixar a experiência muito próxima da que teríamos usando frameworks de testes JS como Tape, Mocha e Jest. Caso esteja familiarizado com alguma destas bibliotecas, se sentirá em casa.

Vamos começar nossa suíte de testes importando o que será necessário.

Código 9.4

```
import { expect } from "chai";
import { network } from "hardhat";

const { ethers } = await network.connect();
```

A função **expect** é a função de asserção dos testes, via Chai, enquanto que network é o objeto do HardHat para simular a blockchain durante os testes. Não apenas isso, com a network conectada podemos pegar uma instância da **Ethers,** que é a biblioteca JS para comunicação com blockchains EVM-compatible (baseadas em Ethereum), já falei dela aqui no livro, nos projetos com frontend web3.

Agora para criar a estrutura padrão dos testes chame a função **describe**, defina um nome para a suíte de testes e na função de callback que é o segundo parâmetro, iremos colocar nossos futuros testes.

Código 9.5

```
describe("HelloWorld", () => {


});
```

Agora para escrever os testes em si, você pode adicionar chamadas à função **it** quantas vezes quiser, dentro do describe.

Código 9.6

```
it("Should Hello the world", async () => {
  const helloWorld = await
ethers.deployContract("HelloWorld");
  expect(await helloWorld.helloWorld()).equal("Hello
World!");
});
```

Neste teste de exemplo, o único que vamos precisar, nós damos um nome ao teste, seguido da função de teste que nada mais está fazendo do que chamando a função de deploy do contrato (na rede de teste local), pegando o contrato instalado por ela, chamando a função do nosso contrato (helloWorld, lembra?) e analisando o retorno dela através da função **expect**.

A função **expect** é quem vai dizer se nosso teste passou ou não, baseado no booleano resultante da expressão lógica que passamos à ela, no caso a comparação literal com a frase que deve estar em nosso contrato, na variável **message**.

Para rodar esta bateria de testes é bem simples, basta abrir o terminal e uma vez dentro da pasta do seu projeto rodar o comando abaixo do HardHat, certificando-se de estar rodando o terminal como administrador.

Código 9.7

```
npx hardhat test mocha
```

Isso vai fazer com que o HardHat rode os testes, lhe apresentando os resultados como abaixo.

```
luiztools@Luizs-MacBook-Pro hello-solidity-hardhat % npx hardhat test

HelloWorld
  ✓ Should Hello the world (801ms)

1 passing (803ms)
```

Agora que fizemos nossos testes e estamos com eles passando (um só na verdade), podemos fazer deploy do nosso projeto na blockchain.

Deploy com HardHat

Para nosso deploy automatizado você precisará de dois componentes: o endereço de um nó da blockchain-alvo e uma carteira cripto.

O endereço do nó de blockchain é necessário para que o HardHat saiba para onde deve enviar a transação de deploy. Existem três maneiras de você obter acesso a um nó de blockchain:

- você tendo um nó na sua própria máquina;
- você usar um nó público/aberto;
- você contratar um nó pago/privado;

A primeira opção geralmente é inviável, a menos que você já trabalhe a serviços da blockchain minerando transações e atuando como um nó da rede, caso contrário você não vai querer dedicar uma máquina a isso.

A segunda opção serve para algumas blockchains de teste (testnets), mas não todas. A Sepolia por exemplo não possui um nó público/aberto, e é a blockchain que estamos utilizando ao longo do livro e que usaremos novamente neste deploy.

Assim, nos resta a terceira opção que é contratar um nó pago/privado, algo que felizmente podemos fazer sem desembolsar nenhuma quantia através de provedores de blockchain em nuvem como a Infura. A Infura é uma empresa irmã da ConsenSys, que por sua vez é a criadora da MetaMask e você pode criar a sua conta gratuita no site abaixo, o que nos garante acesso limitado a nós de várias blockchains.

https://infura.io

Após terminar o seu cadastro e ter acesso ao painel de controle, você encontrará no menu "Infura RPC", aba "Active Endpoints", os endereços dos nós que você pode usar, como na imagem abaixo, onde ocultei parte das informações por questões de segurança.

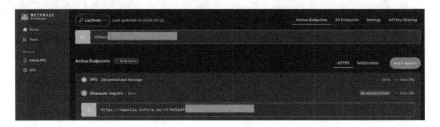

Copie o endereço para o nó da Ethereum Sepolia. Se ele não estiver aparecendo, vá na aba All Endpoints e ative-o. Agora vamos para nosso segundo ingrediente: a carteira cripto.

Para você poder fazer o deploy do seu smart contract com HardHat é necessário também que você tenha uma carteira de criptomoedas na blockchain escolhida para o deploy e que possua saldo nela, na moeda nativa da rede. Se você já fez deploy de outros contratos que aprendemos ao longo do livro, você tem uma carteira Metamask com saldo, certo? Usaremos ela aqui novamente, mas de uma maneira diferente, já que o deploy via HardHat é automatizado. Caso não possua uma carteira cripto, saldo, etc volte ao Capítulo 3 pois isso tudo é ensinado lá.

Você vai precisar da chave privada da sua carteira MetaMask, a fim de que o deploy seja todo automatizado usando HardHat. Você tem acesso indo na sua carteira, depois na sua "Account 1" no topo esquerdo, depois "Detalhes da Conta" e por último em "Private Keys", como na imagem abaixo.

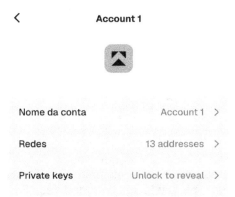

A MetaMask vai pedir pra você confirmar a sua senha e depois vai listar as redes, basta clicar no botão de copiar ao lado da Ethereum e sua chave privada estará na área de transferência do seu sistema operacional, só colar ela em algum lugar com Ctrl + V.

Vamos salvar esta chave privada e a URL do nó Infura em um arquivo **.env** (sem nome, apenas .env mesmo) na raiz do projeto HardHat, sendo que este arquivo não deve ser versionado então é de bom tom colocá-lo no .gitignore do seu projeto caso esteja usando Git.

Para que possamos usar arquivos .env para configurações do projeto instale a dependência do pacote **DotEnv** na pasta do projeto.

Código 9.8

```
npm install dotenv
```

Crie o arquivo **.env** na raiz do projeto, preencha as variáveis como abaixo e vamos em frente. A Chain ID é com aquele valor fixo mesmo, que representa o ID da rede Sepolia.

```
PRIVATE_KEY=sua chave privada
RPC_NODE=sua URL da Infura aqui
CHAIN_ID=11155111
```

Agora é importante você entender que o plugin que vai fazer o deploy do seu contrato na blockchain é o HardHat Ignition, cujo script deve existir na pasta ignition/modules. Exclua o conteúdo dessa pasta (vai ter um Counter.ts nela) e crie um HelloWorld.ts com o seguinte conteúdo que vou explicar na sequência.

```typescript
import { buildModule } from
"@nomicfoundation/hardhat-ignition/modules";

const HelloWorldModule =
buildModule("HelloWorldModule", (m) => {
  const contract = m.contract("HelloWorld");
  return { contract };
});

export default HelloWorldModule;
```

Esse script importa a função buildModule do HardHat Ignition, que é o utilitário de deploy do HardHat. Com essa função, passamos o nome do nosso módulo de deploy (**m**) e utilizamos dele para instanciar um contrato (**contract**) passando o nome do contrato Solidity que está na pasta **contracts**, retornando o mesmo após finalizar o processo.

Agora, vamos nos focar no seu arquivo **hardhat.config.ts**, o arquivo de configuração do HardHat. Por padrão estávamos usando uma rede default de teste e agora devemos apontar para a rede onde faremos o deploy, configurando corretamente os dados do nosso nó blockchain que obtivemos na Infura na seção networks, como abaixo, importando o dotenv no topo também:

```
import "dotenv/config";
//...
  networks: {
    sepolia: {
      type: "http",
      chainType: "l1",
      chainId: Number(process.env.CHAIN_ID),
      url: configVariable("RPC_NODE"),
      accounts: [configVariable("PRIVATE_KEY")],
    }
  }
});
```

Repare que o .env está sendo carregado logo no início para que as variáveis de ambiente possam ser usadas mais tarde. Com isso, estamos com tudo configurado para o deploy e para fazê-lo de fato, basta rodar o comando abaixo do HardHat em nosso projeto.

Código 9.12

```
npx hardhat ignition deploy ignition/modules/HelloWorld.ts
--network sepolia
```

Este comando vai compilar o seu script definido no ignition/modules/HelloWorld.ts (ou .js se for seu caso), vai assinar a transação usando sua carteira MetaMask e vai enviar os bytecodes nessa transação para a blockchain configurada no hardhat.config.ts. Ao término de todo o processo (aguarde sua conclusão), você terá as informações do deploy bem sucedido, semelhante ao abaixo.

```
luiztools@Luizs-MacBook-Pro teste-hardhat % npx hardhat ignition deploy ignition/modules/BookDatabase.ts --network sepoli
a
√ Confirm deploy to network sepolia (11155111)? … yes
Hardhat Ignition 🔨

Deploying [ BookDatabaseModule ]

Batch #1
  Executed BookDatabaseModule#BookDatabase

[ BookDatabaseModule ] successfully deployed 🚀

Deployed Addresses

BookDatabaseModule#BookDatabase - 0xce2aF56bBa9c743943322553131281cF2BBF9501
```

Para conferir se a transação foi um sucesso basta você pegar o hash que recebeu e ir conferir no site da sepolia.etherscan.io. Colando o endereço/hash do seu contrato você verá se o deploy dele já foi finalizado e todos os detalhes das transações que já aconteceram com esse contrato.

Quando a transação de deploy estiver marcada como concluída/bem sucedida o seu contrato já está *live* na blockchain, ou seja, pode ser usado normal e publicamente por qualquer pessoa que possua o endereço dele, invocando todas as funções e propriedades públicas do mesmo.

Você vai notar que na pasta ignition foi criada uma pasta deployments também. Certifique-se de colocar ela também no gitignore (caso esteja utilizando Git) pois não é necessário versioná-la.

Verificação com HardHat

Agora eu vou te mostrar como fazer a verificação de um contrato no block explorer EtherScan (mas também funciona para sites derivados) que você acabou de fazer deploy, utilizando o toolkit HardHat. Para isso, você precisará primeiro obter uma chave de API da EtherScan.

Para obter uma é simples e gratuito: vá no block explorer, crie uma conta nele (botão de SignIn no canto superior direito) e dentro da conta crie uma API Key na página https://etherscan.io/myapikey como mostra a imagem abaixo (ocultei minha API Key por segurança).

Apenas atente-se de fazer esse processo no site de produção do block explorer, não pode ser nas versões testnet. Por exemplo, no meu caso, independente se fiz deploy na Ethereum Sepolia ou Ethereum Mainnet, a chave de API deve ser obtida em etherscan.io (mainnet).

De posse dessa API Key, vá no seu arquivo **.env** e adicione essa chave lá, em uma nova variável, como abaixo.

Código 9.13

API_KEY=*sua API Key da EtherScan*

Agora vá no seu arquivo **hardhat.config** para configurarmos a verificação. O trecho de código abaixo deve ficar logo depois da propriedade networks (no mesmo nível de networks).

Código 9.14

```
verify: {
   etherscan: {
     apiKey: process.env.API_KEY
   }
 }
});
```

Apesar do nome da propriedade ser etherscan, ela funciona para qualquer block explorer baseado em EtherScan (como o BSCScan,

PolygonScan e outros), então não dê bola para o nome se estiver usando outra rede.

Com tudo devidamente configurado agora você pode ir no terminal e rodar o script de verificação, usando o endereço do contrato que acabou de fazer o deploy como abaixo. Repare como o nome da minha rede é sepolia, pois assim defini no hardhat.config, talvez a sua tenha outro nome.

Código 9.15

```
npx hardhat verify etherscan –network sepolia <contrato>
```

Depois de algum tempo que pode demorar dado o tamanho do seu contrato e o congestionamento da API, ele irá aparecer como verificado no site da EtherScan (Sepolia no meu caso), com um ícone de check verde ao lado da aba contract, como já visto em outros projetos.

E essas são apenas algumas coisas incríveis que você pode fazer utilizando o toolkit HardHat!

OpenZeppelin Contracts

Uma das partes mais cruciais e frequentes em projetos web3 é o desenvolvimento de smart contracts, sendo a linguagem Solidity a mais comumente utilizada no mercado. Como em todo projeto de software é normal que existam prazos e pressão para que eles sejam cumpridos, o que nos faz ter preocupações com produtividade, mas sem abrir mão de segurança e performance, dois fatores cruciais em projetos deste tipo. Uma brecha de segurança, por exemplo, pode arruinar completamente um protocolo DeFi, e um problema de performance pode gerar custos astronômicos de gás que afastem os usuários da sua aplicação (falaremos mais sobre isso nesse capítulo).

Mas como se manter produtivo, seguro e com um dapp "barato" de usar? Uma alternativa muito recorrente é o reuso de código, afinal, boa parte dos projetos costuma ser ou começar a partir de padrões comuns, principalmente quando o assunto são tokens. Afinal, se milhares de tokens ERC-20 já foram codificados, deve ter uma base comum de código a ser usada entre eles, certo? O mesmo vale para NFTs (ERC-721) e outros.

Mas será que, quando o assunto é web3, posso confiar em código copiado da Internet?

E a resposta é sim, se você souber de ONDE copiar.

E quando o assunto é Web3, esse ONDE se chama OpenZeppelin.

O que é a OpenZeppelin?

A OpenZeppelin é uma empresa dedicada ao desenvolvimento de tecnologias relacionadas a contratos inteligentes e segurança blockchain. Fundada em 2015, a OpenZeppelin tem sido uma figura proeminente no ecossistema Ethereum, fornecendo soluções de segurança e auditoria para contratos inteligentes.

A empresa é conhecida por sua biblioteca de contratos inteligentes de código aberto chamada **OpenZeppelin Contracts**, que oferece implementações seguras e testadas de diversos padrões comuns para o desenvolvimento de contratos inteligentes. Esses padrões incluem funcionalidades como token ERC-20, token ERC-721 (NFTs), entre outros.

Além disso, a OpenZeppelin oferece serviços de auditoria de segurança para contratos inteligentes, ajudando projetos e empresas a identificar e corrigir possíveis vulnerabilidades em suas implementações blockchain. A segurança é uma consideração crítica no espaço blockchain, e a expertise da OpenZeppelin nessa área é altamente valorizada pela comunidade.

Mas deixando esses serviços personalizados de lado, eu quero falar nesta seção sobre o OpenZeppelin Contracts, o serviço mais utilizado pela comunidade.

OpenZeppelin Contracts

A biblioteca OpenZeppelin Contracts é uma coleção de contratos inteligentes de código aberto para o desenvolvimento seguro e padronizado de aplicativos descentralizados (DApps) na blockchain Ethereum (e demais compatíveis com EVM). Ela foi projetada para facilitar o processo de criação de contratos inteligentes, fornecendo implementações robustas de padrões comuns e componentes essenciais. Podemos destacar alguns aspectos-chave da biblioteca OpenZeppelin Contracts:

Padrões de Token

A OpenZeppelin Contracts inclui implementações padrão para diversos padrões de tokens Ethereum, como ERC-20 (para tokens fungíveis), ERC-721 (para tokens não fungíveis ou NFTs) e ERC-1155 (multi-token). Isso permite que os desenvolvedores criem facilmente tokens personalizados sem se preocupar com a implementação básica.

Controle de Acesso
A biblioteca oferece contratos que facilitam a implementação de sistemas de controle de acesso (simples e por roles), permitindo que os desenvolvedores restrinjam o acesso a determinadas funções com base em permissões específicas.

Utilidades Gerais
Oferece uma variedade de utilidades e contratos auxiliares que podem ser úteis no desenvolvimento, como manipulação de strings, controle de tempo, manipulação de endereços, acordos seguros (*escrow*) e matemática segura.

Upgradability
A biblioteca também aborda o conceito de *upgradability*, permitindo que os desenvolvedores construam contratos inteligentes que podem ser atualizados sem perder o estado atual.

Todos os contratos da OpenZeppelin passam por rigorosas auditorias de segurança, o que significa que eles são desenvolvidos com foco na minimização de vulnerabilidades e são testados quanto à robustez. A OpenZeppelin Contracts é amplamente utilizada na comunidade Ethereum e é considerada uma base sólida para o desenvolvimento de contratos inteligentes seguros e confiáveis. Desenvolvedores muitas vezes incorporam esses contratos como dependências em seus próprios projetos, aproveitando a confiabilidade e segurança oferecidas pela biblioteca.

O uso desta biblioteca começa no builder de contratos disponibilizados pela OpenZeppelin em seu próprio site (https://www.openzeppelin.com/solidity-contracts), que tem a aparência abaixo.

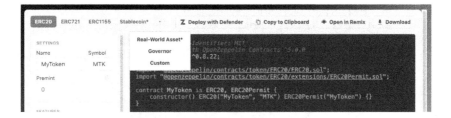

No topo, você tem algumas abas para alguns tipos comuns de contratos pré-construídos e algumas ferramentas. Essas opções podem variar com o tempo, mas as principais atualmente são:

- **ERC20**: para criar contratos de tokens fungíveis (as famosas "criptomoedas");
- **ERC721**: para criar contratos de tokens não-fungíveis (as famosas "NFTs");
- **ERC1155**: para criar contratos multi-token, misturando os tipos anteriores;
- **Governor**: para contratos de governança (muito usados em DAOs);
- **Custom**: criação livre;

Após selecionar a base de contrato que mais atende à sua necessidade, é hora de personalizar o código gerado usando as ferramentas à esquerda. Ali você pode personalizar uma série de características dos contratos além de adicionar diversas funcionalidades utilitárias que muitas vezes adicionam mais contratos da biblioteca à sua solução final.

Peguemos como exemplo a solução mais comum, de token ERC20. Ao selecionar esta aba você pode personalizar, por exemplo:

- **Name**: o nome do seu token;
- **Symbol**: a sigla do seu token (geralmente três ou quatro letras maiúsculas);
- **Premint**: quantos tokens serão emitidos na criação do contrato;
- **Mintable**: se seu contrato vai permitir a emissão de mais tokens no futuro (expansão monetária);
- **Burnable**: se seu contrato vai permitir a queima de tokens existentes (contração monetária);
- **Pausable**: se seu contrato permite a interrupção geral de funcionamento (*pause*);

- **Permit**: implementação da ERC-2612;
- **Votes**: usada por DAOs (Organizações Autônomas Descentralizadas) para votações entre os token holders;
- **Flash Minting**: para implementação de Flash Loans (empréstimos que devem ser pagos na mesma transação);
- **Access Control**: onde você pode optar pelas formas de controle baseada em Owner (*single admin*), em Roles e Roles Gerenciáveis (que podem ser alteradas);
- **Upgradeability**: que implementam padrões como Adapter ou Proxy para permitir atualizações do contrato;

Entre outras que mudam com o passar do tempo ou com a categoria de contrato (as que citei acima estão disponíveis para tokens ERC-20).

E mais abaixo você tem ainda a opção de adicionar mecanismos de controle de acesso e de atualização do contrato (por padrão os contratos não são atualizáveis). Assim, facilmente você pode ir montando o esqueleto de um contrato real sem escrever uma linha de código sequer.

Claro que o resultado final, em um projeto profissional, irá depender que você seja capaz de personalizar o código gerado e até mesmo integrá-lo a uma solução muito maior, mas o ganho de produtividade, segurança e performance que irá ter usando da OpenZeppelin Contracts é imenso nos tipos de projeto que ela atende. Uma vez com o código-base criado é hora de levá-lo para edição em sua ferramenta favorita, sendo que hoje no mercado temos duas opções principais: Remix e VS Code/HardHat.

No Remix, basta que você crie um novo arquivo Solidity e cole o código copiado do OZ Contracts. A ferramenta por padrão já conhece os contratos da biblioteca e os imports irão funcionar sem qualquer necessidade de configuração adicional, veja abaixo.

Código 9.16

```
//SPDX-License-Identifier: MIT
pragma solidity ^0.8.28;
import "@openzeppelin/contracts/token/ERC20/ERC20.sol";

contract MyToken is ERC20 {
  constructor() ERC20("MyToken", "MTK") {}
}
```

Então basta você copiar e colar o código do OZ Contracts no Remix e fazer as edições que deseja, para depois poder avançar para um possível deploy na blockchain.

Agora se você trabalhar com VS Code + HardHat, após a etapa inicial de criação de um novo projeto HardHat, você terá de instalar a dependência do OZ Contracts via terminal, como abaixo:

Código 9.17

```
npm install -D @openzeppelin/contracts
```

Isso permitirá que você use qualquer um dos contratos da biblioteca normalmente em seus códigos de smart contracts Solidity. Veja abaixo:

Código 9.16 (igual)

```
//SPDX-License-Identifier: MIT
pragma solidity ^0.8.28;
import "@openzeppelin/contracts/token/ERC20/ERC20.sol";

contract MyToken is ERC20 {
  constructor() ERC20("MyToken", "MTK") {}
}
```

Então após você instalar o pacote via NPM, basta você copiar e colar o código do OZ Contracts no VS Code e fazer as edições que deseja, para depois poder avançar para a etapa de testes unitários (sim, recomendo que faça todos os testes possíveis, principalmente se editou algo no código) e mais tarde um possível deploy na blockchain.

E com isso você acabou de aprender a usar um poderoso aliado em seus projetos de smart contracts que tenho certeza que pode fazer a diferença no seu dia a dia como dev web3.

Economia de Taxas

Se tem uma coisa que tira as noites de sono dos desenvolvedores de smart contracts são as taxas de transações. Isso porque um smart contract com altas taxas têm baixo incentivo aos usuários utilizarem-no de fato. Aprender como reduzi-las é uma habilidade que vale ouro neste mercado e muitos serviços de consultoria que já prestei eram justamente sobre isso.

No capítulo 3 eu expliquei aqui no livro como as taxas funcionam e é imprescindível que você tenha este conhecimento antes de avançar. Nesta seção eu quero te dar diversas dicas de como reduzir as taxas do seu contrato.

Complexidade de Algoritmos

A primeira coisa que você tem de entender é que quanto mais complexo o seu algoritmo, em termos de processamento e espaço, mais ele vai custar para ser executado. Via de regra, sempre que ver um loop no seu código Solidity, muita atenção. Geralmente os loops são os maiores vilões das taxas. Se você aprender a usar corretamente arrays e mappings, é possível que jamais precise de um laço na sua vida de programador Solidity. Ao menos não em transações pelo menos.

Como isso é possível? Considere o seguinte código Solidity abaixo:

Código 9.18

```solidity
struct Book {
  uint id;
  string title;
  uint16 year;
}

contract MyContract {
  Book[] books;

  function updateBook(uint id, string calldata
newTitle) public {
      for(uint i=0; i < books.length; i++){
          if(books[i].id == id){
              books[i].title = newTitle;
              break;
```

```
        }
      }
    }
  }
```

Temos um array de livros e uma função para atualizar o título de um deles. Qual a complexidade dessa função no pior cenário? Eu respondo utilizado a notação Big O: **O(n)**, onde **n** é o número de elementos no array. Ou seja, complexidade linear: quanto mais o array crescer, mais caro se tornará executar essa função.

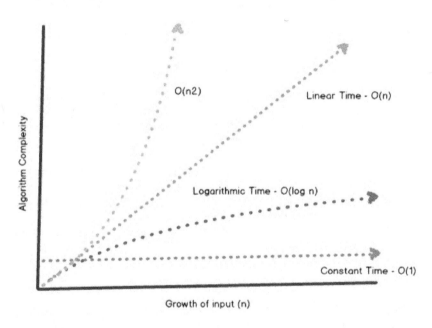

Mas agora olhe essa abordagem abaixo, usando um mapping como índice.

Código 9.19

```
contract MyContract {
  Book[] books;
  mapping(uint => uint) bookIndex;//id to index
```

```
function updateBook(uint id, string calldata
newTitle) public {
    uint index = bookIndex[id];
    books[index].title = newTitle;
}
}
```

Isso reduz a complexidade de O(n) para O(1), ou seja, de linear para constante: não importa o tamanho do array, sempre vai levar o mesmo tempo para atualizar um livro. Claro, manter esse mapping com os livros vai exigir um pouco mais de gasto na escrita inicial do livro na blockchain, mas ainda assim, considerando que ela é feita apenas uma vez e também tem complexidade O(1) (push no array e adição no mapping), isso não é um problema.

E este é apenas um exemplo, quando se estuda complexidade de algoritmos se abre todo um leque de otimizações que em cenários comuns fazem você ganhar tempo, mas que em Solidity o fazem economizar muito dinheiro também.

Agora se você realmente precisar fazer um laço, usar do/while ao invés de for faz você economizar 3.000 gás se você tem certeza que vai precisar de ao menos uma execução no laço. Mas se precisar realmente usar um for, usar ++i ao invés de i++ no for gera 1.000 gás de economia, já que o i++ lê o valor atual e depois incrementa, enquanto que ++i apenas incrementa). Fica a dica.

Redução de Armazenamento

Falamos sobre processamento na dica anterior e como reduzi-lo reduz também os custos das transações. Mas e espaço no storage? Ler e armazenar informações no storage estão entre os opcodes mais caros de realizar pela EVM, olhe a tabela abaixo que já apresentei antes, no capítulo 3.

ZONE	EVM OPCODE	GAS/WORD	GAS/KB	GAS/MB
STACK	POP	2	64	65,536
	PUSHX	3	96	98,304
	DUPX	3	96	98,304
	SWAPX	3	96	98,304
MEMORY	CALLDATACOPY	3	98	2,195,456
	CODECOPY	3	98	2,195,456
	EXTCODECOPY	3	98	2,195,456
	MLOAD	3	96	98,304
	MSTORE	3	98	2,195,456
	MSTORE8	3	98	2,195,456
STORAGE	SLOAD	200	6,400	6,553,600
	SSTORE	20,000	640,000	655,360,000

Um SLOAD custa 6.400 gás por KB e um SSTORE custa 100x mais!!!

Assim, quanto menor forem as variáveis de estado, ou seja, os dados que precisarão ser lidos e escritos no contrato, melhor!

Pensando nisso vou dar algumas dicas de armazenamento de maneira geral, antes de entrar na otimização das variáveis em si. A primeira é: nunca, sob hipótese alguma, salvar arquivos na blockchain. Imagens de NFT, ícones de moedas, fotos de documentos...isso não deve estar na blockchain. Na blockchain armazene somente referências a esses arquivos, como hash, URL, etc. Sobre os arquivos em si, caso deseje armazená-los de maneira descentralizada e imutável, a recomendação é a rede IPFS, que é como se fosse uma blockchain de arquivos, que apresentei no capítulo 6.

Essa é a solução mais comum para mídias de NFTs, por exemplo, pois economiza muito espaço e consequentemente taxas. Subimos primeiro as mídias das NFTs para a rede IPFS e obtemos o CID (hash) de cada uma. Aí incluímos o CID no arquivo JSON de metadados da coleção e subimos esse arquivo para IPFS, referenciando somente o CID dele no contrato da coleção.

Outra dica ligada para reduzir o armazenamento de muitos dados está ligada ao deploy. Em grandes projetos é comum termos vários contratos, o que eventualmente nos leva a funcionalidades semelhantes ou até código repetido entre eles. Por uma questão de boa prática e também pensando em economizar no deploy, costuma-se utilizar bibliotecas Solidity para isso.

Uma **library** é um arquivo Solidity apenas com funções, structs e outros elementos independentes que você pode reaproveitar durante o desenvolvimento. Para isso você deve ter uma cópia local deste arquivo e importá-lo normalmente em seu código, como abaixo, onde tenho uma library com uma struct compartilhada:

Código 9.20

```
library JKPLibrary {
  struct Player {
      address wallet;
      uint32 wins;
  }
}
```

E que depois eu importo no contrato principal, para usar esta struct:

Código 9.21

```
import "./JKPLibrary.sol";

contract JoKenPo {
  JKPLibrary.Player[] public players;
  //...
```

Nesta etapa o ganho não envolve qualquer economia de taxas, mas sim de reuso de código. Na hora do deploy sim que você terá ganho uma vez que sua library já esteja na blockchain (tenha sido feito o deploy antes).

De posse do endereço da library, você pode referenciá-la no deploy do contrato principal, para o Solidity saber quando fizer o carregamento do contrato na EVM para execução, onde está a "outra parte" dele. Abaixo exemplo de script HardHat de deploy passando uma referência à famosa library SafeMath:

Código 9.22

```
const MetaCoin = await
ethers.getContractFactory("MetaCoin", {
  libraries: {
    SafeMath: "0x...",
```

```
    },
  });
const metaCoin = await MetaCoin.deploy();
```

Apesar do deploy ser feito apenas uma vez, as suas taxas costumam ser elevadas conforme o tamanho do contrato. Então a dica geral aqui é: bora diminuir o tamanho do seu contrato!

Otimizações de Código

Nesta categoria de reduções possíveis temos a mais vasta em quantidade de dicas e também onde há o menor custo x benefício por dica. Muitas vezes uma otimização no código traz sim uma redução de taxas, mas tão ínfima que pode ser considerada irrelevante para a maioria dos contextos. Então quer dizer que é inútil otimizar código Solidity? Claro que não é isso que estou dizendo, apenas que deve ser sua última preocupação a menos que o seu cenário seja de alta complexidade (mesmo considerando tudo que aprendeu no primeiro bloco) ou que lide com grandes quantidades de dados (mesmo considerando tudo que aprendeu no bloco anterior 2).

Ainda assim, ao invés de fazer uma lista extensa de micro-ajustes que são difíceis de lembrar e que economizam pouco gás, vou tentar propor algumas melhorias maiores. A primeira delas é na compilação do seu código.

O Solidity Compiler (**solc**) possui um parâmetro de otimização que por padrão vem desabilitado. Esse parâmetro, quando ligado, permite dizer ao compilador que otimize o seu código para taxas menores nas transações ou para tamanho menor no deploy. Mas é um ou outro. Ou deixa desligado. Isso não é sempre possível, mas geralmente provoca diferenças sim em contratos grandes e é possível graças às diferentes formas que o compilador pode combinar de opcodes para chegar no resultado que você deseja com seu algoritmo. Sabe o lance de usar i++ versus ++i que citei antes? Pois é, é esse tipo de otimização, mas de maneira automática.

Se estiver utilizando o Remix, essa opção pode ser habilitada no menu Solidity Compiler, seção Advanced Configurations, como mostra a imagem abaixo onde marquei o checkbox "Enable optimization".

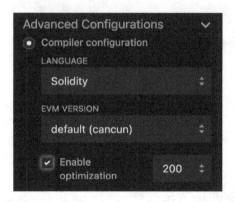

Se estiver usando o HardHat, esta configuração você pode habilitar no hardhat.config.ts, sendo abaixo um exemplo com esta configuração habilitada com valores para produção:

Código 9.23

```
solidity: {
  profiles: {
    default: {
      version: "0.8.28",
    },
    production: {
      version: "0.8.28",
      settings: {
        optimizer: {
          enabled: true,
          runs: 200,
        },
      },
    },
  },
},
```

No momento que você habilita o optimizer, a propriedade runs será usada para aumentar ou diminuir a otimização, sendo 200 o valor comum ("otimiza pouco"). Ao longo do tempo encontrei o valor de 1000 para otimizar bastante focando em transações mais baratas, mas aumentando o custo de deploy e o valor de 20 para otimizar bastante para deploy barato, aumentando o custo de transações.

Mas por que não deixamos isso sempre ativado e no máximo, já que diminuir custo de transações é sempre uma ideia? Além dos tempos maiores de build, deixar o otimizador no máximo tende a aumentar os *bytecodes* do seu contrato, encarecendo o deploy mas não só isso: como a EVM tem limite de bytes por transação, um build com muitos bytecodes pode esbarrar nesse limite ao tentar fazer o deploy. Outro problema de deixar o otimizador sempre ligado é que ele atrapalha o desenvolvimento já que o código-fonte que você vai estar desenvolvendo não será o mesmo que será testado, gerando problemas de debug e coverage por causa das numerações de linha diferentes.

Agora trazendo para a linha de escrita de código mais eficiente mesmo, vamos falar de variáveis de estado, as terceiras maiores vilãs de taxas depois de complexidade de algoritmo e armazenamento de dados. Assim como tratamos no item sobre armazenamento, a leitura e armazenamento no storage são grandes vilões das taxas e uma vez que as variáveis de estado sempre são lidas ou escritas do storage, isso acaba as tornando vilãs indiretas também.

Uma das primeiras coisas que aprendemos é que é importante escolher o tipo certo para nossas variáveis. E isso não está errado, mas é uma meia verdade. Segue abaixo as dicas mais comuns e depois explico algo tão importante quanto isso:

- se é numérico >0, use uint ao invés de int;
- sempre use o menor tamanho numérico onde caiba o número máximo que precisar armazenar (uint8 para 0-255, uint16 para 0-65.535, etc);
- se são apenas dois valores possíveis, prefira boolean;
- prefira bytes32 ao invés de string;
- se o valor não muda, use immutable ou constant (trocando SLOAD por PUSH32 economiza 2097 gás);
- se é enumerável ou pesquisável, use array, se é acesso aleatório por chave, use mapping;
- só defina a variável como public em último caso;

O que não te explicam geralmente é que não adianta você se preocupar com os itens acima se não entender algumas outras coisas como por exemplo o que acontece quando mandamos salvar um dado no storage do contrato, o comando SSTORE.

O storage é organizado em *storage slots*, blocos de armazenamento no disco com 256-bit de tamanho. Quando esse slot esgota ou quando o que você deseja salvar é maior que ele, um novo comando SSTORE é chamado para alocar mais 256-bit e salvar o novo dado. Olha esse exemplo:

```
uint128 x = 0;
uint256 y = 1;
uint128 z = 2;
```

É um exemplo bobo, mas o que vai acontecer aqui? Vão ser usados 3 storage slots ao invés de 2, porque ao tentar escrever a segunda variável não vai haver espaço suficiente, e ao tentar escrever a terceira, não vai haver espaço de novo. Se você reorganizar assim, vai ter 33% de economia de gás na escrita dessas três variáveis:

Código 9.25

```
uint128 x = 0;
uint128 z = 2;
uint256 y = 1;
```

Então pensa na escrita do seu código como se fossem blocos em um jogo tipo Tetris. Não basta escolher os tipos certos se jogar eles de qualquer jeito no código, essa técnica de organização é chamada de **Variable Packing** e afeta não somente a escrita, mas também a leitura pois o SLOAD também carrega em *chunks* (pedaços de memória) de 256-bit.

Ainda dentro desse contexto você reparou que eu inicializei as três variáveis de estado? Sempre inicialize elas, mesmo que seja com o valor default pois isso gera 40% de economia quando for escrever sobre ela novamente no futuro pois já terá alocado espaço suficiente já no deploy.

Existem centenas de outras otimizações de código que você pode aplicar no seu código Solidity, mas o principal que você deve ter cuidado são esses três tópicos acima. Se aplicar bem eles, quaisquer outras melhorias serão apenas a "cereja do bolo" em termos de otimização.

Escolhendo a blockchain certa

Uma pergunta recorrente que recebo de alunos e clientes de consultoria é sobre qual a melhor rede blockchain para fazerem deploy dos seus smart contracts. Infelizmente não existe uma resposta definitiva para esta pergunta, já que não existe uma única rede que supere todas as outras em todos os aspectos de qualquer projeto. Enquanto temos alguns projetos que são bem recorrentes, como tokens ERC20, coleções ERC721, etc, mesmo neles temos aspectos a serem considerados na hora de escolher a blockchain-alvo.

Não apenas isso, escolher a blockchain certa para um projeto Web3 é uma decisão estratégica fundamental. A escolha impacta diretamente nos custos de transação, velocidade e UX, segurança, compatibilidade com carteiras, bridges, oráculos, adoção e liquidez do ecossistema e muito mais.

Dito isso, vou explorar alguns destes aspectos, usando exemplos de redes reais para ilustrar os tópicos e te ajudar no entendimento. Mas atenção: a tendência é que você não deva usar os dados específicos que trouxe aqui, mas sim os conceitos, já que esse é um mercado que está evoluindo muito rapidamente e as características de cada rede mudam a cada nova versão.

Stack de Tecnologia

A primeira coisa que costumo olhar é a stack de tecnologias do projeto. Se ele foi feito para SVM (Solana Virtual Machine), não há o que discutir, terá de usar a rede Solana para o deploy. Mas na imensa maioria dos casos, aproximadamente 80% deles segundo pesquisas (SolidityLang, Electric Capital e outras), os projetos são para redes EVM (Ethereum Virtual Machine), e portanto requerem a escolha de uma rede que suporte esta VM, que são várias: BNB Chain, Avalanche, Polygon, Arbitrum, Optimism e claro, a própria Ethereum Mainnet, só para citar alguns exemplos.

"Luiz, então se eu não quiser me estressar com a escolha da rede, é só trabalhar com Solana?"

Essa escolha, se feita de forma preguiçosa, apenas por essa razão, vai te gerar uma série de outros problemas. A rede Solana tem sim as suas qualidades, como o baixo custo de transação ($0.00025) e um tempo de bloco de 400ms (embora tenha outras redes parecidas nesse quesito), mas sofre de outros problemas como ecossistema ainda pequeno (o que afeta materiais de apoio e mão de obra especializada) , curva de aprendizado alta e um histórico de problemas que geraram até interrupção de seus serviços (aqui, aqui, aqui, aqui e aqui). Não me entenda mal, toda rede tem seus problemas, estou apenas trazendo contrapontos à euforia que alguns devs depositam em cima da rede Solana.

Dito isso, se optou pela stack SVM, não tem outra opção senão seguir com a Solana e o artigo não irá lhe ajudar em nada a partir daqui. Outras redes também "sofrem" do mesmo problema, como Sui e Near, enquanto que algumas como Polkadot apostam em tentar manter compatibilidade com a sua stack + suporte a EVM através de "parachains". Continuando a leitura, assumirei que seu projeto é EVM ou vai optar por EVM para o desenvolvimento dele.

Nada contra as demais, mas EVM é a minha especialidade e onde posso ajudar mais com informações e exemplos para ilustrar os tópicos.

Segurança e Transparência

Satoshi Nakamoto e outros autores introduzem o conceito de Trilema da Blockchain: Segurança, Escala (performance) e Descentralização. Ter uma rede perfeita nestes três aspectos seria conceitualmente impossível visto que eles são antagônicos. Não quer dizer que priorizando dois deles o terceiro aspecto seria completamente ignorado, mas que o trilema era uma realidade indiscutível e que, no caso da rede do BTC, foi priorizado segurança e descentralização, o que impactou diretamente a performance da rede, mesmo apesar de melhorias feitas de lá para cá. Para você ter uma ideia, o tempo de bloco da rede BTC é de aproximadamente 10 minutos, o que indica que ela pode levar até esse tempo para registrar sua transação. Além disso, enquanto que o custo de uma transferência simples gira em torno de $0,50 a $2,50, existem recordes registrados de até $50 de taxa em picos de congestionamento, o que mostra novamente desafios de escala.

Novamente, o objetivo aqui não é denegrir a rede do BTC, que é a maior, mais segura e mais estável dentre todas as redes em atividade, sem downtime desde seu lançamento em 2009. Mas sim, te trazer que a escolha por segurança máxima traz impactos negativos em descentralização ou escala. É por esta razão, de escala (tanto em tempo quanto em custos), que a rede do BTC, mesmo com as gambiarras que alguns devs fazem para criar tokens e coleções NFT nela, não é adequada para nenhum projeto web3, servindo única e exclusivamente para as transações da criptomoeda de mesmo nome, conforme seu objetivo original.

Analisando outras redes no quesito segurança, temos que entender a diferença fundamental entre redes Layer 1 e redes Layer 2. Redes Layer 1, como Ethereum Mainnet e BNB Chain, são redes blockchain tradicionais, que vão recebendo as transações, processando elas e registrando as alterações de estados no seu storage, replicando as alterações entre seus nós. Elas são as mais seguras e confiáveis, já que toda transação registrada nela segue as regras comuns à todas blockchains como imutabilidade, auditabilidade, etc. Se o seu projeto exige o máximo nesses dois quesitos, você provavelmente vai querer estar em uma rede L1.

Redes L2 são camadas de software blockchain adicionais a uma L1, ou seja, elas operam em cima de outra blockchain tradicional. A Polygon por exemplo, é uma L2 da Ethereum Mainnet, enquanto que a opBNB é uma L2 da BNB Chain. Redes L2 são muito mais rápidas e baratas que L1 e isso não é por acaso, já que redes L2, no geral, fazem duas coisas bem diferentes das blockchains tradicionais: elas processam as transações fora da blockchain L1 (offchain) e agrupam as mesmas em grandes conjuntos (rollups) para serem registradas apenas uma vez. Essas duas mudanças, em conjunto, fazem com que o ganho de velocidade e economia de taxas seja gritante, no entanto trazem um risco maior à segurança, integridade e auditabilidade das transações.

Resumidamente, as redes L2 não registram todas transações na rede L1 adjacente, mas apenas snapshots ou resumos delas, dentro de smart contracts da própria rede L2. Assim, um saldo de token que você tem na L2 não é refletido na L1 e vice-versa e sequer você verá as mesmas transações em ambas, com exceção de saques e depósitos da moeda nativa da rede. Assim, redes L2, na minha opinião, não são interessantes para protocolos onde a segurança e transparência sejam itens críticos, como grandes tesourarias e protocolos DeFi que lidam com grandes transações (em valor nominal), mas são muito interessantes para protocolos que exijam performance alta e custos baixos, como veremos a seguir. Vale ressaltar que algumas redes L2, como a Polygon, buscam evitar problemas de segurança adicionando recursos específicos para esse fim, se chamando de L2.5 (ou sidechain) por causa disso, obviamente impactando diretamente na performance como veremos a seguir.

Performance e UX

Quando analiso a performance necessária a um projeto web3, tenho em mente um fator crucial: a experiência do usuário (UX). E a experiência do usuário é impactada diretamente pelo tempo que ele tem de esperar para que algo aconteça na sua aplicação, então vamos falar um pouco de tempo agora.

O tempo pode ser expressado pelo tempo de bloco de uma rede (em segundos) e pelo seu tamanho de bloco (em gás), o que nos leva à sua vazão (em TPS ou Transações por Segundo). Por exemplo, a rede BNB Chain, desde o dia 30/06/25, possui um tempo de bloco de 0.75 segundos e um tamanho de bloco de até 140M de gás. Com cada transferência simples consumindo 21k gás, temos a possibilidade teórica de mais de 6k transações por bloco ou um TPS teórico de mais de 8k/s. Eu digo teórico porque na prática existem mais fatores (como a validação e propagação) e não é tão simples assim, o TPS real da BNB Chain é de 2k/s, com meta de chegar a 5k/s em breve. Nada mal para uma rede L1, certo?

Pegando outro exemplo, a rede Ethereum Mainnet possui tempo de bloco de 12 segundos (com propostas para chegar a 6s), tamanho de bloco de 30M de gás e vazão de 20 TPS. Sim, até 20 transações por segundo, sendo que a média é 15 TPS. Mas antes que você pense mal da Ethereum, lembre-se: ela é a segunda maior rede do mundo e isso impacta na descentralização e na segurança também. Mas é fato que se UX for algo relevante para você, como no caso de games web3, ela não será a rede mais escolhida.

E antes que você ache que basta escolher qualquer rede L2 e está tudo resolvido em termos de performance, saiba que a rede Polygon por exemplo, uma famosa L2 da Ethereum Mainnet, possui um tempo de bloco de 2 segundos, ou seja, bem mais que o dobro da BNB Chain. Mas e uma L2 da BNB Chain? Será que não performaria melhor? Neste caso sim, a opBNB possui um tempo de bloco de 500ms, bem próximo do que temos na Solana por exemplo (400ms), sem abrir mão do ecossistema EVM que é muito maior que o SVM.

Custos de Transações

Saber o custo médio de transações em uma rede é um fator crucial principalmente em protocolos que envolvam micropagamentos, redes sociais e outros. Não há toa este costuma ser o principal aspecto analisado pelos desenvolvedores quando estão decidindo a blockchain onde vão colocar seus smart contracts e ingenuamente muitas vezes é o único quesito. Digo ingenuamente pois como citei antes, existem outros fatores além deste que são tão importantes quanto, dependendo do tipo de projeto que está desenvolvendo.

O custo de transações depende de fatores como complexidade da mesma (de acordo com código no próprio smart contract), custo do gás (melhor explicado anteriormente neste capítulo), congestionamento da rede e cotação da moeda nativa da rede e portanto é o elemento que mais varia entre os projetos e também com o passar do tempo, sendo o mais difícil de dimensionar previamente. Para resumir os custos das 10 maiores redes em 2025, considere a tabela abaixo gerada com ajuda do ChatGPT.

Blockchain	Tipo	TPS Médio*	Gas Máx por Bloco	Tempo de Bloco	Custo Médio tx (USD)
Ethereum	Layer 1	~15–60[1]	36M–60M gas	~12 s	US$ 0.18–1.50
BNB Chain	Layer 1	~40–380[8]	140M (até 300M)	~0.75 s	US$ 0.01–0.05
Polygon PoS	Sidechain/L2.5	~180–1,000[5]	~50M gas	~2 s	US$ 0.005–0.02
Arbitrum One	Layer 2	~22–60[8]	Dinâmico	~2 s	US$ 0.01–0.15
Optimism	Layer 2	~12–63[8]	Dinâmico	~2 s	US$ 0.01–0.10 (estimado)
Avalanche C-Chain	Layer 1	~5–122[10]	~15M gas	~1.3–2 s	US$ 0.017–0.50
Fantom	Layer 1	~1,500**	não especificado	~1 s finalidade	US$ 0.001–0.01
Tron	Layer 1	~129***	não especificado	~3 s	US$ 0.001–0.01
Base	Layer 2	~67–200 ms[19]	Dinâmico	~2 s → 200 ms[19]	US$ 0.01–0.05
Gnosis Chain (xDai)	Sidechain	~60****	não especificado	~5 s	US$ 0.001–0.01 (estimado)

Vale uma menção honrosa à opBNB que não figura no top 10 redes mas que é a única L2 da BNB Chain, sendo que as demais L2 são em cima da Ethereum. Usando a mesma base da Optimism, ela consegue um tempo de bloco de 500ms, mais de 4k TPS e custo médio de $0.005 por transação.

No entanto, note que não importa o quão barata seja uma rede, se o seu código for complexo demais (em tempo e espaço), ele vai gerar transações caras, então antes de qualquer coisa, faça o seu código o mais econômico possível, conforme dicas que já passei antes.

Ecossistema e Histórico

E por fim, dois aspectos muitas vezes negligenciados na hora de escolher a melhor blockchain para seu projeto: tamanho do ecossistema e longevidade da blockchain (histórico). Como citei antes, muitas vezes os devs e empreendedores olham unicamente para o custo e/ou para a velocidade da blockchain e acabam se esquecendo de se perguntar coisas como:

- Há quantos anos esta blockchain está no mercado?
- Qual a base de usuários ativo dela no país do meu projeto? E no mundo?
- Ela já enfrentou problemas no passado (segurança, performance, etc)? Como lidou com eles?
- Que outros projetos bem sucedidos estão deployados nesta rede? Algum parecido com o meu?
- Como funciona a governança dessa rede? E seu suporte?

Mais um fator que não coloquei aqui mas sei que desenvolvedores buscam são os *grants* ou incentivos financeiros que algumas redes dão visando atrair novos projetos. Esses benefícios são uma faca de dois gumes: ao mesmo tempo que é ótimo levantar uma grana a fundo perdido no início do seu projeto, são somente as blockchains mais novas e com menores ecossistemas que saem dando dinheiro para qualquer projeto. Quanto maior e mais velha é a rede, menos ela vai precisar "pagar" para expandir seu portfólio. Então sempre pese isso: a grana que você vai ganhar agora dessa nova rede realmente valerá a pena no longo prazo? Se sim, inclua o quesito "*grants*" na sua análise, caso contrário, fuja dele.

Outro fator mais raro, mas que pode ser o caso, é se o seu projeto possui sinergia ou até dependência de outro projeto existente. Sei lá, ele vai fazer algo na Uniswap por exemplo, então precisa estar em uma das redes onde a Uniswap tem deploy. E já que falei em Uniswap, tem também os casos de projetos tão grandes que possuem deploy em mais de uma rede, o que certamente dificulta a gestão mas aumenta consideravelmente a habilidade de captar usuários.

Essa ideia que fiz no tópico passado, de montar uma tabela, é excelente para você conseguir ver mais claramente as diferenças entre as redes que você cogita utilizar e quais são os pontos fortes e fracos de cada uma, considerando o peso que você dá a cada aspecto. E lembrar-se disso é muito importante: o que o projeto A precisa é diferente do projeto B, por isso que quanto mais sêniors nós somos, menos certeza nós temos e mais análises fazemos antes de tomar uma decisão como essa.

Referências

A cada capítulo, listarei referências onde você pode se aprofundar nos assuntos citados.

HardHat
Site oficial do toolkit HardHat com a sua documentação completa.
https://hardhat.org/

Infura
Provedor de blockchain em nuvem com plano gratuito.
https://infura.io

API Key EtherScan
Página onde você cria chaves de API para automatizar a verificação de contratos no block explorer EtherScan.
https://etherscan.io/myapikey

OpenZeppelin Contracts
Página com o builder de contratos da OpenZeppelin.
https://www.openzeppelin.com/solidity-contracts

Complexidade de Algoritmos
Vídeo no canal LuizTools ensinando mais sobre Big O Notation.
https://www.youtube.com/watch?v=LsViaR6fJv4

Os fontes que você viu neste capítulo estão disponíveis para baixar neste link: https://www.luiztools.com.br/livro-web3-fontes/

Quer fazer um curso online de programação web3 com o autor deste livro? Acesse https://www.luiztools.com.br/curso-web23

Seguindo em frente

*Uma jornada de mil quilômetros
precisa começar com um simples passo.*
— Lao Tzu

Este livro termina aqui.

Pois é, certamente você está agora com uma vontade louca de aprender mais e criar aplicações incríveis com web3 e blockchain, que resolvam problemas das empresas e de quebra que o deixem cheio de dinheiro na conta bancária, não é mesmo?

Pois é, eu também! :)

Este livro é pequeno se comparado com o universo de possibilidades que a web3 nos traz. Como professor, costumo dividir o aprendizado de alguma tecnologia (como blockchain) em duas grandes etapas: aprender o básico e executar o que foi aprendido no mercado, para alcançar os níveis intermediários e avançados. Acho que este guia atende bem ao primeiro requisito, mas o segundo só depende de você.

De nada adianta saber muita teoria se você não aplicar ela. Então agora que terminou de ler este livro e já conhece uma série de formas de criar aplicações web3 com esta fantástica plataforma, inicie hoje mesmo (não importa se for tarde) um projeto de aplicação que as use. Caso não tenha nenhuma ideia, cadastre-se agora mesmo em alguma plataforma de freelancing. Mesmo que não ganhe muito dinheiro em seus primeiros projetos, somente chegarão os projetos grandes, bem pagos e realmente interessantes depois que você tiver experiência.

Me despeço de você leitor com uma sensação de dever cumprido. Caso acredite que está pronto para ainda mais tutoriais bacanas, sugiro dar uma olhada em meu blog https://www.luiztools.com.br e em meu canal de mesmo nome.

Caso tenha gostado do material, indique esse livro a um amigo que também deseja aprender a programar para web3 e blockchain.

Não tenha medo da concorrência e abrace a ideia de ter um sócio que possa lhe ajudar nos projetos.

Caso não tenha gostado tanto assim, envie suas dúvidas, críticas e sugestões para contato@luiztools.com.br que estou sempre disposto a melhorar.

Um abraço e até a próxima!

Curtiu o Livro?

Aproveita e me segue nas redes sociais: https://about.me/luiztools

Conheça meus outros livros:
https://www.luiztools.com.br/meus-livros

Conheça meus cursos online:
https://www.luiztools.com.br/meus-cursos

Os fontes que você viu neste livro estão disponíveis para baixar neste link: https://www.luiztools.com.br/livro-web3-fontes/